# Manuel de mathématiques
### méthode de Singapour

## Cahier d'exercices

Traduction et adaptation : Caroline Guény.
Illustrations : Philippe Gady. – Maquette : Studioprint.

© La Librairie des Écoles, 2010
10, place des Cinq Martyrs du Lycée Buffon
75015 PARIS
ISBN : 978-2-916788-20-3

Cette édition française est adaptée des volumes 5A & 5B de la collection « Primary Mathematics » conçue par le ministère de l'Éducation de Singapour. Néanmoins, afin d'adapter la méthode au public français, La Librairie des Écoles a conçu de nouveaux contenus, de nouvelles maquettes, de nouvelles illustrations qui sont sa propriété. Ceux-ci ne sont donc pas imputables au ministère de l'Éducation de Singapour. Nous voulons exprimer notre reconnaissance envers l'équipe qui a élaboré le manuel original :

Directeur de projet : Dr Kho Tek Hong.
Membres de l'équipe : Chee Kum Hoong, Hector ;
Liang Hin Hoon ;
Lim Eng Tann ;
Lim Hui Cheng, Rosalind ;
Ng Hwee Wan ;
Ng Siew Lee ;
Thong Chee Hing.

Édition originale publiée sous le titre : *Primary Mathematics Workbook 5A & 5B*, Third Edition.
© 1997 - Curriculum planning & Development division. Ministry of Education, Singapore.
Publié par Marshall Cavendish International (Singapore) Pte Ltd.
Pour l'édition française :
© 2010 - La Librairie des Écoles
Réimpression 2014

# Table des matières

Chapitre 1 - Les nombres entiers
    **Exercice 1**    5
    **Exercice 2**    7
    **Exercice 3**    9
    **Exercice 4**    11
    **Exercice 5**    14
    **Exercice 6**    16
    **Exercice 7**    18
    **Exercice 8**    21
    **Exercice 9**    24
    **Exercice 10**    26

Chapitre 2 - Mutiplier et diviser par un nombre entier à deux chiffres
    **Exercice 11**    28
    **Exercice 12**    30
    **Exercice 13**    32

**RÉVISION 1**    34

Chapitre 3 - Les fractions
    **Exercice 14**    40
    **Exercice 15**    42
    **Exercice 16**    44
    **Exercice 17**    46
    **Exercice 18**    48
    **Exercice 19**    50
    **Exercice 20**    52
    **Exercice 21**    54
    **Exercice 22**    56
    **Exercice 23**    58
    **Exercice 24**    60
    **Exercice 25**    62
    **Exercice 26**    64
    **Exercice 27**    66
    **Exercice 28**    68
    **Exercice 29**    70

Chapitre 4 - L'aire d'un triangle
    **Exercice 30**    72
    **Exercice 31**    74
    **Exercice 32**    76
    **Exercice 33**    79

Chapitre 5 - Le rapport
    **Exercice 34**    82
    **Exercice 35**    84
    **Exercice 36**    86
    **Exercice 37**    88
    **Exercice 38**    90

Chapitre 6 - Les angles
    **Exercice 39**    91
    **Exercice 40**    95
    **Exercice 41**    97

**RÉVISION 2**    99

Chapitre 7 - Les nombres décimaux
    **Exercice 42**    105
    **Exercice 43**    106
    **Exercice 44**    108
    **Exercice 45**    109
    **Exercice 46**    110
    **Exercice 47**    111
    **Exercice 48**    112
    **Exercice 49**    113
    **Exercice 50**    114
    **Exercice 51**    115
    **Exercice 52**    116
    **Exercice 53**    118
    **Exercice 54**    119
    **Exercice 55**    120

**RÉVISION 3**    121

# Table des matières

Chapitre 8 - Les pourcentages
    **Exercice 56**    126
    **Exercice 57**    128
    **Exercice 58**    130
    **Exercice 59**    131
    **Exercice 60**    133
    **Exercice 61**    135
    **Exercice 62**    137
    **Exercice 63**    139
    **Exercice 64**    141
    **Exercice 65**    143

Chapitre 9 - Les moyennes
    **Exercice 66**    144
    **Exercice 67**    146
    **Exercice 68**    148
    **Exercice 69**    149
    **Exercice 70**    151
    **Exercice 71**    152

Chapitre 10 - Les taux
    **Exercice 72**    153
    **Exercice 73**    154
    **Exercice 74**    155
    **Exercice 75**    157
    **Exercice 76**    159

Chapitre 10 - Les graphiques
    **Exercice 77**    161
    **Exercice 78**    165

Chapitre 11 - Les triangles
    **Exercice 79**    167
    **Exercice 80**    168
    **Exercice 81**    169
    **Exercice 82**    170
    **Exercice 83**    171
    **Exercice 84**    172
    **Exercice 85**    174

Chapitre 12 - Les figures à 4 côtés
    **Exercice 86**    175
    **Exercice 87**    177
    **Exercice 88**    179
    **Exercice 89**    181

Chapitre 13 - Les pavages
    **Exercice 90**    183
    **Exercice 91**    186
    **Exercice 92**    188
    **Exercice 93**    190

**RÉVISION 4**    192

Chapitre 14 - Les volumes
    **Exercice 94**    197
    **Exercice 95**    199
    **Exercice 96**    200

**RÉVISION 5**    201

# Exercice 1

**1** Écrivez ces nombres en chiffres :

| | | |
|---|---|---|
| a | Vingt-quatre mille six cent huit | |
| b | Seize mille onze | |
| c | Quatre-vingt-dix-neuf mille neuf | |
| d | Trois cent douze mille quatre cent soixante | |
| e | Huit cent deux mille trois | |
| f | Cinq cent quatre mille quatre | |
| g | Neuf cent mille neuf cent neuf | |

**2** Écrivez ces nombres en lettres :

| | | |
|---|---|---|
| a | 50 234 | |
| b | 26 008 | |
| c | 73 506 | |
| d | 367 450 | |
| e | 506 009 | |
| f | 430 016 | |
| g | 800 550 | |

**3** Complétez.

a Dans le nombre 27 685, le chiffre **7** représente ☐ .

b Dans le nombre 61 260, le chiffre ☐ occupe la place des **dizaines de milliers**.
Sa valeur est ☐ .

c Dans le nombre 432 091, le chiffre **0** occupe la place des ☐ .

d Dans le nombre 368 540, la valeur de **4** est ☐ .

Les nombres entiers 5

**4** Calculez.

a. 40 000 + 2 000 + 100 + 8 = ☐

b. 562 000 + 32 = ☐

c. 700 000 + 70 000 + 70 + 7 = ☐

d. 900 000 + 214 = ☐

**5** Complétez.

a. 25 830 = 25 000 + ☐ + 30

b. 370 049 = ☐ + 70 000 + 40 + 9

c. 603 804 = 600 000 + ☐ + 800 + 4

d. 416 008 = 416 000 + ☐

**6** Complétez ces suites de nombres :

a. 35 552, ☐, ☐, 38 552, 39 552.

b. 71 680, 71 780, ☐, 71 980, ☐.

**7** Répondez et entourez la bonne réponse.

a. Lequel de ces nombres est le plus grand : **13 268** ou **31 862** ?

b. Lequel de ces nombres est le plus petit : **49 650** ou **42 650** ?

c. Lequel de ces nombres est le plus grand : **33 856**, **33 786** ou **33 796** ?

d. Lequel de ces nombres est le plus petit : **65 730**, **65 703** ou **66 730** ?

**8** Utilisez les chiffres donnés dans la colonne de gauche pour former le nombre le plus grand, puis le nombre le plus petit.

| Chiffres | Nombre le plus grand | Nombre le plus petit |
| --- | --- | --- |
| 9, 6, 4, 1, 3 | | |
| 1, 1, 6, 8, 7 | | |

Les nombres entiers

# Exercice 2

**1** Écrivez les nombres avec des chiffres.

| | | |
|---|---|---|
| a | Trois millions | 3 000 000 |
| b | Quatre millions cent cinquante mille | 4 050 000 |
| c | Six millions trente et un mille | 6 031 000 |
| d | Sept millions deux cent huit mille | 7 280 000 |
| e | Cinq millions cinq mille | 5 005 000 |
| f | Neuf millions neuf cent neuf mille | 9 990 000 |

**2** Écrivez en toutes lettres.

a  3 040 000

trois millions quarantmille

b  6 350 000

six millions trois cent cinquante mill

c  5 006 000

sing millions six mille

d  7 703 000

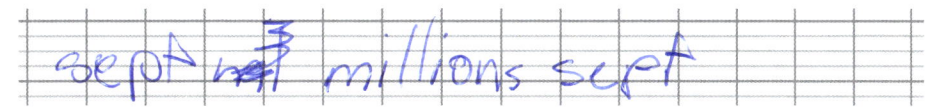

sept mi*l* 3 millions sept

e  9 099 000

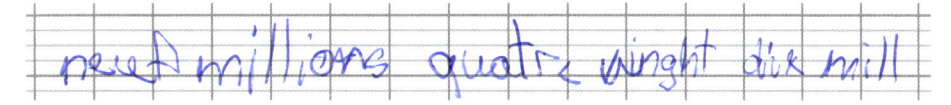

neuf millions quatre vingt dix mill

f  8 567 000

huit millions cinq cent six soixant septmi.

Les nombres entiers

**3** Répondez aux questions suivantes.

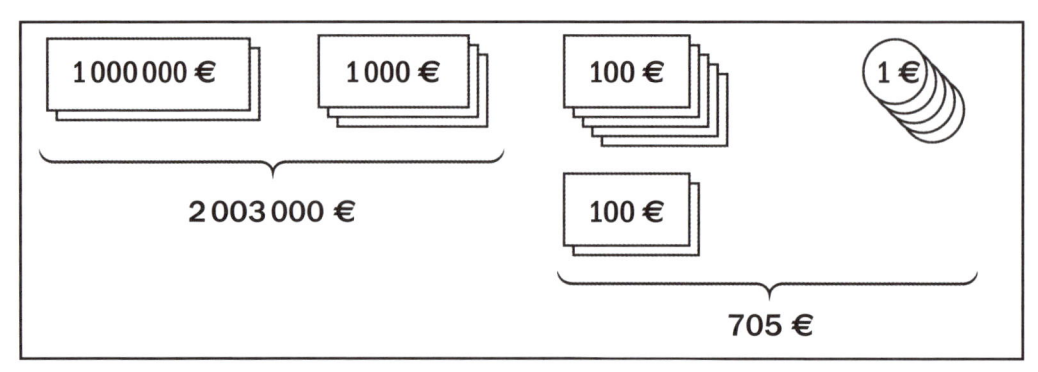

- 1 000 000 €
- 1 000 €
- 100 €
- 1 €
- 100 €

2 003 000 €

705 €

Donnez le montant total en chiffres : 2 003 705

En toutes lettres, cette somme s'écrit :

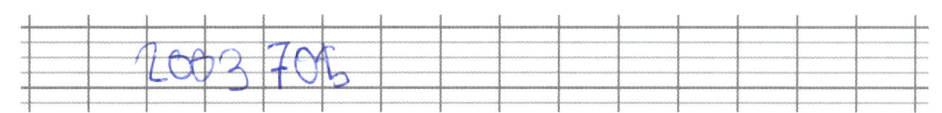

2003 705

**4** Un millionnaire achète une villa pour cette somme d'argent :

- 1 000 000 €
- 100 000 €

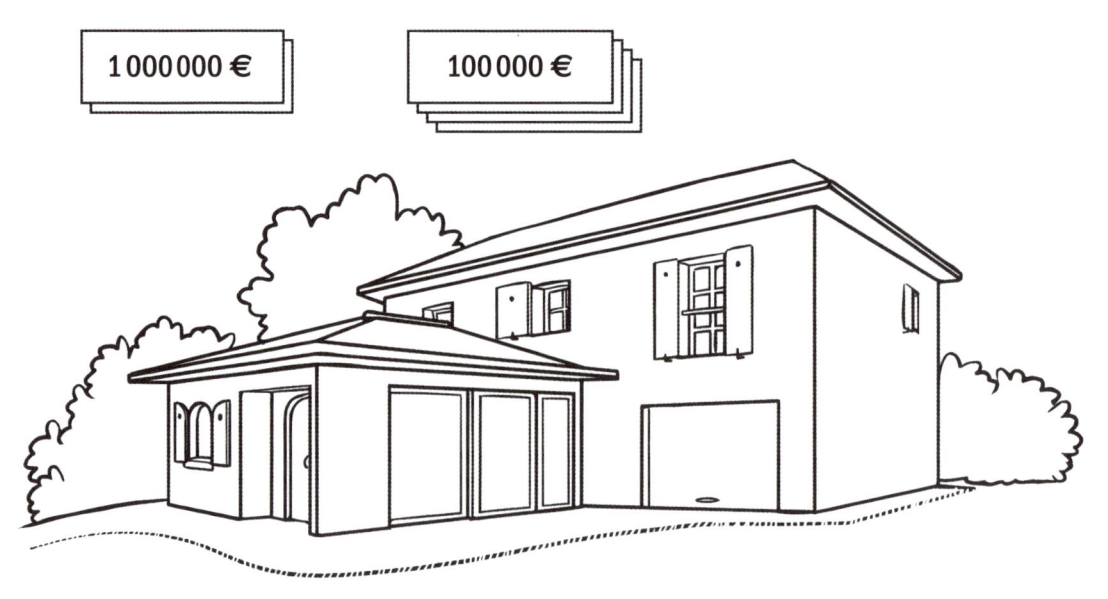

Donnez le prix de la villa en chiffres : 1 100 000

En toutes lettres, cette somme s'écrit :

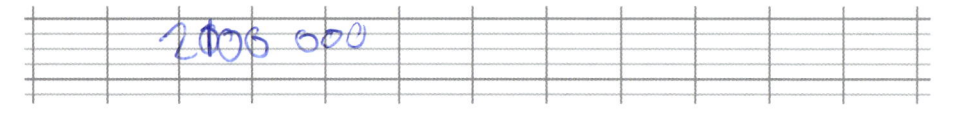

1 100 000

# Exercice 3

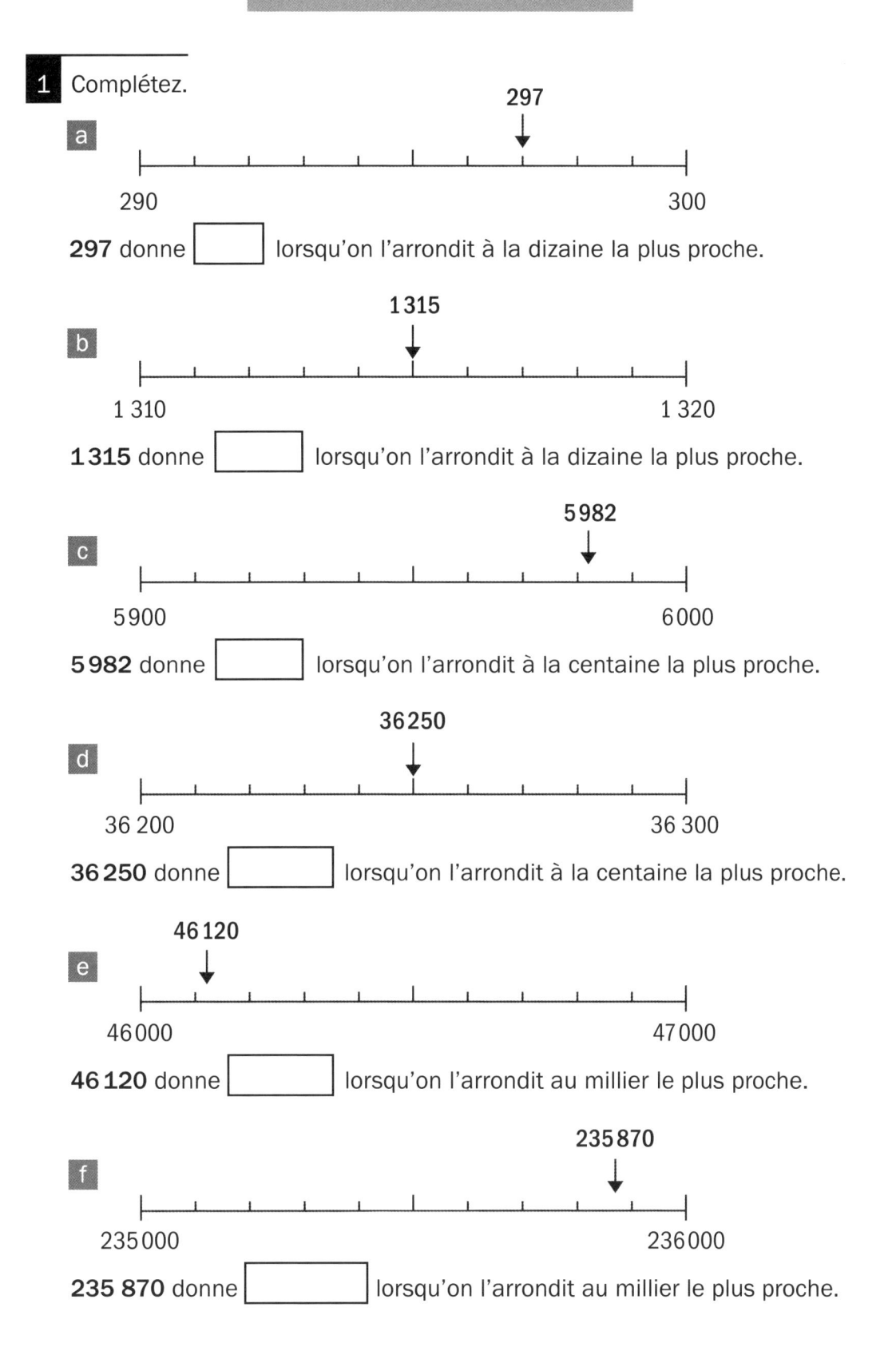

**1** Complétez.

**a** 297 donne [ 300 ] lorsqu'on l'arrondit à la dizaine la plus proche.

**b** 1 315 donne [ 1 320 ] lorsqu'on l'arrondit à la dizaine la plus proche.

**c** 5 982 donne [ 6 000 ] lorsqu'on l'arrondit à la centaine la plus proche.

**d** 36 250 donne [ 36 300 ] lorsqu'on l'arrondit à la centaine la plus proche.

**e** 46 120 donne [ 46 000 ] lorsqu'on l'arrondit au millier le plus proche.

**f** 235 870 donne [ 236 000 ] lorsqu'on l'arrondit au millier le plus proche.

Les nombres entiers

**2** Complétez.

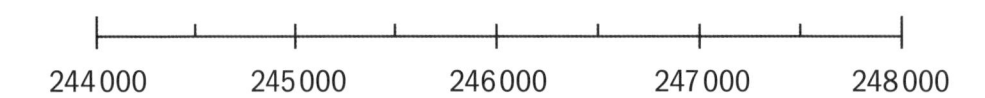

```
|----+----|----+----|----+----|----+----|
244 000   245 000   246 000   247 000   248 000
```

a  245 320 donne ⟨245 000⟩ lorsqu'on l'arrondit au millier le plus proche.

b  247 826 donne ⟨248 000⟩ lorsqu'on l'arrondit au millier le plus proche.

**3** Complétez.

a  43 192 donne ⟨43 190⟩ lorsqu'on l'arrondit à la dizaine la plus proche.

b  14 563 donne ⟨14 600⟩ lorsqu'on l'arrondit à la centaine la plus proche.

c  82 926 donne ⟨83 000⟩ lorsqu'on l'arrondit au millier le plus proche.

d  196 425 donne ⟨196 000⟩ lorsqu'on l'arrondit au millier le plus proche.

**4** Arrondissez chacune des sommes suivantes à la centaine d'euros la plus proche :

a  4 385 €   ⟨4 090⟩

b  5 250 €   ⟨5 000⟩

c  26 086 €  ⟨30 000⟩

d  39 745 €  ⟨40 000⟩

e  59 904 €  ⟨60 000⟩

f  62 263 €  ⟨10 000⟩

**5** Arrondissez chacune des sommes suivantes au millier d'euros le plus proche :

a  3 098 €   ⟨5 100⟩

b  5 672 €   ⟨6 000⟩

c  18 296 €  ⟨20 000⟩

d  24 983 €  ⟨25 000⟩

e  43 825 €  ⟨40 100⟩

f  48 930 €  ⟨50 000⟩

g  328 500 € ⟨500 000⟩

h  693 489 € ⟨700⟩

Les nombres entiers

# Exercice 4

**1** Additionnez.

- a  27 000 + 9 000 =
- b  8 000 + 5 000 =
- c  32 000 + 8 000 =

**2** Soustrayez.

- a  53 000 − 4 000 =
- b  6 000 − 2 000 =
- c  45 000 − 6 000 =

**3** Multipliez.

- a  800 x 2 =
- b  500 x 4 =
- c  2 000 x 6 =

**4** Divisez.

- a  1 800 ÷ 6 =
- b  2 400 ÷ 8 =
- c  5 600 ÷ 7 =

Les nombres entiers

**5** Estimez puis calculez.

a) 3 064 + 5 604 ≈ 3 000 + 6 000

≈ ☐

b) 4 831 + 8 205 ≈

≈ ☐

c) 25 468 + 6 925 ≈

≈ ☐

d) 86 723 + 9 207 ≈

≈ ☐

e) 7 356 − 3 988 ≈

≈ ☐

f) 9 306 − 4 568 ≈

≈ ☐

g) 36 547 − 8 865 ≈

≈ ☐

h) 63 006 − 1 008 ≈

≈ ☐

Les nombres entiers

**6** Estimez puis calculez.

*3 306 ≈ 3 000*

a) 3 306 x 2 ≈ 3 000 x 2

≈ ☐

b) 4 811 x 4 ≈

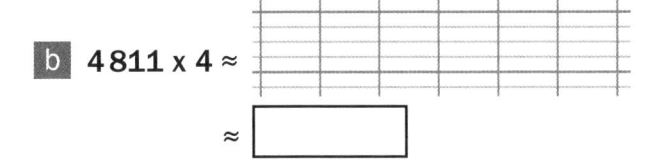

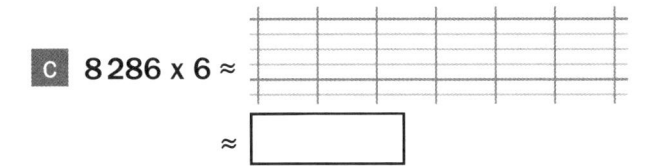

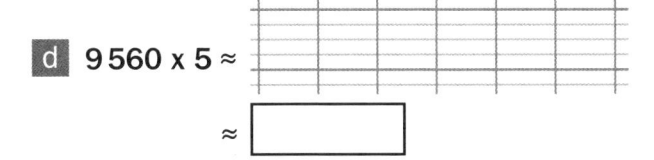

≈ ☐

c) 8 286 x 6 ≈

≈ ☐

d) 9 560 x 5 ≈

≈ ☐

e) 6 146 ÷ 3 ≈ 6 000 ÷ 3

≈ ☐

f) 4 759 ÷ 6 ≈

≈ ☐

g) 5 268 ÷ 5 ≈

≈ ☐

h) 6 398 ÷ 9 ≈

≈ ☐

Les nombres entiers

# Exercice 5

**1** Multipliez.

a) 254 x 10 = 2540

b) 602 x 100 = 60200

c) 93 x 40 = 360

d) 57 x 1 000 = 57 000

e) 43 x 600 = 2400

f) 392 x 800 = 3200

g) 72 x 5 000 = 35 000

h) 805 x 3 000 = 32 000

Les nombres entiers

**2** Estimez puis calculez.

| |
|---|
| a   326 x 47 ≈ 300 x 50 ≈ ~~772~~ |
| b   78 x 586 ≈ 1108 |
| c   32 x 705 ≈ 710 |
| d   4 165 x 53 ≈ 415 |

**3** Résolvez les problèmes suivants :

a  M. Libert, le marchand de hi-fi, achète 28 mini-chaînes à 229 € l'une. Donnez une estimation du coût total des mini-chaînes.

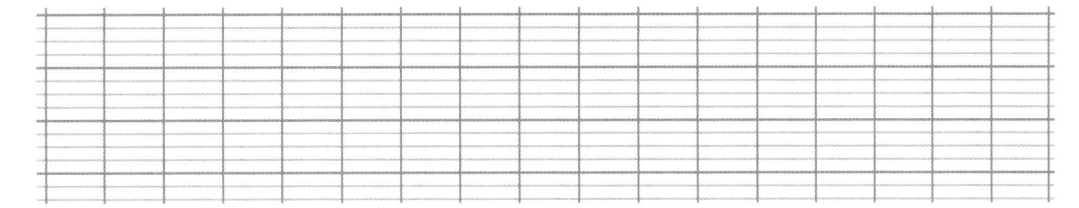

b  Donnez une estimation de l'aire d'un rectangle dont la longueur est de 114 cm et la largeur de 92 cm.

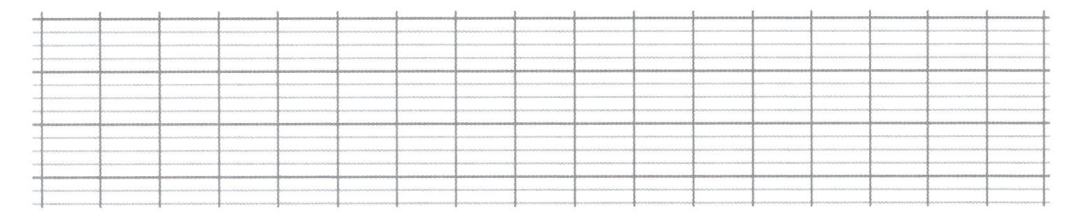

Les nombres entiers  15

# Exercice 6

**1** Divisez.

a) 360 ÷ 10 =

b) 4 200 ÷ 100 =

c) 250 ÷ 50 =

d) 5 600 ÷ 800 =

e) 1 050 ÷ 70 =

f) 6 000 ÷ 400 =

g) 63 000 ÷ 9 000 =

h) 96 000 ÷ 6 000 =

**2** Estimez puis calculez.

a. $282 \div 52 \approx 300 \div 50$

$\approx$

b. $324 \div 42 \approx$

c. $4\,406 \div 49 \approx$

d. $1\,705 \div 31 \approx$

**3** Résolvez les problèmes suivants :

a. M. Alfred, le marchand de vêtements, achète 28 pantalons en laine pour 905 €.
Donnez une estimation rapide du coût d'un pantalon.

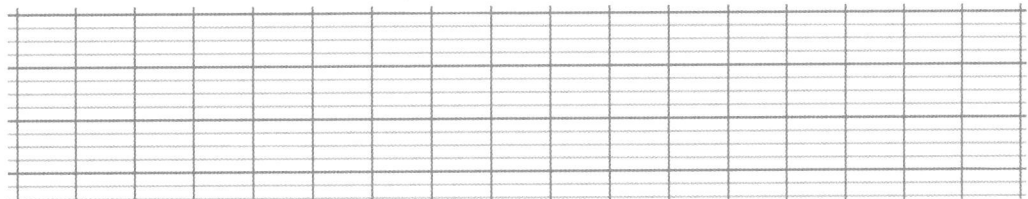

b. L'aire d'un hall de gare rectangulaire est de $1\,044\,m^2$.
Sa longueur est de 36 m.
Donnez une estimation rapide de sa largeur.

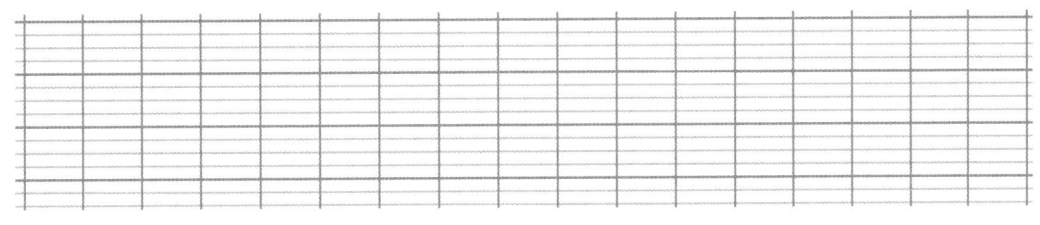

Les nombres entiers 17

# Exercice 7

**1** Calculez.

a) 48 + 12 + 37 =

b) 40 − 14 − 9 =

c) 36 + 18 − 19 =

d) 51 − 35 + 18 =

e) 7 × 5 × 8 =

f) 96 ÷ 3 ÷ 4 =

g) 14 × 9 ÷ 3 =

h) 64 ÷ 8 × 5 =

**2** Calculez.

a) 84 + 6 x 8 =

b) 140 − 40 x 3 =

c) 46 + 32 ÷ 8 =

d) 100 − 60 ÷ 4 =

e) 8 x 6 + 14 =

f) 80 + 18 ÷ 6 =

g) 12 x 10 − 5 =

h) 72 + 6 x 6 =

## 3 Calculez.

a. $(70 + 24) \div 6 - 4 = 11$    *(94, 15)*

b. $(125 \div 5) - 12 \times 2 = 26$    *(25, 13)*

c. $(160 - 60) \div 4 \times 3 = 75$    *(100, 25)*

d. $(32 + 8) + 30 \times 2 = 140$

e. $(52 - 35) \div (7 - 7) \times 2 = 0$    *(23, 0)*

f. $(9 \times 8) - 6 \times 10 = 660$    *(72, 66)*

g. $(7 \times 8) + 24 \div 8 = 10$    *(56, 80)*

h. $(63 \div 9) + 20 \div 10 = 2$    *(7, 27)*

# Exercice 8

**1** Calculez.

a. 69 + (46 − 15) = 100

b. 90 − (24 + 36) = 30

c. 52 − (40 − 22) = 34

d. (31 − 20) − 8 = 3

e. 8 × (3 × 2) = 48

f. 84 ÷ (4 ÷ 2) = 42

g. 9 × (20 ÷ 5) = 36

h. 45 ÷ (15 × 3) = 0

Les nombres entiers 21

## 2 Calculez.

a  (19 + 16) ÷ 5 = 7    [35]

b  12 x (9 − 4) = 60    [5]

c  64 ÷ (8 − 6) = 32    [2]

d  (14 + 6) x 5 = 100   [20]

e  10 x (15 ÷ 5) = 30   [3]

f  (100 − 44) ÷ 7 = 8   [56]

g  72 ÷ (9 − 3) = 2     [6]

h  (28 − 18) x 10 = 10  [1]

22  Les nombres entiers

**3** Calculez.

a) 20 + (8 + 4) ÷ 3 =

b) 16 + (9 − 3) x 5 =

c) 7 x (4 + 2) x 8 =

d) 7 x (13 − 6) − 19 =

e) 60 + (18 + 7) ÷ 5 =

f) 8 x (11 − 8) ÷ 6 =

g) 24 ÷ 6 + 3 x (6 − 4) =

h) 30 + (28 − 8) ÷ 5 x 2 =

Les nombres entiers

## Exercice 9

**1** Résolvez le problème suivant :

Marie a un coffret de 274 perles en bois peint. 150 sont bleues, 70 sont rouges, et les autres perles sont blanches.
Combien y a-t-il de perles rouges de plus que de perles blanches ?

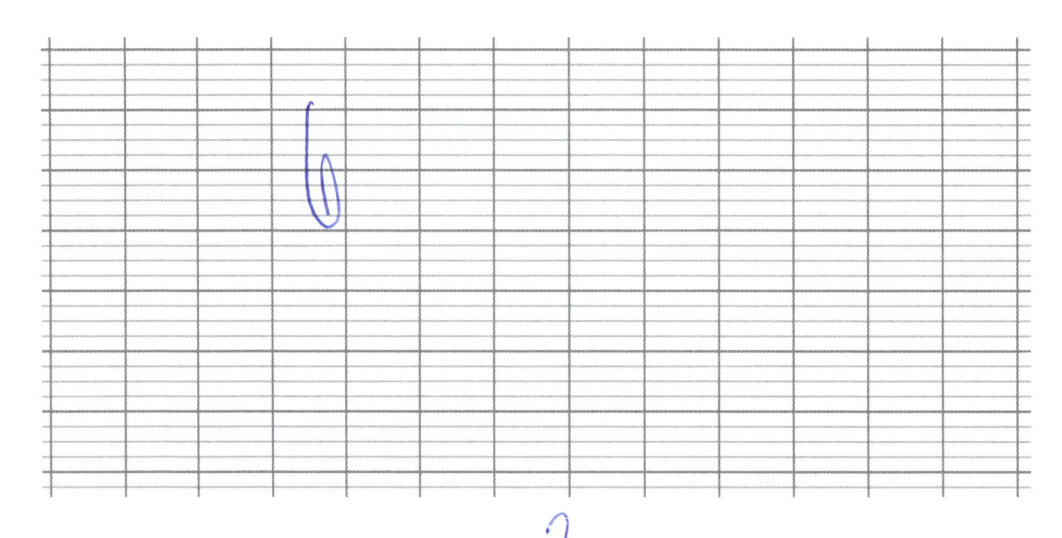

**2** Résolvez le problème suivant :

À un concert, les billets coûtent 15 € pour les adultes et 8 € pour les enfants.
M. Antilogus achète 4 billets pour adultes et 5 billets pour enfants.
Combien dépense-t-il en tout ?

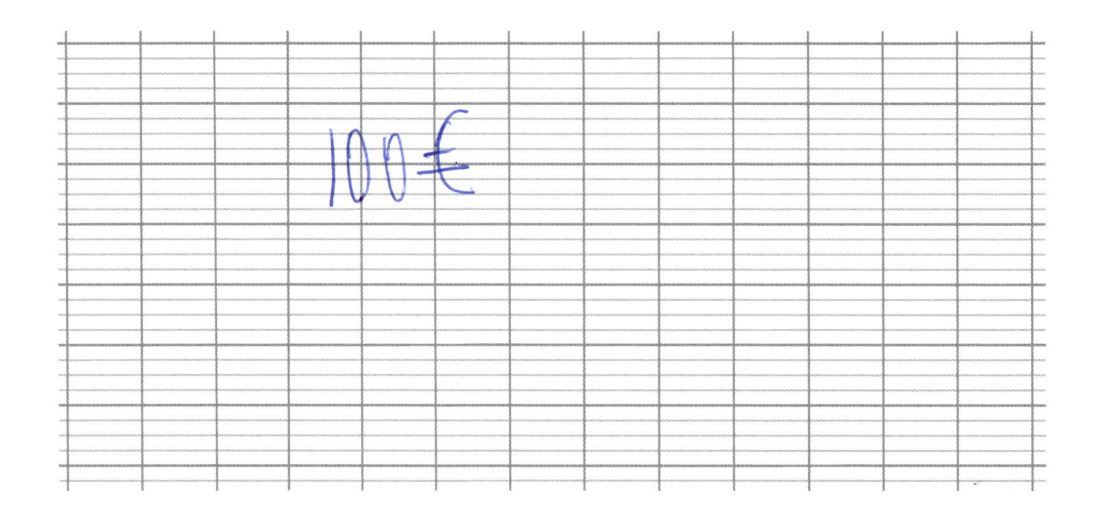

24 Les nombres entiers

**3** Résolvez le problème suivant :

Lors d'une kermesse, Anne vend 314 canettes de soda en une journée.
Elle a vendu 66 canettes de plus l'après-midi que le matin.
Combien de canettes Anne a-t-elle vendues le matin ?

*244 canettes*

**4** Résolvez le problème suivant :

Raphaël achète un beau stylo.
Il achète aussi un cartable, qui coûte 3 fois le prix du stylo.
En tout, il dépense 112 €.
Quel est le prix du cartable ?

*38 €*

Les nombres entiers 25

# Exercice 10

**1** Résolvez le problème suivant :

Charlotte dépense 36 € pour acheter 3 bracelets et 2 tee-shirts.
Un tee-shirt coûte 3 fois plus cher qu'un bracelet.
Combien Charlotte a-t-elle dépensé pour ses 2 tee-shirts ?

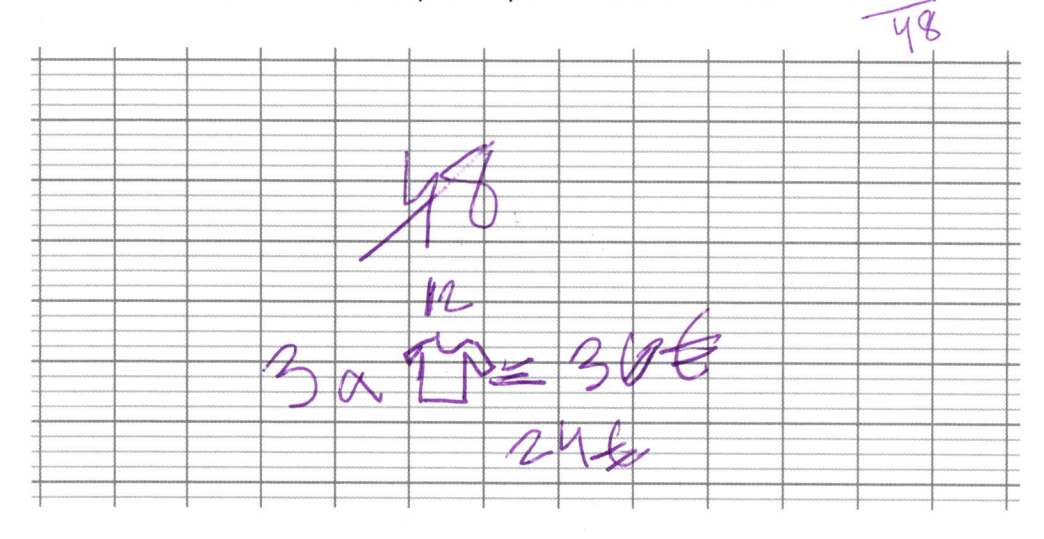

**2** Résolvez le problème suivant :

Pierre achète 45 cartes de vœux au prix de 2 € les 3 cartes.
Il les revend au prix de 4 € les 5 cartes.
Combien d'argent gagne-t-il à la fin ?

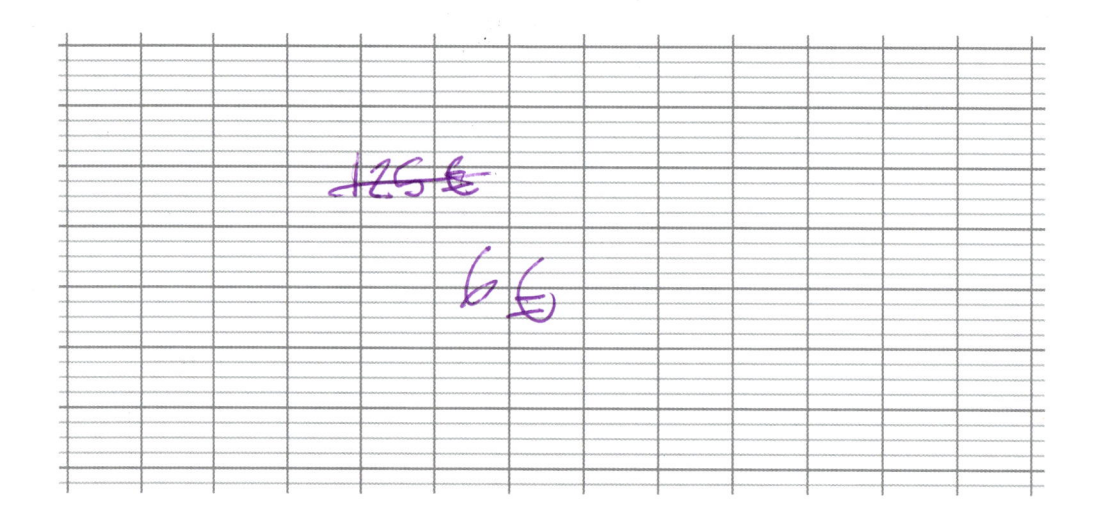

Les nombres entiers

**3** Résolvez le problème suivant :

Une boîte de chocolats coûte 6 € et une bouteille de lait 2 €.
Après avoir acheté 2 boîtes de chocolats et 6 bouteilles de lait,
M. Antilogus n'a plus que 30 € dans son porte-monnaie.
Combien d'argent avait-il au départ ?

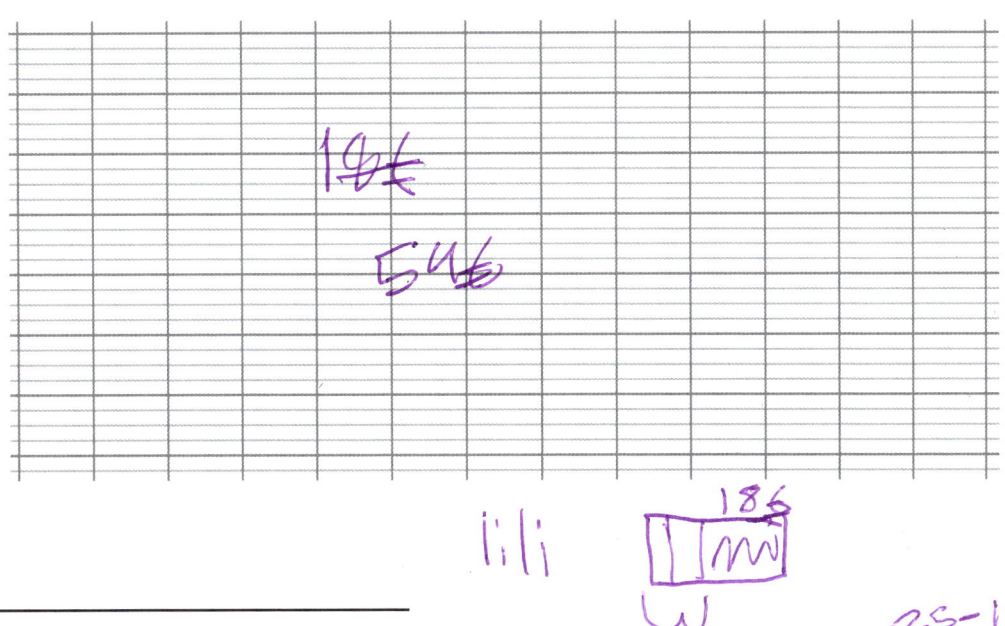

**4** Résolvez le problème suivant :

Lili et Sophie ont la même somme d'argent au départ.
Lili dépense 18 € et Sophie dépense 25 €.
Lili se retrouve alors avec 2 fois plus d'argent que Sophie.
Quelle somme d'argent chacune des deux filles avait-elle au départ ?

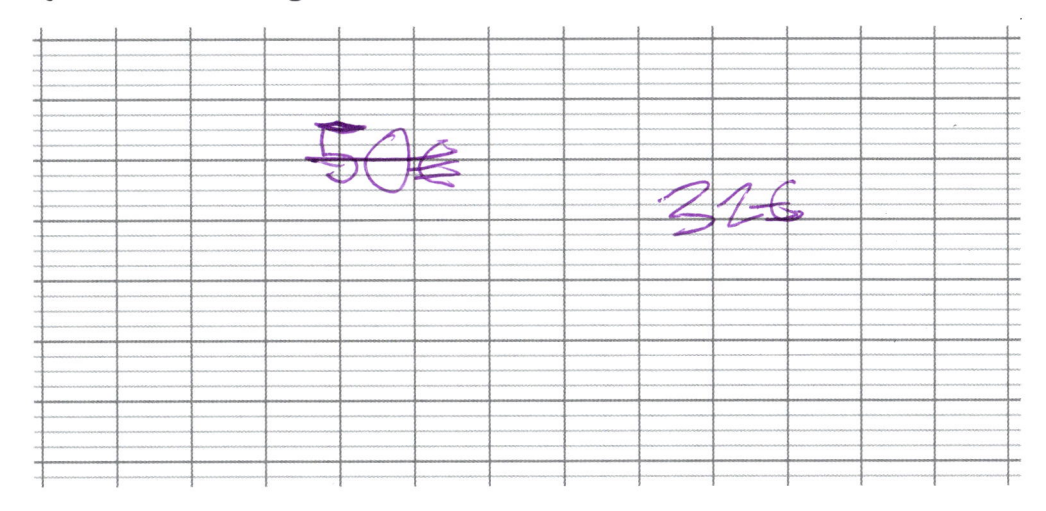

Les nombres entiers 27

# Exercice 11

**1** Multipliez.

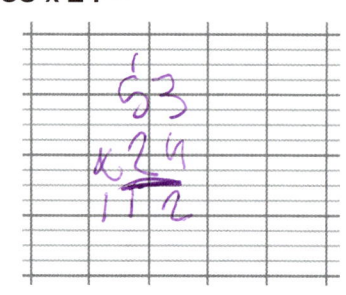

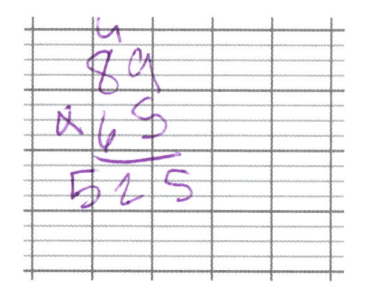

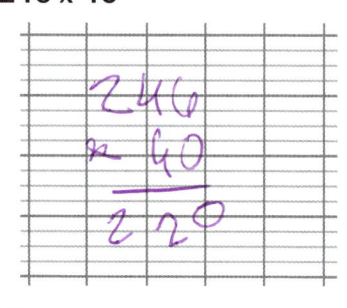

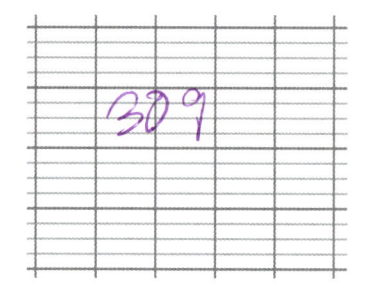

**a** 78 x 40 =

```
    78
  x 40
  ────
   280
```

**b** 46 x 50 =

```
    50
  x 46
  ────
   200
```

**c** 53 x 24 =

```
    53
  x 24
  ────
  1112
```

**d** 65 x 89 =

```
    89
  x 65
  ────
   525
```

**e** 246 x 40 =

```
   246
 x  40
 ─────
   220
```

**f** 309 x 60 =

```
   309
```

**g** 508 x 32 =

```
   508
 x  32
 ─────
   514
```

**h** 760 x 87 =

```
   760
 x  87
 ─────
  1280
```

28  Multiplier et diviser par un nombre entier à deux chiffres

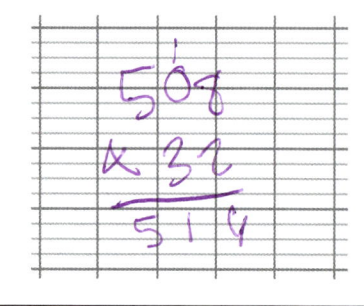

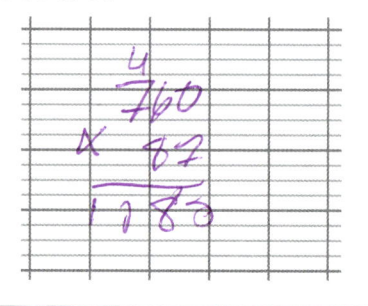

## 2 Multipliez.

**a** 1 257 x 30 =

**b** 4 008 x 70 =

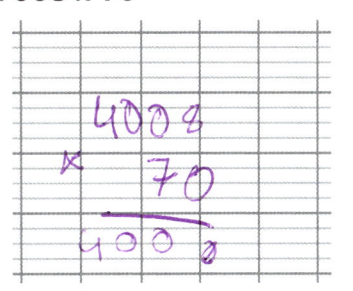

**c** 1 870 x 20 =

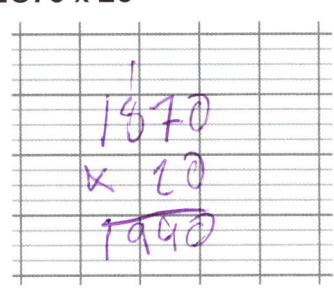

**d** 6 229 x 13 =

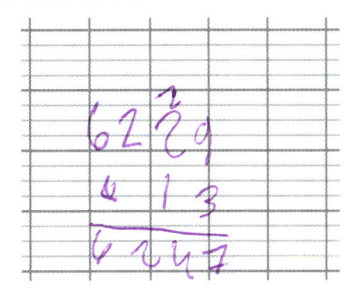

**e** 3 424 x 25 =

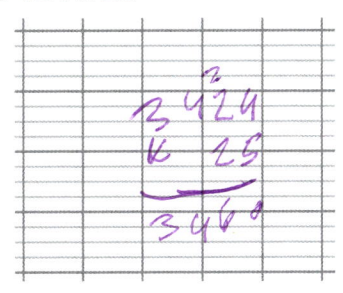

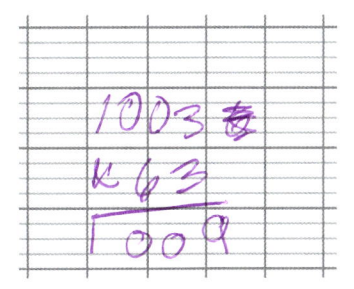

**f** 1 003 x 63 =

**g** 1 075 x 73 =

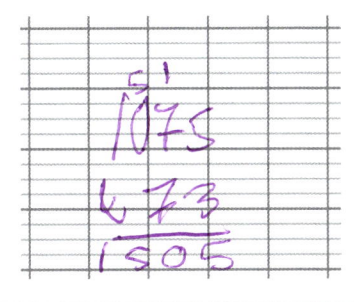

**h** 8 207 x 46 =

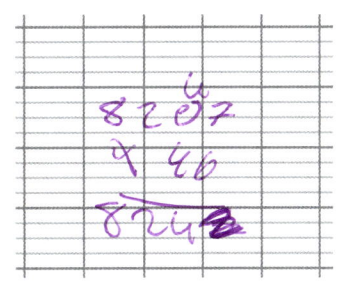

# Exercice 12

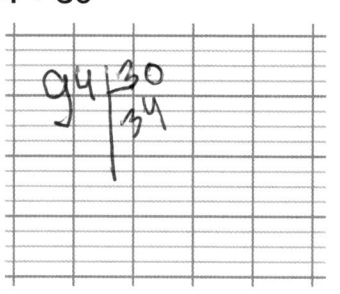

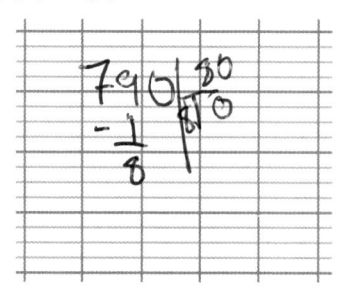

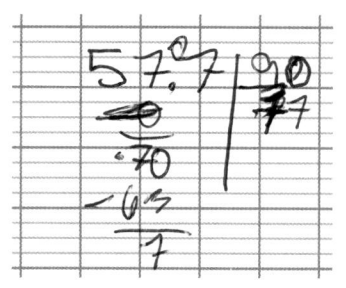

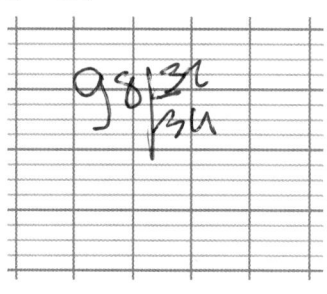

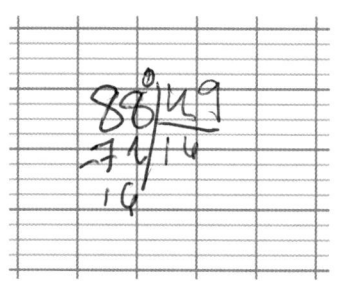

**1** Divisez.

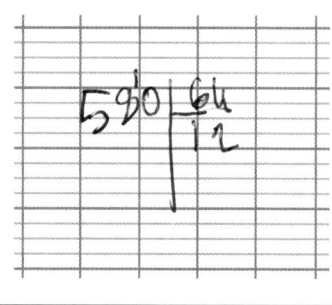

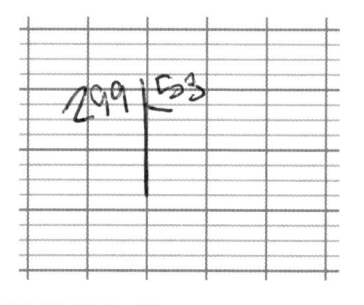

**a** 60 ÷ 20 =

```
60 | 20
30 | 30
```

**b** 94 ÷ 30 =

```
94 | 30
34 |
```

**c** 790 ÷ 80 =

```
790 | 80
 -1 |
  8
```

**d** 577 ÷ 90 =

```
577 | 90
     | 7
 70
-63
  7
```

**e** 98 ÷ 32 =

```
98 | 32
34 |
```

**f** 88 ÷ 49 =

```
88 | 49
-74| 14
 16
```

**g** 580 ÷ 64 =

```
580 | 64
    | 2
```

**h** 299 ÷ 53 =

```
299 | 53
```

30 Multiplier et diviser par un nombre entier à deux chiffres

## 2 Divisez.

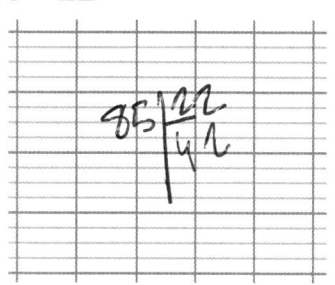

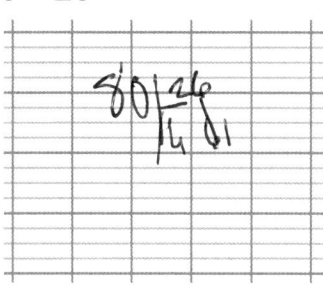

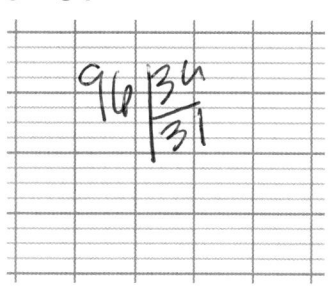

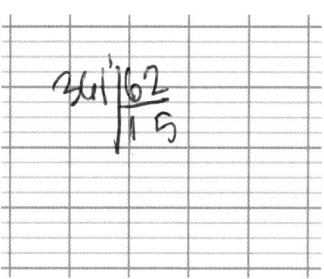

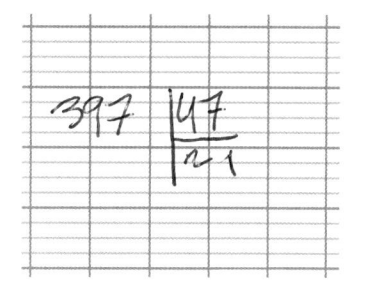

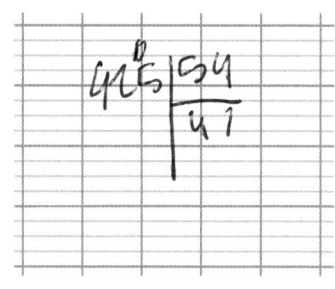

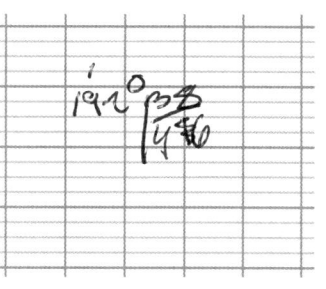

**a)** 92 ÷ 17 =

$$\begin{array}{r|l} 92 & 17 \\ \hline & 10\,4 \end{array}$$

**b)** 85 ÷ 22 =

$$\begin{array}{r|l} 85 & 22 \\ \hline & 4\,1 \end{array}$$

**c)** 80 ÷ 26 =

$$\begin{array}{r|l} 80 & 26 \\ \hline & 4\,01 \end{array}$$

**d)** 96 ÷ 34 =

$$\begin{array}{r|l} 96 & 34 \\ \hline & 31 \end{array}$$

**e)** 361 ÷ 62 =

$$\begin{array}{r|l} 361 & 62 \\ \hline & 1\,5 \end{array}$$

**f)** 397 ÷ 47 =

$$\begin{array}{r|l} 397 & 47 \\ \hline & 2\,1 \end{array}$$

**g)** 425 ÷ 54 =

$$\begin{array}{r|l} 425 & 54 \\ \hline & 4\,1 \end{array}$$

**h)** 192 ÷ 38 =

$$\begin{array}{r|l} 192 & 38 \\ \hline & 4\,6 \end{array}$$

Multiplier et diviser par un nombre entier à deux chiffres

# Exercice 13

**1** Divisez.

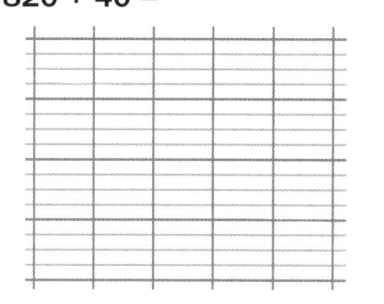

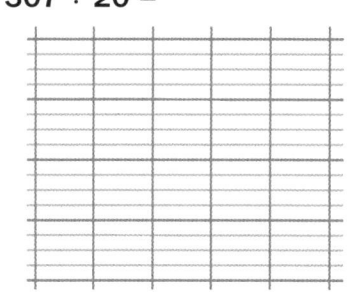

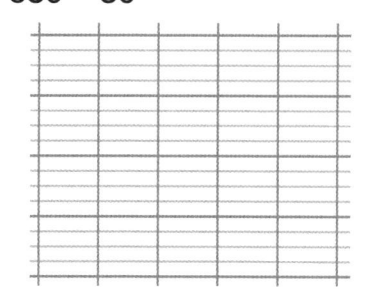

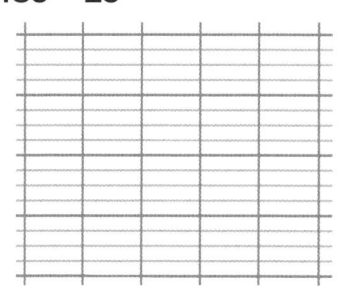

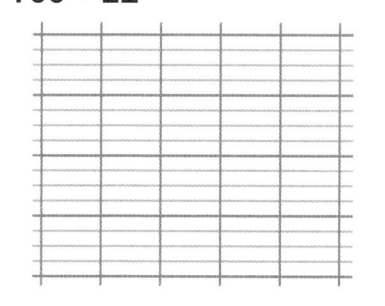

**a** 528 ÷ 30 =

$$\begin{array}{c|c} 528 & 30 \\ \hline & \end{array}$$

**b** 820 ÷ 40 =

**c** 307 ÷ 20 =

**d** 650 ÷ 50 =

**e** 485 ÷ 15 =

**f** 700 ÷ 21 =

**g** 820 ÷ 42 =

**h** 908 ÷ 56 =

32 Multiplier et diviser par un nombre entier à deux chiffres

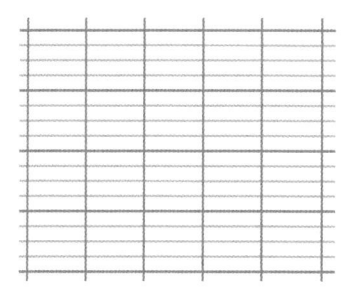

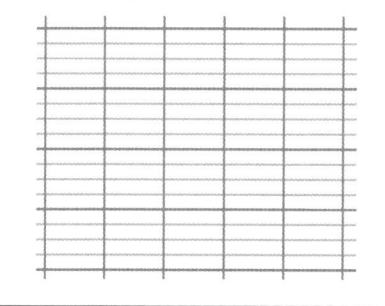

## 2 Divisez.

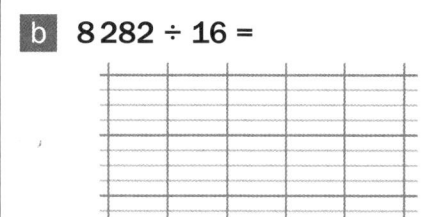

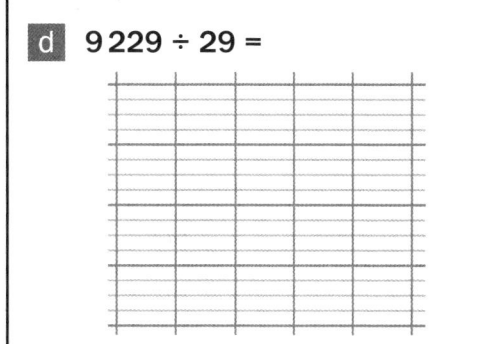

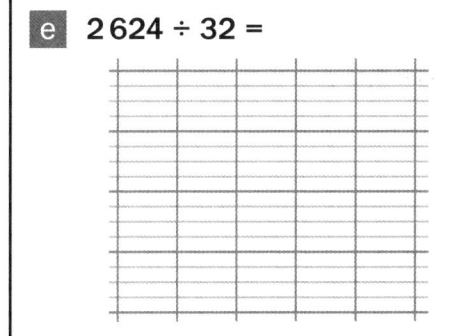

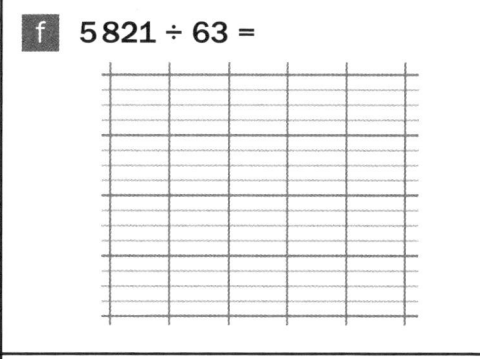

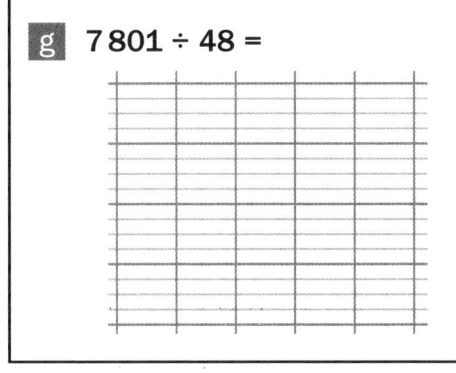

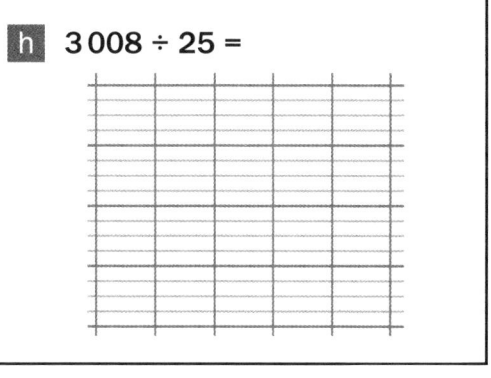

a) $9\,963 \div 41 =$

$9\,963 \,|\, 41$

b) $8\,282 \div 16 =$

c) $6\,600 \div 55 =$

d) $9\,229 \div 29 =$

e) $2\,624 \div 32 =$

f) $5\,821 \div 63 =$

g) $7\,801 \div 48 =$

h) $3\,008 \div 25 =$

# Révision 1

**1** Écrivez en toutes lettres.

a) 2 044 — deux mille quarante quatre.

b) 15 508 — quinze mille cinq cent huit

c) 376 920 — Trois mille sept soixante cese neuf cent vint

d) 6 400 000 — six millions quatre cent mille

**2** Écrivez en chiffres.

a) Quatre mille huit — 4008

b) Vingt-sept mille trois cents — 27300

c) Soixante mille onze — 60011

d) Deux millions neuf cent quatre mille — 2000904

**3** Calculez.

a) 50 000 + 8 000 + 30 = 58030

b) 6 000 000 + 42 000 + 500 = 6042500

**4** Complétez.

a) Dans le nombre **8 453 000**, le chiffre 4 occupe la place des centaines de milliers.

b) Dans le nombre **5 236 000**, le chiffre **3** représente 3 × 1.

**5** Complétez.

a. 8 206 représente **1 000** de plus que ☐ 9206 .

b. 62 440 représente **1 000** de moins que ☐ 63440 .

c. 9 345 représente ☐ 40 de plus que 9 305.

d. 7 188 représente ☐ 800 de moins que 7 988.

**6** Répondez en entourant la bonne réponse.

a. Lequel de ces nombres est plus grand : **(45 832)** ou 45 382 ?

b. Lequel de ces nombres est plus petit **(30 012)** ou 30 102 ?

**7** Rangez ces nombres dans l'ordre décroissant :

**64 748 ; 76 435 ; 87 660 ; 60 083.**

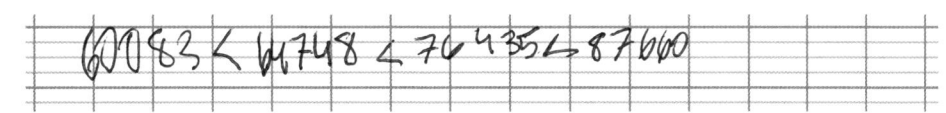

60083 < 64748 < 76435 < 87660

**8** Répondez aux questions suivantes :

a. Donnez la liste de tous les facteurs de **24**.

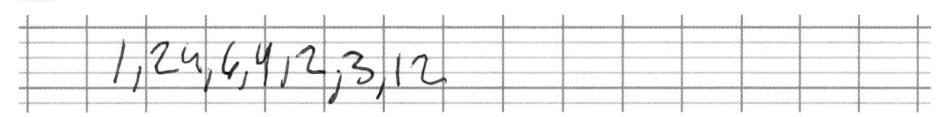

1, 24, 6, 4, 2, 3, 12

b. Donnez les douze premiers multiples de **6**.

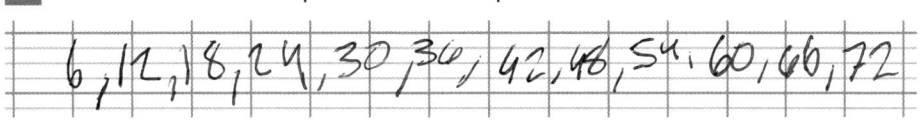

6, 12, 18, 24, 30, 36, 42, 48, 54, 60, 66, 72

**9** Lequel des nombres suivants est le plus petit ?

**90 786 ; 84 007 ; 91 000 ; 80 999.**   ☐ 80999

**10** Calculez.

a. (145 − 25) × 4 = ☐ 80

b. (228 ÷ 6) × 2 = ☐ 76

c. (306 − 45) ÷ 9 = ☐ 29

d. (440 − 64) + 36 ÷ 6 = ☐ 68

## 11 Calculez.

a) 4 h 54 min = ☐ min   b) 3 m 5 cm = ☐ cm

c) 5 kg 500 g = ☐ g   d) 2 050 g = ☐ kg ☐ g

e) 30 mois = ☐ années ☐ mois

## 12 Calculez.

a) Arrondissez **49 501** à la centaine la plus proche.

b) Arrondissez **49 501** au millier le plus proche.

## 13 Calculez.

a) Calculez la somme de **12 099** et **900**.

b) Quelle est la différence entre **79** et **2 100** ?

c) Quel est le produit de **540** et **28** ?

d) Lorsqu'on divise **127** par **40**, quels sont le quotient et le reste ?   R

## 14 200 enfants participent à un concert. Les filles sont 4 fois plus nombreuses que les garçons.

a) Combien de filles participent au concert ?

b) Combien y a-t-il de filles de plus que de garçons ?

## 15 Quelle est l'aire de la figure grisée ?

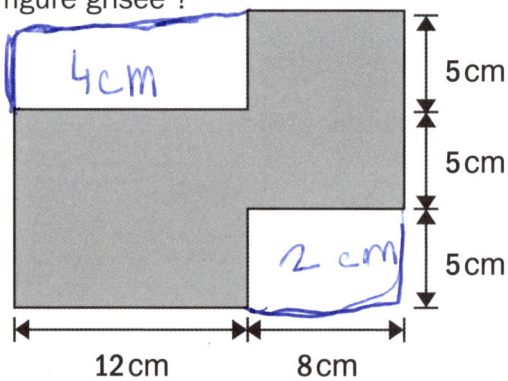

*(annotations manuscrites : 4 cm, 2 cm)*

Dimensions : 5 cm, 5 cm, 5 cm, 12 cm, 8 cm

**16** Cette figure est composée de carrés de 2 cm de côté.

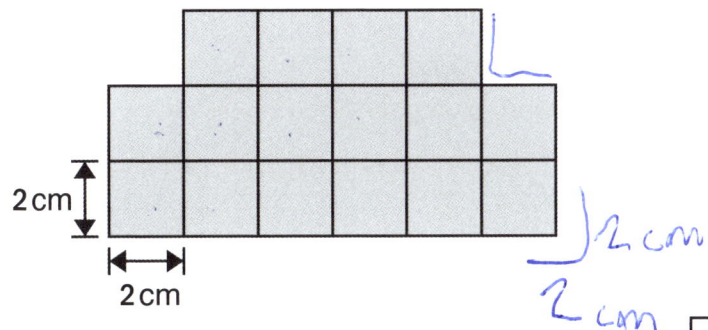

2 cm
2 cm

**a** Trouvez l'aire de la figure.     4

**b** Trouvez le périmètre de la figure.     10

**17** Tracez une droite pour diviser la figure en 2 parties de même aire.

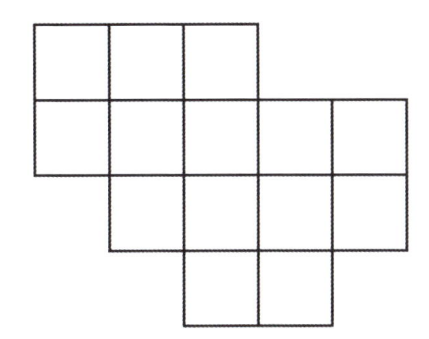

**18** Cette figure se compose d'un carré et d'un rectangle.

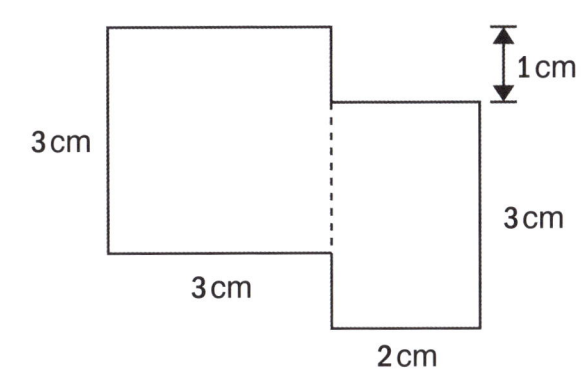

1 cm
3 cm
3 cm
3 cm
2 cm

**a** Trouvez l'aire de la figure.

**b** Trouvez le périmètre de la figure.

Révision 1   37

**19** Résolvez le problème suivant.

Marc a un stock de 45 pastèques.
Il en vend 25 à 6 € pièce.
Il solde les autres à 4 € pièce.
Combien d'argent Marc a-t-il gagné ?

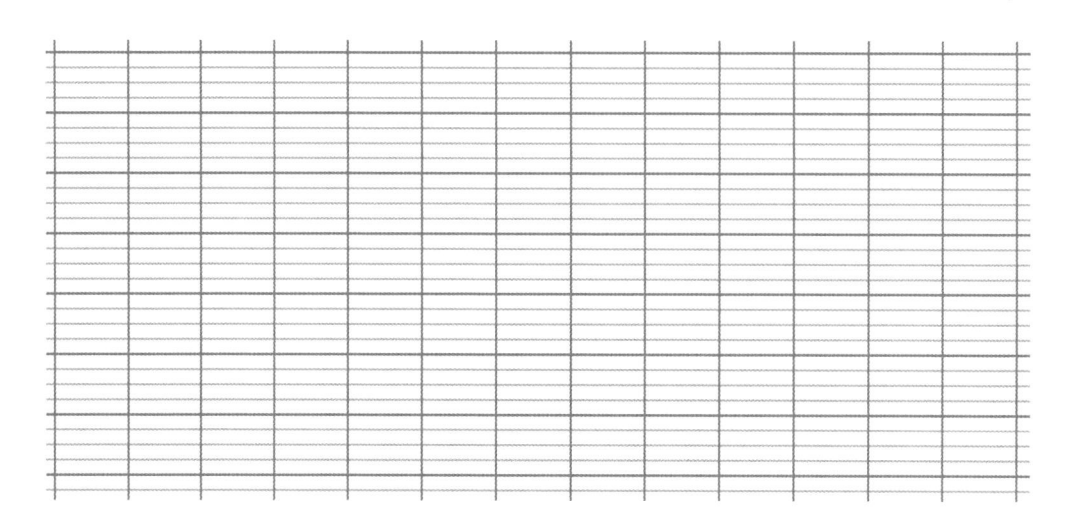

**20** Résolvez le problème suivant.

M. Antilogus achète un lit pour 295 €.
Il achète également 2 couettes à 65 € pièce.
À la caisse, M. Antilogus donne un billet de 500 €.
Combien de monnaie reçoit-il ?

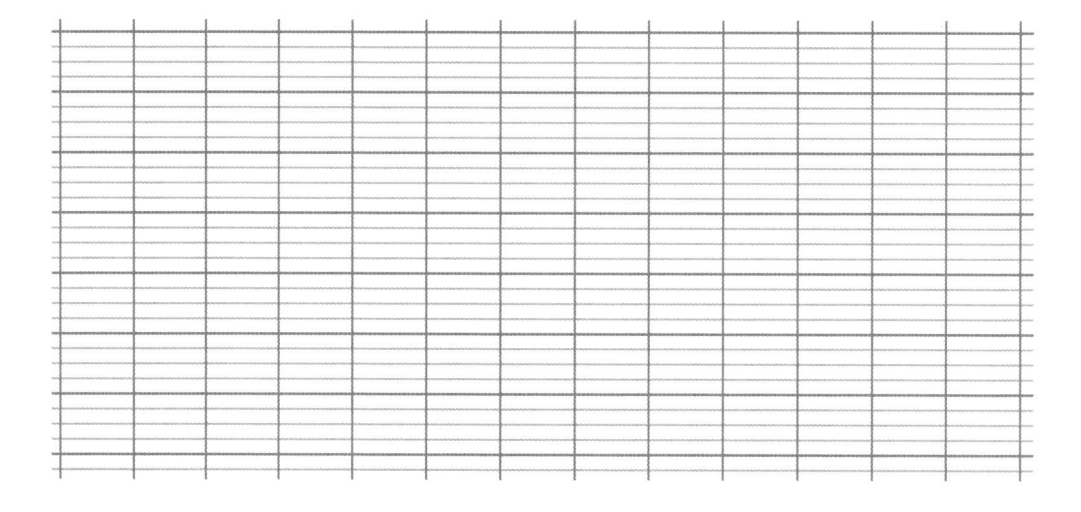

**21** Résolvez le problème suivant.

Lili a une collection de 278 timbres.
Jeanne a 64 timbres de plus que Lili dans sa collection.
Samuel et Jeanne ont 500 timbres à eux deux.
Combien de timbres Samuel a-t-il dans sa collection ?

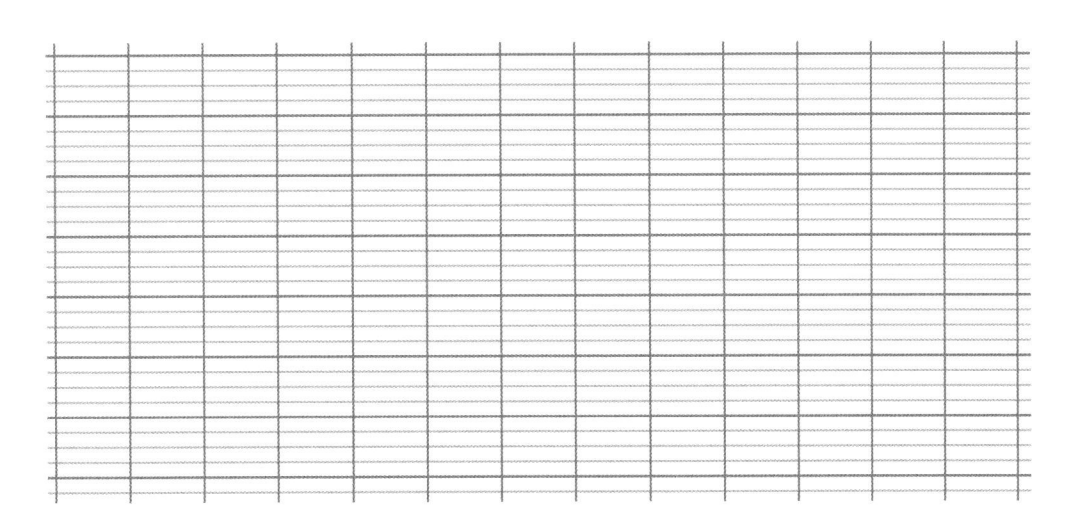

**22** Résolvez le problème suivant.

Un tapis en soie rectangulaire est situé au milieu d'une pièce qui mesure 7 m par 6 m.
Le tapis laisse une marge de 1 mètre tout autour de lui.
Trouvez le prix du tapis, sachant que $1\,m^2$ de ce tapis coûte 75 €.

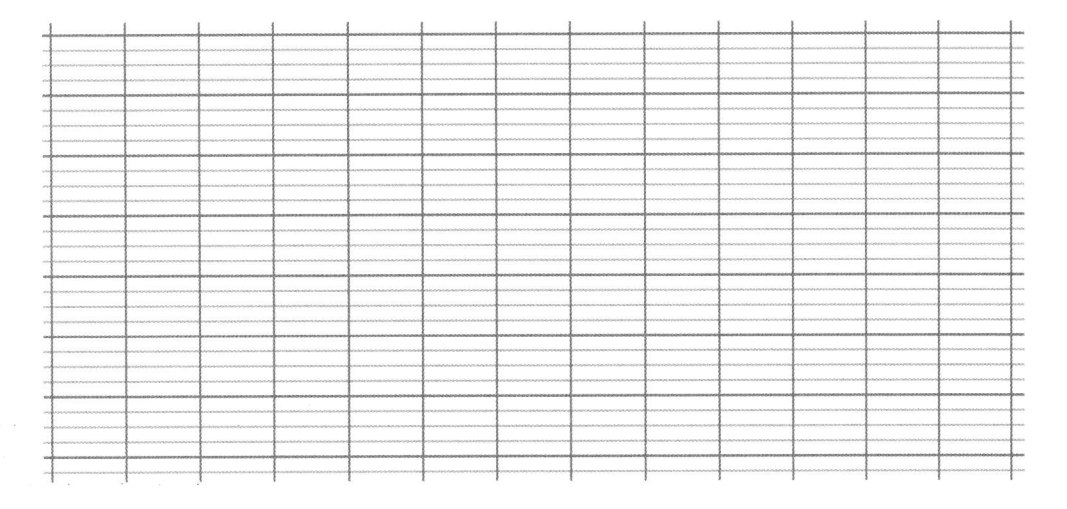

# Exercice 14

**1** Donnez la fraction correspondant à chacune de ces figures :

**a**

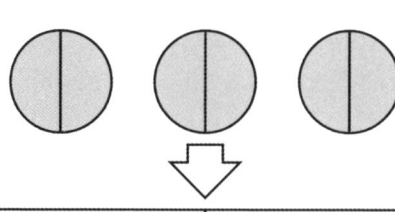

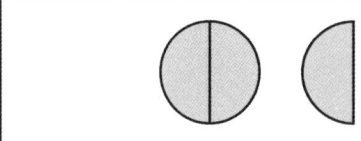

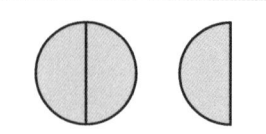

$3 \div 2 = \dfrac{\Box}{\Box}$

**b**

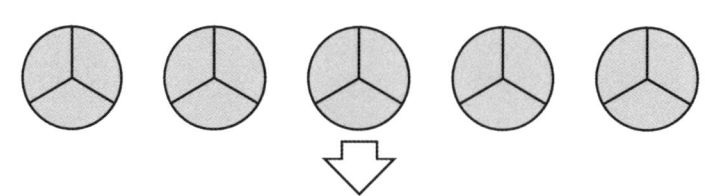

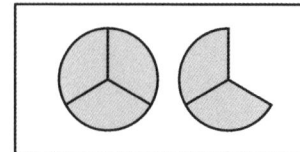

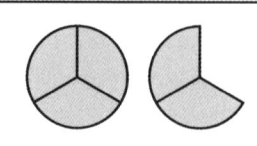

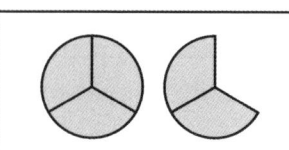

$5 \div 3 = \dfrac{\Box}{\Box}$

**c**

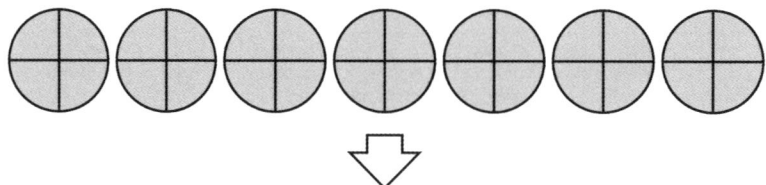

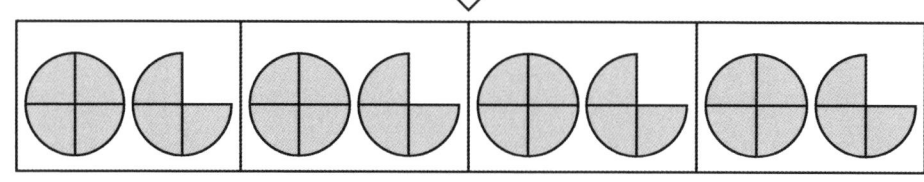

$7 \div 4 = \dfrac{\Box}{\Box}$

**2** Exprimez chacune de ces fractions sous forme d'un nombre mixte :

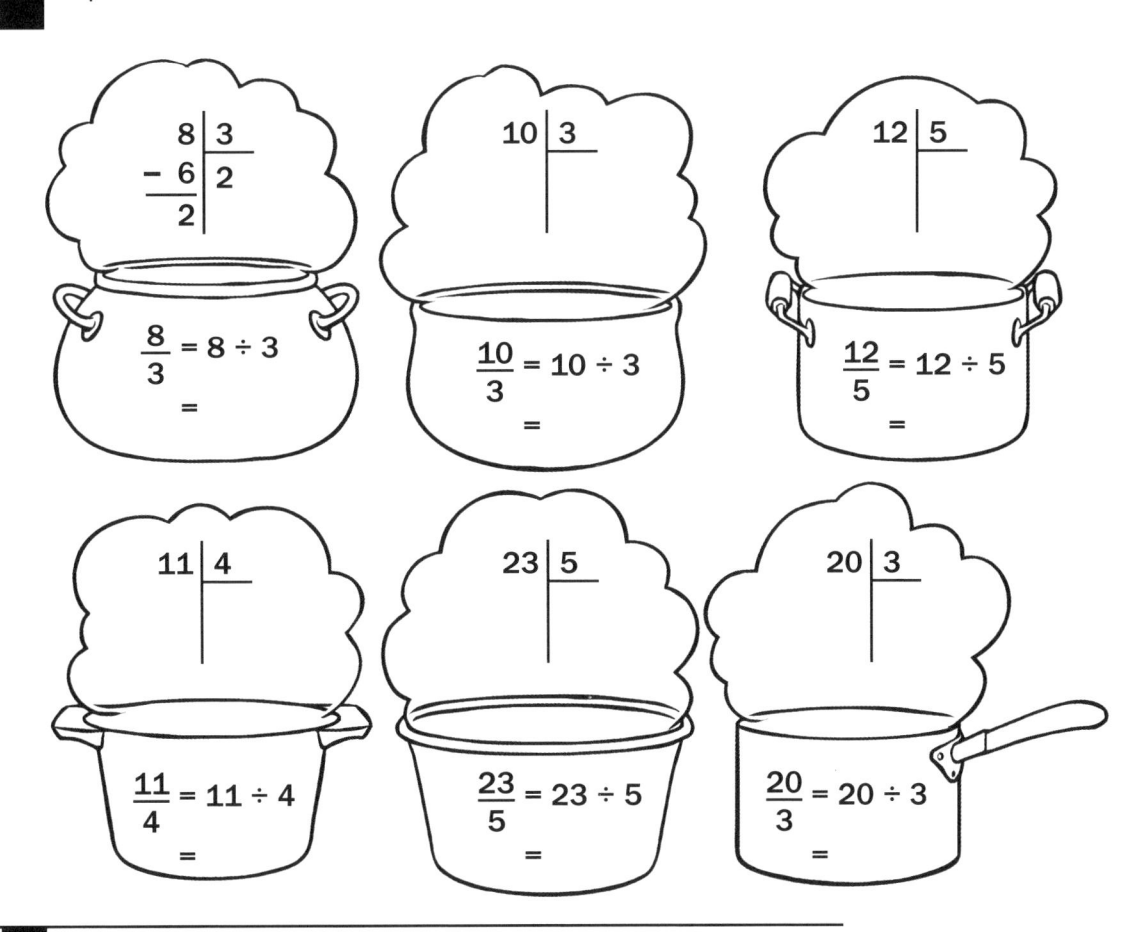

```
  8 | 3
- 6 | 2
  2
```

$\dfrac{8}{3} = 8 \div 3$
=

```
10 | 3
```

$\dfrac{10}{3} = 10 \div 3$
=

```
12 | 5
```

$\dfrac{12}{5} = 12 \div 5$
=

```
11 | 4
```

$\dfrac{11}{4} = 11 \div 4$
=

```
23 | 5
```

$\dfrac{23}{5} = 23 \div 5$
=

```
20 | 3
```

$\dfrac{20}{3} = 20 \div 3$
=

**3** Transformez chacune de ces fractions en un nombre entier ou en un nombre mixte.

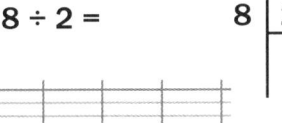

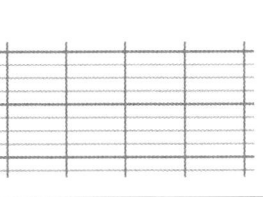

a) $\dfrac{8}{2} = 8 \div 2 =$     8 | 2

b) $\dfrac{11}{5} = 11 \div 5 =$     11 | 5

c) $\dfrac{17}{8} =$

d) $\dfrac{27}{3} =$

Les fractions

# Exercice 15

**1** Additionnez puis donnez votre réponse sous sa forme la plus simple.

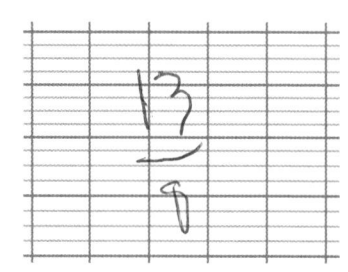

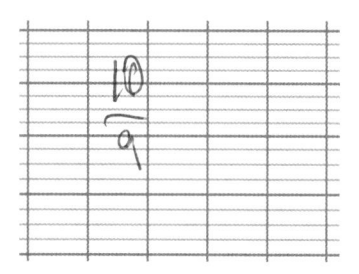

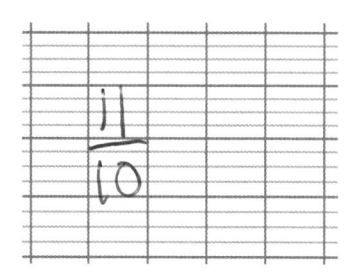

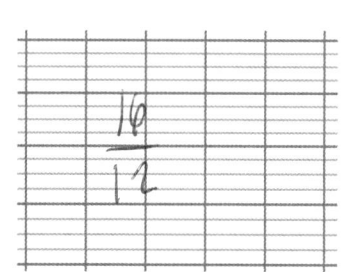

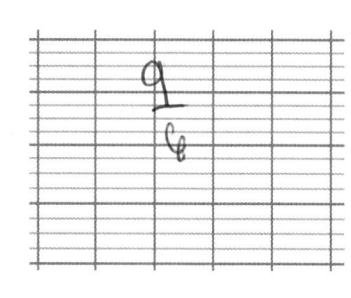

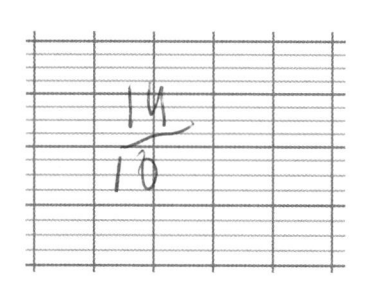

**a** $\dfrac{7}{8} + \dfrac{3}{4} = \dfrac{7}{8} + \dfrac{6}{8}$

$\dfrac{13}{8}$

**b** $\dfrac{2}{3} + \dfrac{4}{9} = \dfrac{6}{9} + \dfrac{4}{9}$

$\dfrac{10}{9}$

**c** $\dfrac{4}{5} + \dfrac{3}{10} = \dfrac{8}{10} + \dfrac{3}{10}$

$\dfrac{11}{10}$

**d** $\dfrac{3}{4} + \dfrac{7}{12} = \dfrac{9}{12} + \dfrac{7}{12}$

$\dfrac{16}{12}$

**e** $\dfrac{5}{6} + \dfrac{2}{3} = \dfrac{4}{6} + \dfrac{5}{6}$

$\dfrac{9}{6}$

**f** $\dfrac{1}{2} + \dfrac{9}{10} = \dfrac{5}{10} + \dfrac{9}{10}$

$\dfrac{14}{10}$

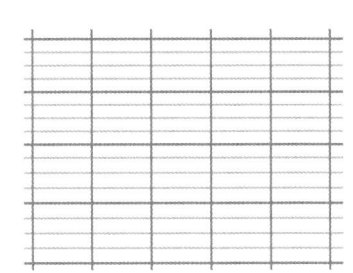

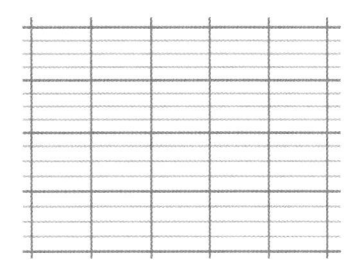

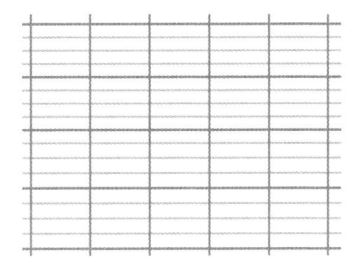

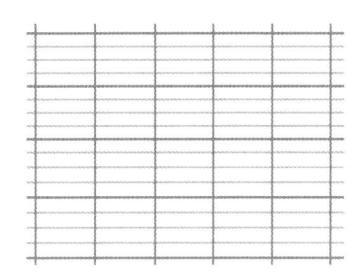

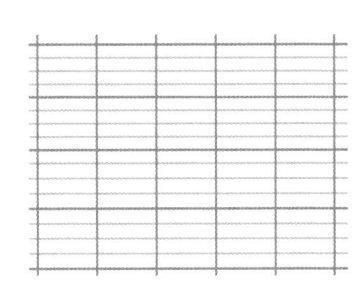

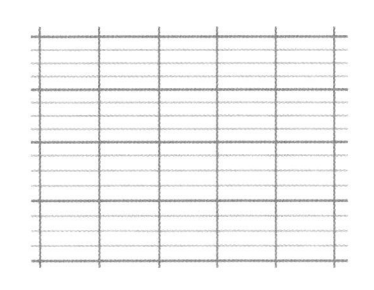

**2** Additionnez puis donnez votre réponse sous sa forme la plus simple.

**a**  $\dfrac{1}{6} + \dfrac{3}{4} = \dfrac{\phantom{0}}{12} + \dfrac{\phantom{0}}{12}$

**b**  $\dfrac{5}{9} + \dfrac{1}{2} = \dfrac{\phantom{0}}{18} + \dfrac{\phantom{0}}{18}$

**c**  $\dfrac{1}{2} + \dfrac{3}{5} =$

**d**  $\dfrac{2}{5} + \dfrac{3}{4} =$

**e**  $\dfrac{9}{10} + \dfrac{1}{6} =$

**f**  $\dfrac{3}{10} + \dfrac{5}{6} =$

Les fractions

# Exercice 16

**1** Soustrayez puis donnez votre réponse sous sa forme la plus simple.

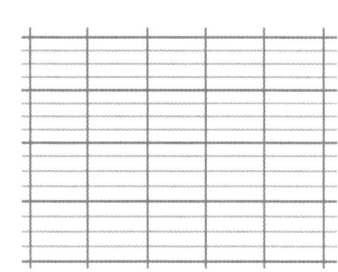

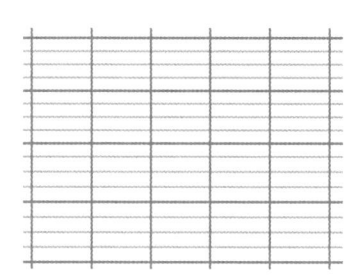

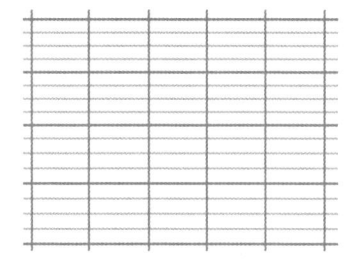

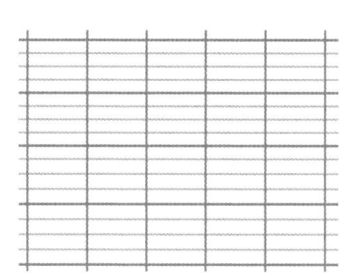

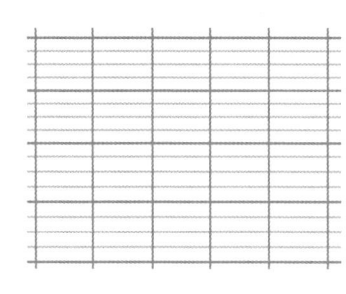

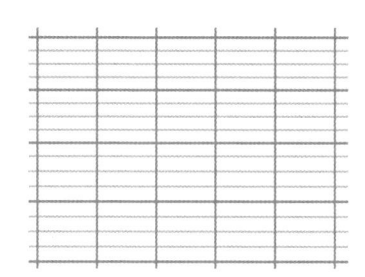

a) $\dfrac{7}{8} - \dfrac{3}{4} = \dfrac{7}{8} - \dfrac{\phantom{0}}{8} =$

b) $\dfrac{5}{6} - \dfrac{1}{12} = \dfrac{\phantom{0}}{12} - \dfrac{1}{12} =$

c) $\dfrac{9}{10} - \dfrac{1}{2} =$

d) $\dfrac{11}{12} - \dfrac{2}{3} =$

e) $1\dfrac{1}{2} - \dfrac{3}{4} =$

f) $1\dfrac{1}{10} - \dfrac{3}{5} =$

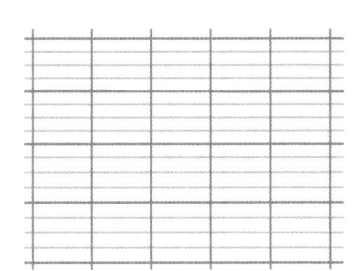

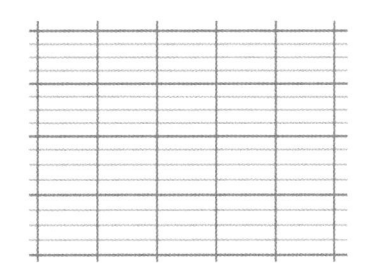

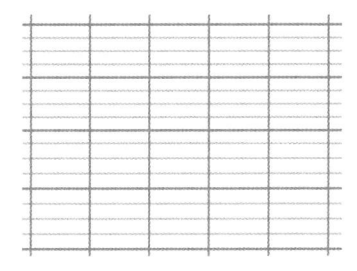

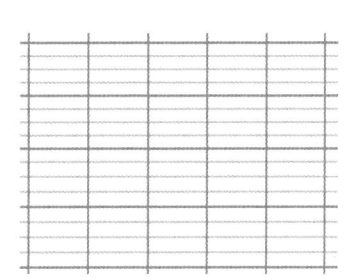

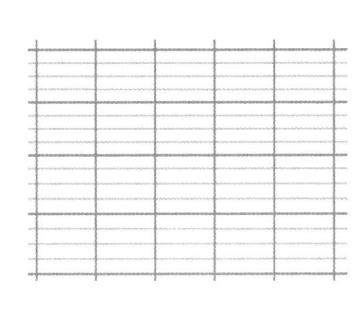

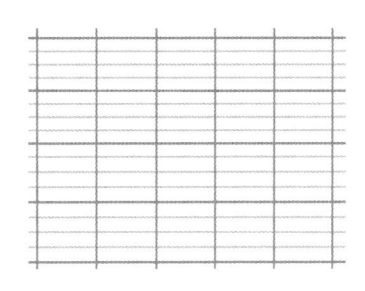

**2** Soustrayez puis donnez votre réponse sous sa forme la plus simple.

a) $\dfrac{1}{2} - \dfrac{1}{5} = \dfrac{\phantom{0}}{10} - \dfrac{\phantom{0}}{10} =$

b) $\dfrac{7}{12} - \dfrac{3}{8} = \dfrac{\phantom{0}}{24} - \dfrac{\phantom{0}}{24} =$

c) $\dfrac{3}{4} - \dfrac{3}{10} =$

d) $\dfrac{9}{10} - \dfrac{3}{4} =$

e) $1\dfrac{1}{5} - \dfrac{2}{3} =$

f) $1\dfrac{1}{10} - \dfrac{1}{6} =$

# Exercice 17

**1.** Additionnez puis donnez votre réponse sous sa forme la plus simple.

**a)** $2\frac{3}{4} + 1\frac{1}{8} = 3\frac{3}{4} + \frac{1}{8}$

$= 3\frac{6}{8} + \frac{1}{8}$

$3\frac{7}{8}$

**b)** $1\frac{5}{12} + 3\frac{1}{3} = 4\frac{5}{12} + \frac{1}{3}$

$= 4\frac{5}{12} + \frac{4}{12}$

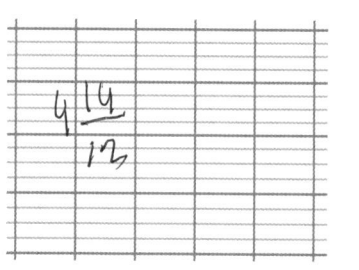

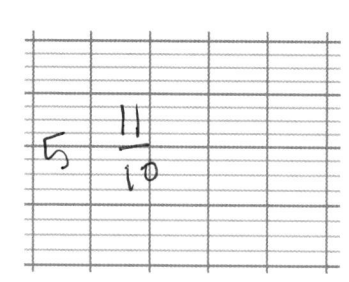

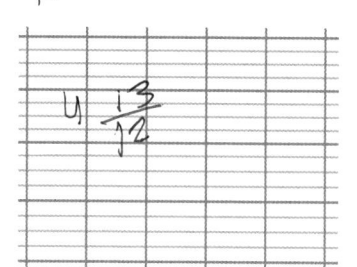

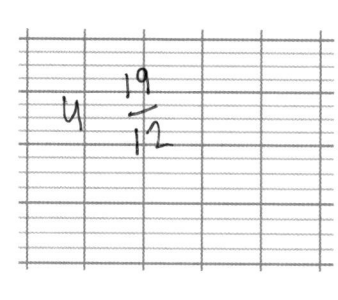

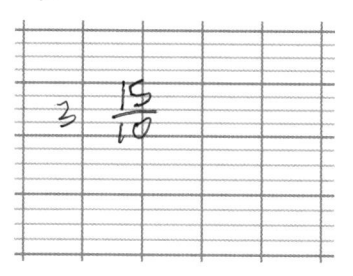

$4\frac{9}{12}$

**c)** $3\frac{7}{10} + 2\frac{2}{5} =$  (²⁄₅ → ⁴⁄₁₀)

$5\frac{11}{10}$

**d)** $2\frac{2}{3} + 2\frac{5}{12} =$  (²⁄₃ → ⁸⁄₁₂)

$4\frac{13}{12}$

**e)** $3\frac{7}{12} + 1\frac{3}{4} =$  (¾ → ¹²⁄₁₂... 9/12)

$4\frac{19}{12}$

**f)** $1\frac{4}{5} + 2\frac{7}{10} =$  (⅘ → ⁸⁄₁₀)

$3\frac{15}{10}$

46  Les fractions

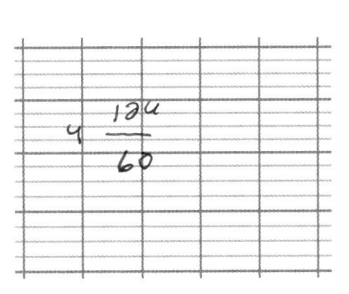

**2** Additionnez puis donnez votre réponse sous sa forme la plus simple.

**a)** $2\frac{1}{5} + 1\frac{2}{3} = 3\frac{1}{5} + \frac{2}{3}$

$= 3\frac{3}{15} + \frac{10}{15}$

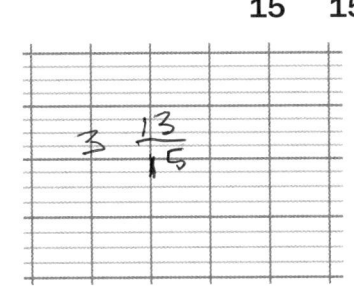

$3\frac{13}{15}$

**b)** $2\frac{3}{8} + 2\frac{1}{6} = 4\frac{3}{8} + \frac{1}{6}$

$= 4\frac{18}{24} + \frac{9}{24}$

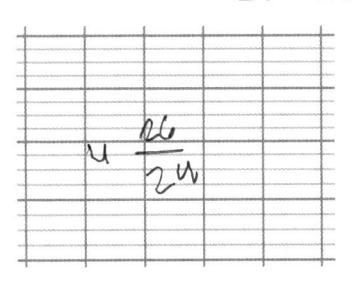

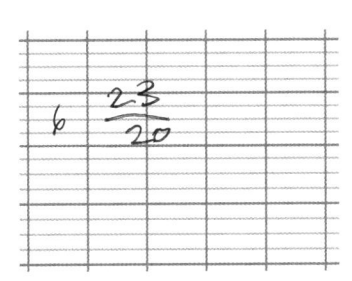

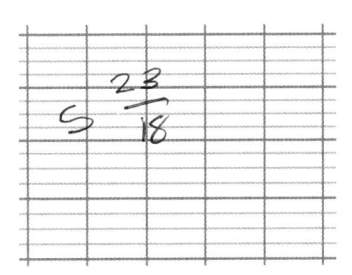

$4\frac{26}{24}$

**c)** $1\frac{2}{5} + 5\frac{3}{4} =$

$6\frac{23}{20}$

**d)** $3\frac{1}{2} + 2\frac{7}{9} =$

$5\frac{23}{18}$

**e)** $2\frac{3}{10} + 2\frac{1}{6} =$

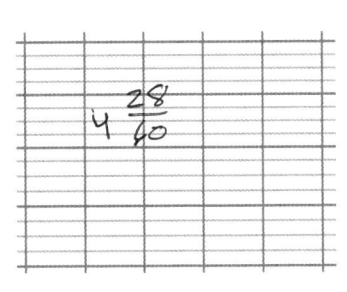

$4\frac{28}{60}$

**f)** $2\frac{5}{6} + 2\frac{9}{10} =$ (54)

$4\frac{124}{60}$

# Exercice 18

**1** Soustrayez puis donnez votre réponse sous sa forme la plus simple.

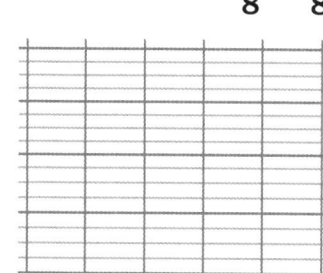

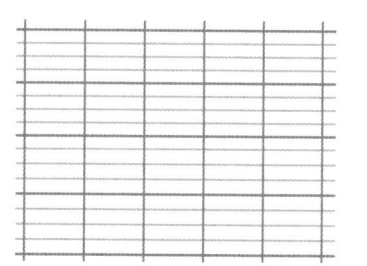

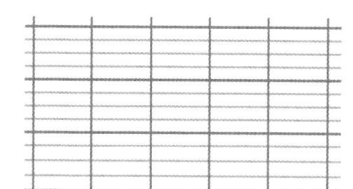

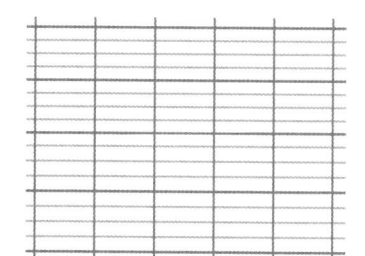

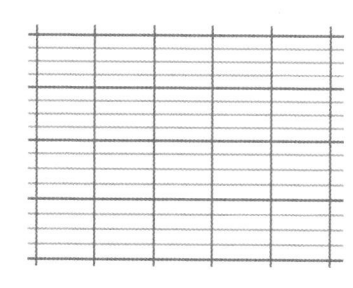

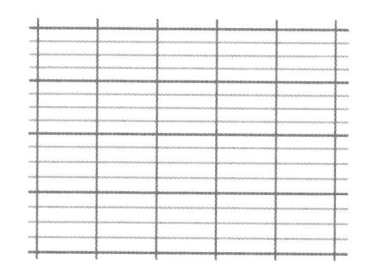

**a** $3\dfrac{7}{8} - 1\dfrac{1}{2} = 2\dfrac{7}{8} - \dfrac{1}{2}$

$= 2\dfrac{7}{8} - \dfrac{\phantom{7}}{8}$

**b** $5\dfrac{4}{5} - 2\dfrac{1}{10} = 3\dfrac{4}{5} - \dfrac{1}{10}$

$= 3\dfrac{\phantom{7}}{10} - \dfrac{\phantom{7}}{10}$

**c** $4\dfrac{5}{6} - 2\dfrac{7}{12} =$

**d** $5\dfrac{11}{12} - 1\dfrac{3}{4} =$

**e** $4\dfrac{1}{9} - 2\dfrac{2}{3} =$

**f** $4\dfrac{1}{4} - 1\dfrac{5}{12} =$

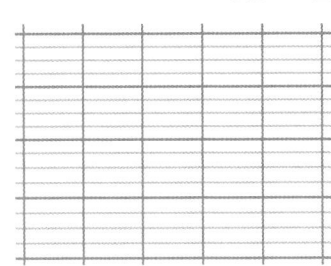

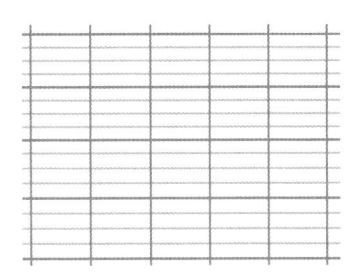

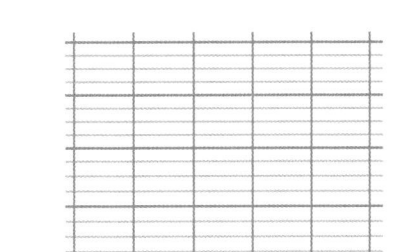

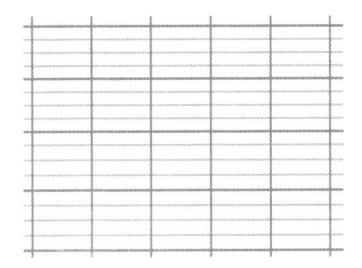

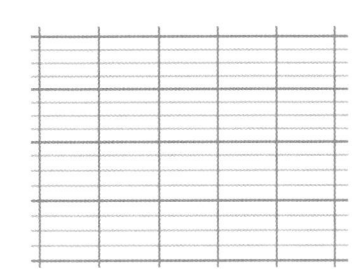

**2** Soustrayez puis donnez votre réponse sous sa forme la plus simple.

a) $4\dfrac{1}{2} - 1\dfrac{2}{9} = 3\dfrac{1}{2} - \dfrac{2}{9}$

$= 3\dfrac{\phantom{0}}{18} - \dfrac{\phantom{0}}{18}$

b) $3\dfrac{3}{4} - 1\dfrac{2}{3} = 2\dfrac{3}{4} - \dfrac{2}{3}$

$= 2\dfrac{\phantom{0}}{12} - \dfrac{\phantom{0}}{12}$

c) $3\dfrac{5}{9} - 1\dfrac{1}{2} =$

d) $4\dfrac{7}{8} - 2\dfrac{5}{12} =$

e) $4\dfrac{1}{4} - 2\dfrac{5}{6} =$

f) $4\dfrac{3}{10} - 3\dfrac{5}{6} =$

Les fractions

# Exercice 19

**1** Donnez les mesures équivalentes.

**a** $\frac{5}{8}$ jour = $\boxed{15}$ h

$\frac{5}{8}$ jour = $\frac{5}{8}$ × 24 h =

15   300

**b** $\frac{7}{10}$ m = $\boxed{70}$ cm

70

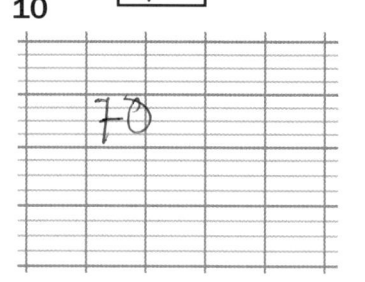

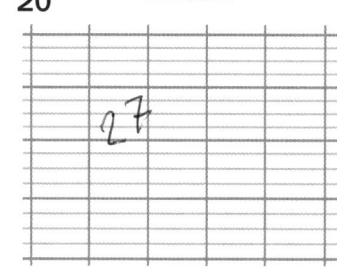

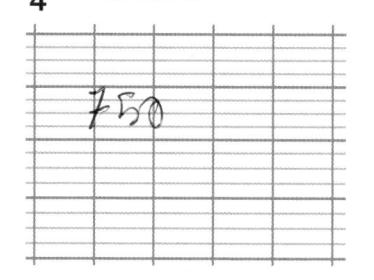

**c** $\frac{9}{20}$ min = $\boxed{27}$ s

27

**d** $\frac{3}{4}$ ℓ = $\boxed{750}$ ml

750

**e** $\frac{3}{4}$ d'année = $\boxed{9}$ mois

9

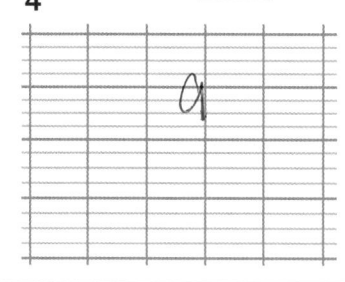

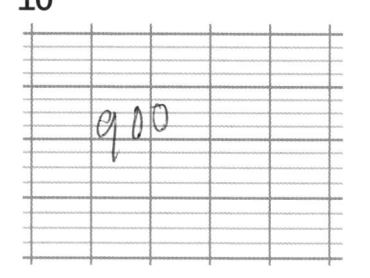

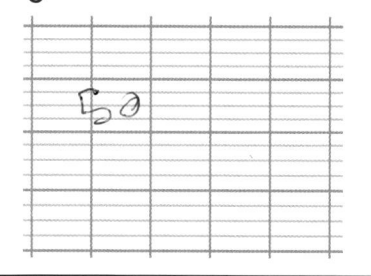

**f** $\frac{9}{10}$ kg = $\boxed{900}$ g

900

**g** $\frac{3}{5}$ km = $\boxed{600}$ m

600

**h** $\frac{5}{6}$ h = $\boxed{50}$ min

50

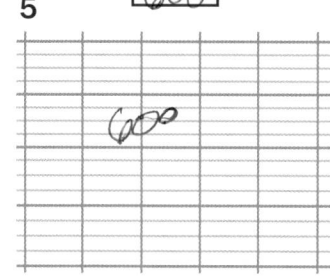

50  Les fractions

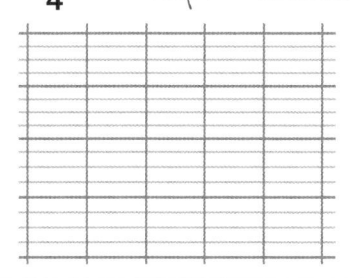

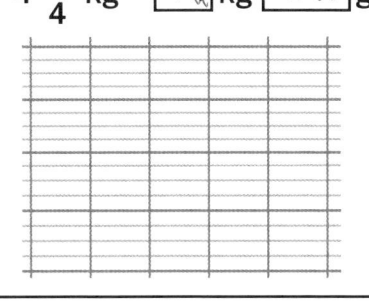

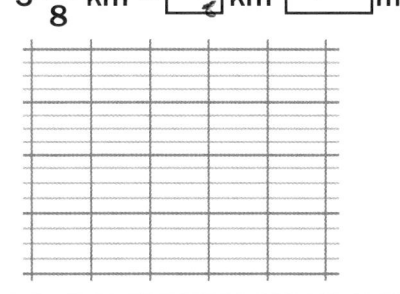

## 2. Donnez les mesures équivalentes.

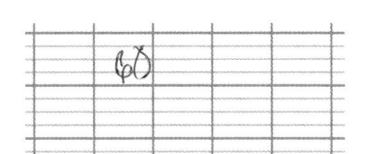

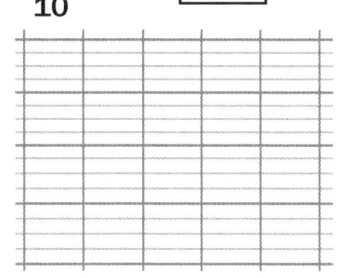

**a)** $2\dfrac{3}{5}$ m = 2 m $\boxed{200}$ cm

$\dfrac{3}{5}$ m = $\dfrac{3}{5}$ × 100 cm = 60

60

**b)** $4\dfrac{7}{10}$ ℓ = 4 ℓ $\boxed{4000}$ mℓ

**c)** $3\dfrac{1}{4}$ h = $\boxed{3.25}$ h $\boxed{195}$ min

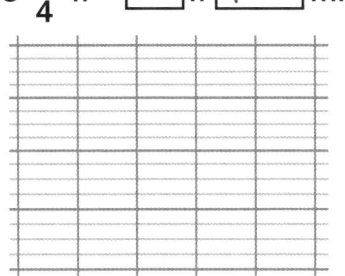

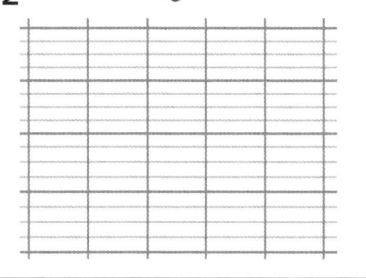

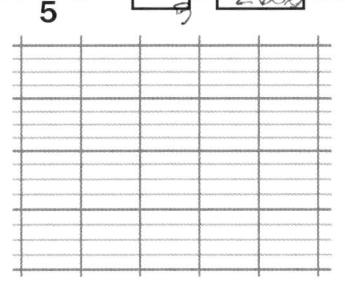

**d)** $2\dfrac{1}{2}$ jours = $\boxed{2\dfrac{1}{2}}$ jours $\boxed{60}$ h

**e)** $2\dfrac{3}{5}$ ℓ = $\boxed{2\dfrac{3}{5}}$ ℓ $\boxed{2600}$ mℓ

**f)** $5\dfrac{1}{4}$ kg = $\boxed{5\dfrac{1}{4}}$ kg $\boxed{5250}$ g

**g)** $4\dfrac{3}{4}$ kg = $\boxed{4\dfrac{3}{4}}$ kg $\boxed{4750}$ g

**h)** $3\dfrac{7}{8}$ km = $\boxed{3\dfrac{7}{8}}$ km $\boxed{3875}$ m

# Exercice 20

**1** Donnez les mesures équivalentes.

**a** $2\frac{1}{10}$ kg = ☐ g

2 kg = ☐ g

$\frac{1}{10}$ kg = $\frac{1}{10}$ × 1 000 g

$2\frac{1}{10}$ kg = ☐ g

**b** $1\frac{1}{6}$ h = ☐ min

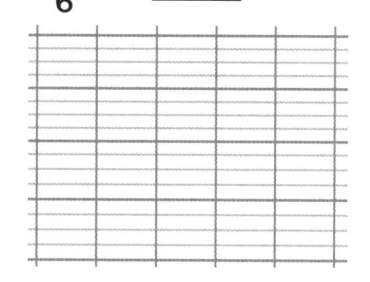

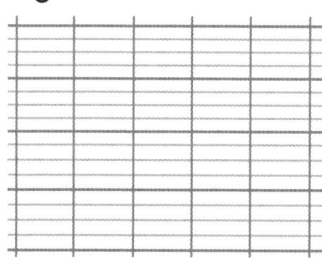

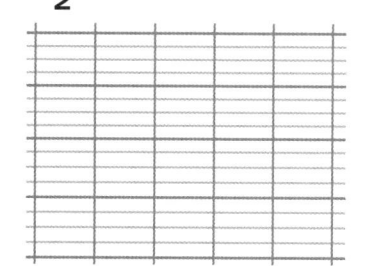

**c** $2\frac{2}{3}$ ans = ☐ mois

**d** $3\frac{1}{2}$ kg = ☐ g

**e** $2\frac{1}{5}$ ℓ = ☐ mℓ

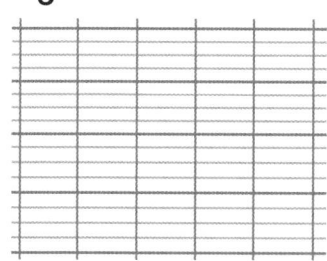

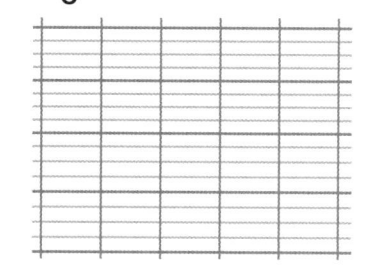

**f** $2\frac{5}{6}$ min = ☐ s

**g** $4\frac{3}{5}$ m = ☐ cm

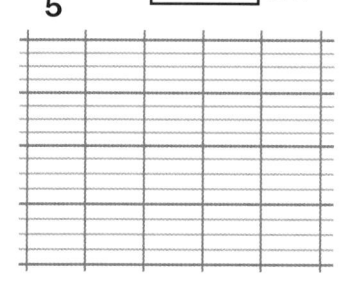

**h** $3\frac{4}{5}$ km = ☐ m

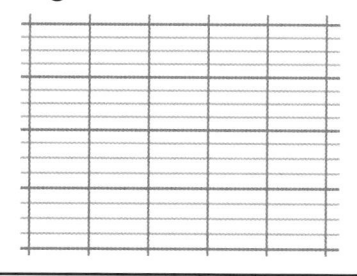

52 Les fractions

**2** Résolvez le problème suivant :

Raphaël court $3\frac{1}{8}$ km.

Exprimez cette distance en mètres.

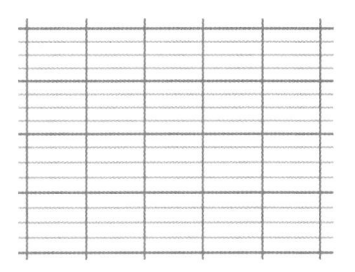

**3** Résolvez le problème suivant :

Pierre s'entraîne chaque jour au piano $1\frac{3}{4}$ h.
De son côté, Hassan s'entraîne
125 minutes chaque jour.
Lequel des deux s'entraîne le plus longtemps et
combien de temps en plus ?

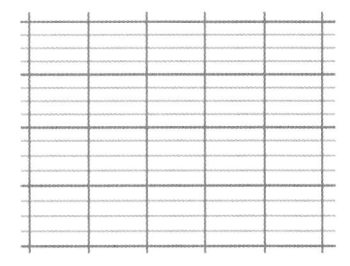

**4** Répondez aux questions suivantes :

**a** Qu'est-ce qui représente la plus grande quantité : $1\frac{1}{2}\ell$ ou **1 050 m$\ell$** ?

**b** Qu'est-ce qui est le plus long : $1\frac{2}{3}$ h ou **105 min** ?

**c** Qu'est-ce qui est le plus long : $2\frac{1}{4}$ km ou **2 500 m** ?

**d** Qu'est-ce qui est le plus long : $1\frac{1}{20}$ m ou **120 cm** ?

**5** Répondez aux questions suivantes :

**a** Qu'est-ce qui représente la moins grande quantité : $1\frac{1}{4}\ell$ ou **1 500 m$\ell$** ?

**b** Qu'est-ce qui est le plus court : $1\frac{1}{3}$ jour ou **30 h** ?

**c** Qu'est-ce qui est le plus court, $1\frac{2}{3}$ année ou **18 mois** ?

**d** Qu'est-ce qui est le plus léger, $1\frac{4}{5}$ kg ou **1 400 g** ?

Les fractions

# Exercice 21

**1** Exprimez **8 mois** comme une fraction de **1 année**.

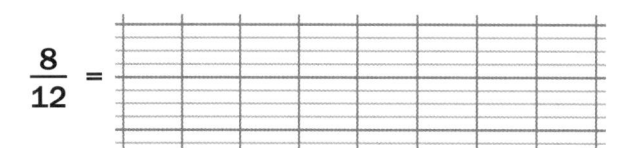

$$\frac{8}{12} =$$

*1 année = 12 mois*

**2** Exprimez **95 centimètres** comme une fraction de **1 mètre**.

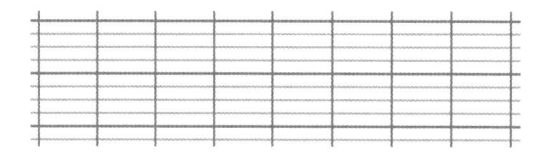

**3** Exprimez **45 minutes** comme une fraction de **1 heure**.

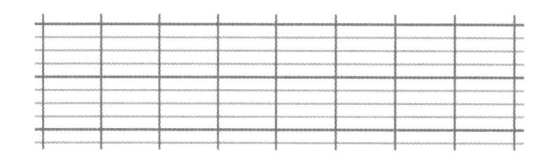

**4** Exprimez **15 centimes** comme une fraction de **1 euro**.

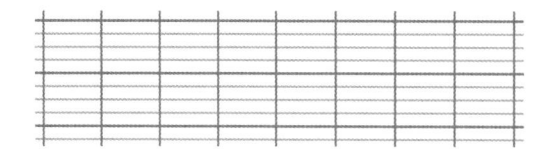

**5** Exprimez **650 grammes** sous forme de fraction de **1 kilogramme**.

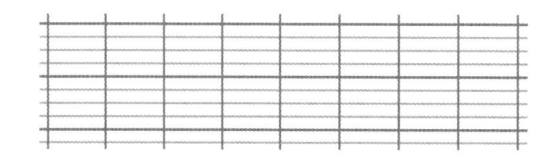

**6** Exprimez **40 minutes** comme une fraction de **2 heures**.

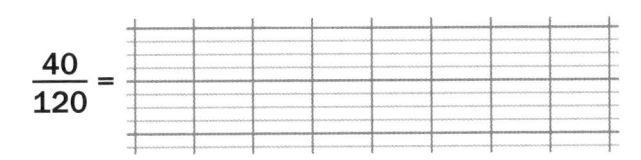

$$\frac{40}{120} =$$

*2 h = 2 × 60 min*

---

**7** Exprimez **75 centimètres** comme une fraction de **3 mètres**.

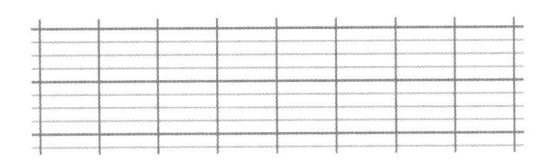

---

**7** Quelle fraction de **3 euros**, **90 centimes** représentent-ils ?

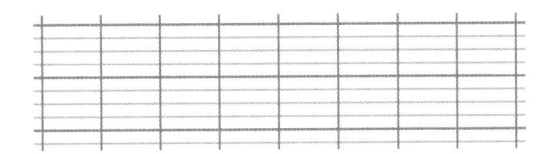

---

**9** Résolvez le problème suivant :

M. Chautard achète un paquet de 2 kg de farine.
Il en utilise 750 g pour confectionner des gâteaux.

**a** Quelle fraction de son paquet a-t-il utilisée ?

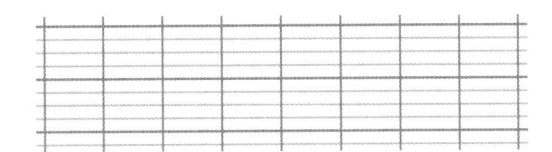

**b** Quelle fraction de son paquet reste-t-il à M. Chautard ?

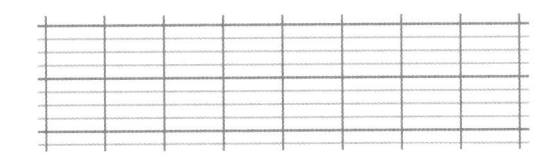

Les fractions

# Exercice 22

**1** Calculez.

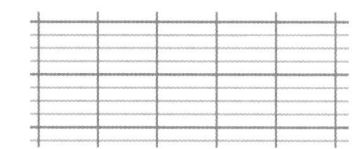

**a**

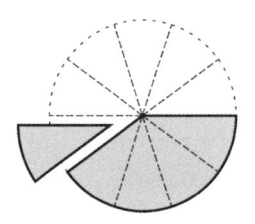

$\dfrac{1}{5}$ de $\dfrac{1}{2}$ =

$\dfrac{1}{5} \times \dfrac{1}{2} = \dfrac{1 \times 1}{5 \times 2} =$

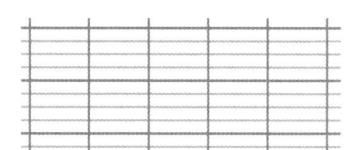

**b**

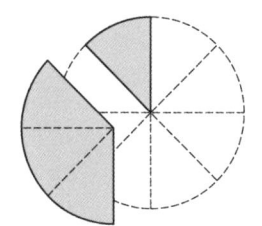

$\dfrac{3}{4}$ de $\dfrac{1}{2}$ =

$\dfrac{3}{4} \times \dfrac{1}{2} =$

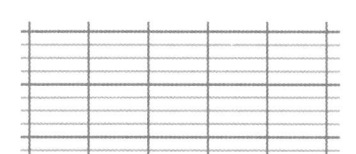

**c**

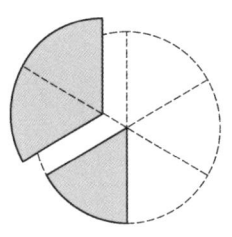

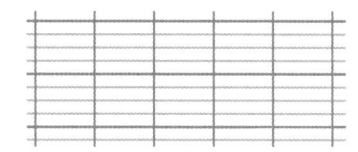

$\dfrac{2}{3}$ de $\dfrac{1}{2}$ =

$\dfrac{2}{3} \times \dfrac{1}{2} =$

**d**

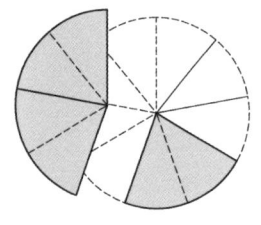

$\dfrac{2}{3}$ de $\dfrac{2}{3}$ =

$\dfrac{2}{3} \times \dfrac{2}{3} =$

Les fractions

## 2 Multipliez.

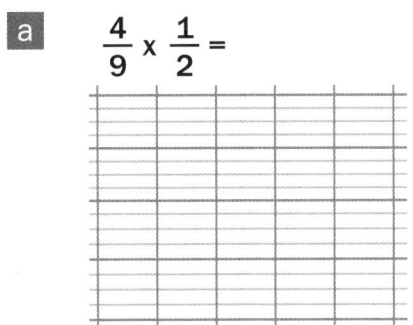

a) $\dfrac{4}{9} \times \dfrac{1}{2} =$

b) $\dfrac{1}{4} \times \dfrac{3}{8} =$

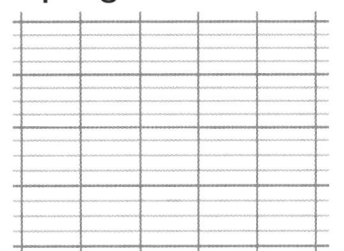

c) $\dfrac{1}{5} \times \dfrac{3}{4} =$

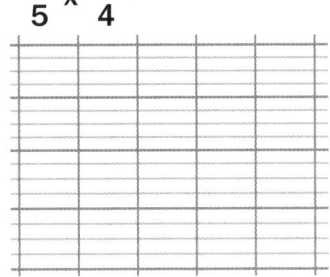

d) $\dfrac{5}{6} \times \dfrac{2}{3} =$

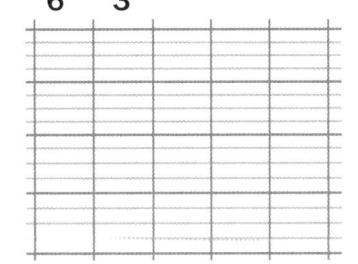

e) $\dfrac{4}{5} \times \dfrac{5}{8} =$

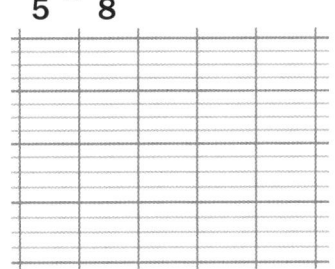

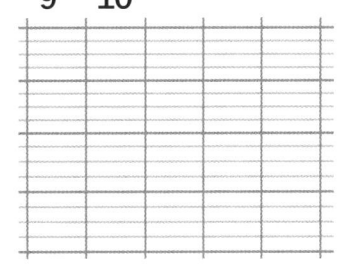

f) $\dfrac{4}{9} \times \dfrac{3}{10} =$

g) $\dfrac{9}{10} \times \dfrac{5}{6} =$

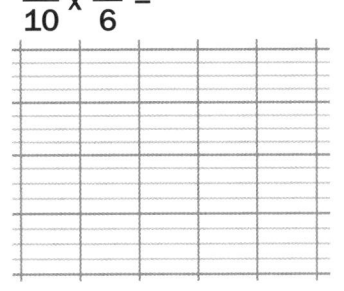

h) $\dfrac{3}{8} \times \dfrac{6}{7} =$

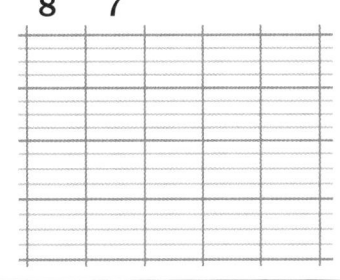

# Exercice 23

**1** Trouvez les réponses, en suivant les flèches.

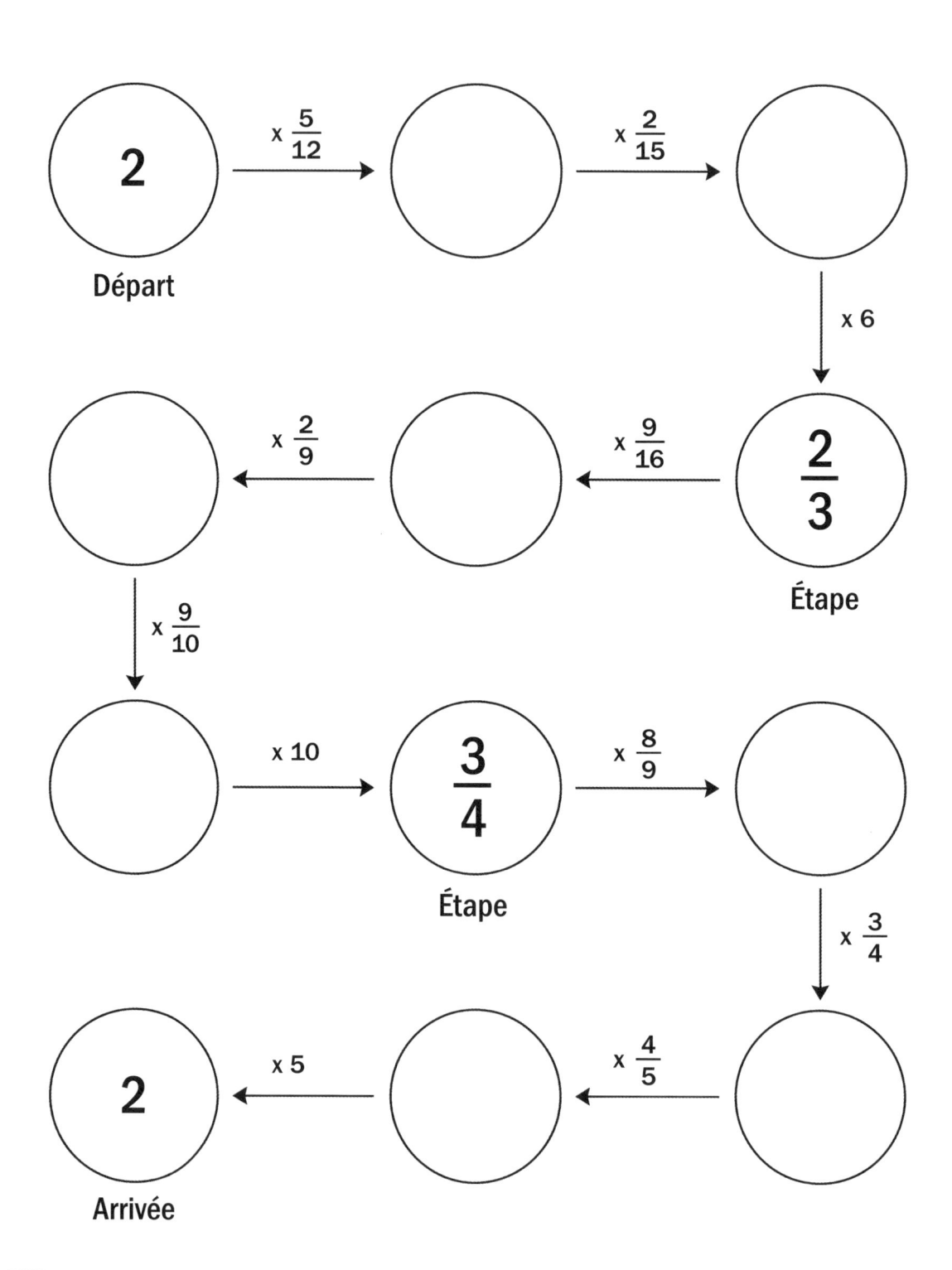

- Départ: 2
- $\times \dfrac{5}{12}$ →
- $\times \dfrac{2}{15}$ →
- $\times 6$ ↓
- Étape: $\dfrac{2}{3}$
- $\times \dfrac{9}{16}$ ←
- $\times \dfrac{2}{9}$ ←
- $\times \dfrac{9}{10}$ ↓
- $\times 10$ →
- Étape: $\dfrac{3}{4}$
- $\times \dfrac{8}{9}$ →
- $\times \dfrac{3}{4}$ ↓
- $\times \dfrac{4}{5}$ ←
- $\times 5$ ←
- Arrivée: 2

58 Les fractions

**2** Résolvez le problème suivant :

Mme Chautard achète $\frac{5}{6}$ kg de viande de bœuf.
Elle en fait cuire les $\frac{2}{3}$ pour le déjeuner de sa famille.
Quelle quantité de viande Mme Chautard a-t-elle utilisée ?

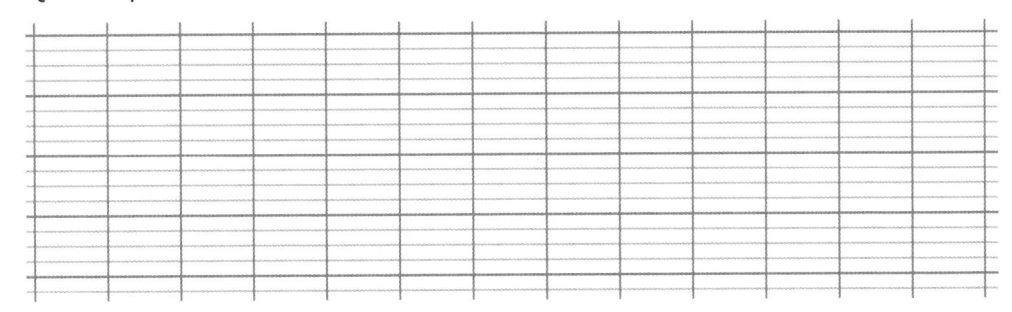

**3** Résolvez le problème suivant :

Un rectangle mesure $\frac{3}{4}$ m par $\frac{2}{5}$ m.
Trouvez son aire.

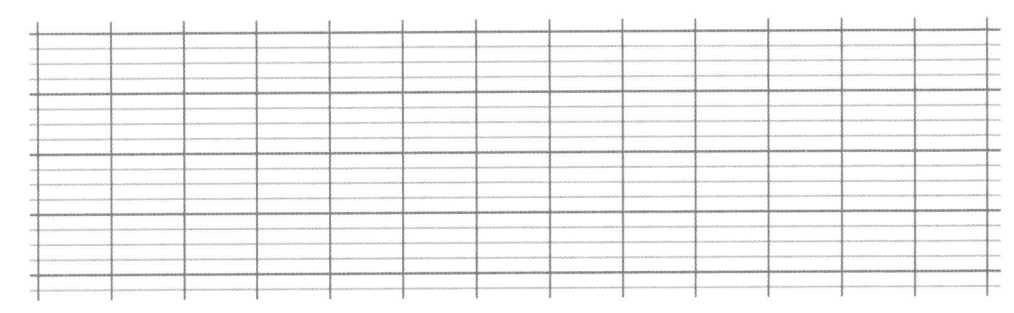

**4** Résolvez le problème suivant :

Sophie dépense les $\frac{3}{5}$ de son argent de poche pour acheter une calculatrice et les $\frac{2}{3}$ de ce qui lui reste pour acheter un stylo.
Quelle fraction de son argent Sophie a-t-elle gardée ?

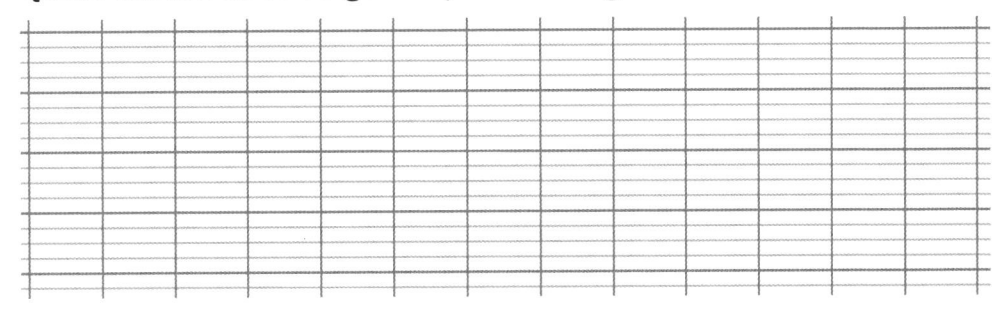

# Exercice 24

**1** Calculez.

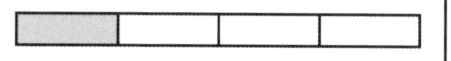

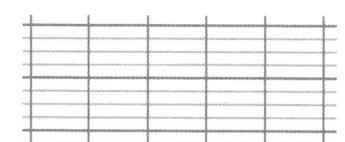

**a** $\dfrac{1}{4} \div 2 = \dfrac{1}{4} \times \dfrac{1}{2} =$

$\dfrac{1}{2}$ de $\dfrac{1}{4} =$

**b** $\dfrac{2}{3} \div 4 = \dfrac{2}{3} \times \dfrac{1}{4} =$

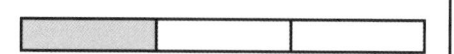

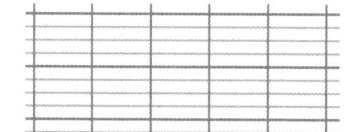

$\dfrac{1}{4}$ de $\dfrac{2}{3} =$

**c** $\dfrac{2}{3} \div 3 = \dfrac{2}{3} \times \dfrac{1}{3} =$

$\dfrac{1}{3}$ de $\dfrac{2}{3} =$

**d** $\dfrac{4}{5} \div 8 = \dfrac{4}{5} \times \dfrac{1}{8} =$

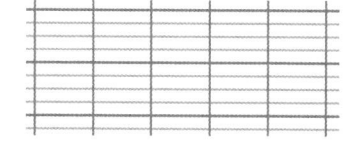

$\dfrac{1}{8}$ de $\dfrac{4}{5} =$

Les fractions

## 2 Divisez.

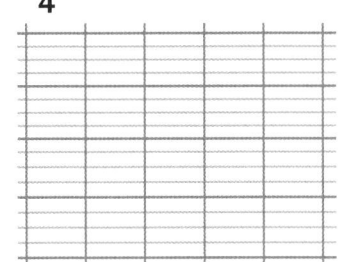

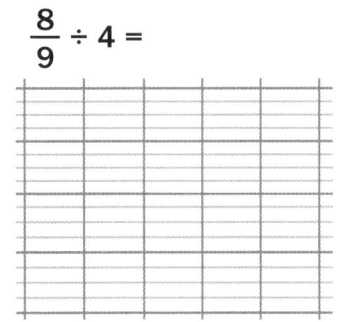

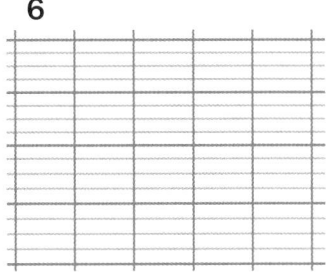

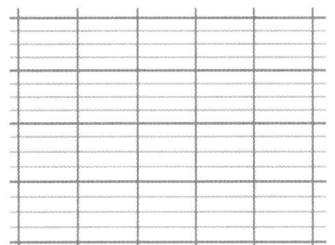

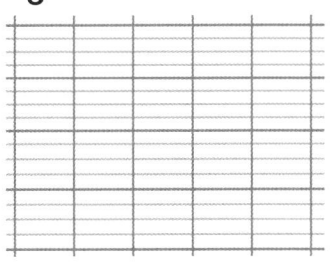

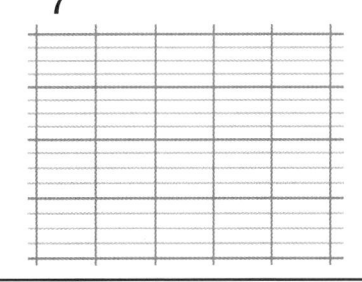

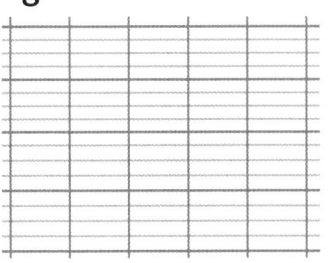

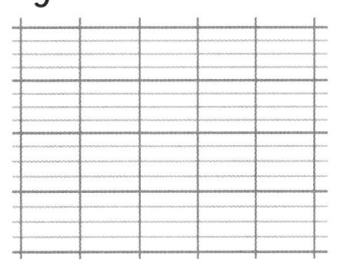

a) $\dfrac{3}{4} \div 2 =$

b) $\dfrac{8}{9} \div 4 =$

c) $\dfrac{5}{6} \div 5 =$

d) $\dfrac{3}{5} \div 9 =$

e) $\dfrac{4}{5} \div 2 =$

f) $\dfrac{5}{7} \div 6 =$

g) $\dfrac{5}{8} \div 3 =$

h) $\dfrac{4}{9} \div 10 =$

# Exercice 25

**1** Trouvez les réponses en suivant les flèches.

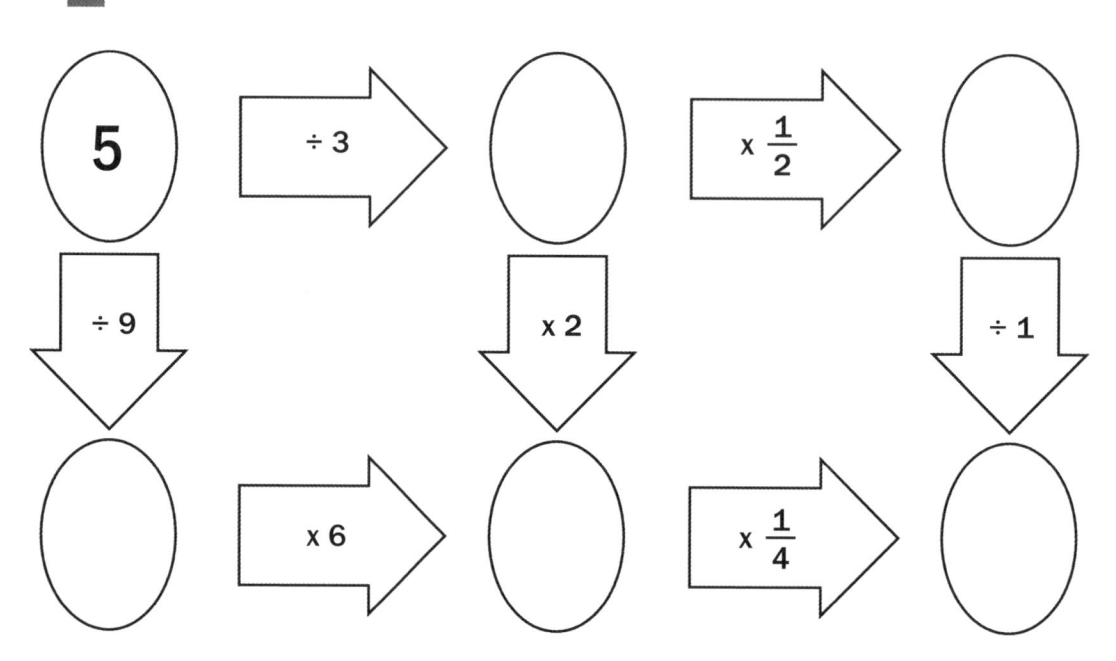

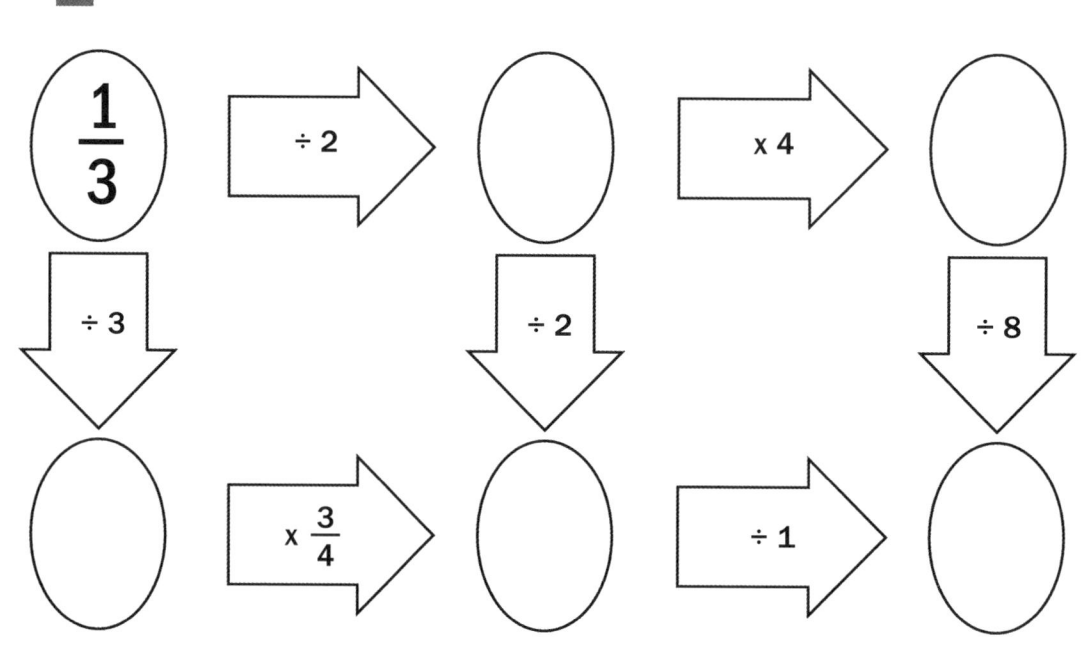

**a**

5 →(÷3)→ ◯ →(× $\frac{1}{2}$)→ ◯

↓÷9  ↓×2  ↓÷1

◯ →(×6)→ ◯ →(× $\frac{1}{4}$)→ ◯

**b**

$\frac{1}{3}$ →(÷2)→ ◯ →(×4)→ ◯

↓÷3  ↓÷2  ↓÷8

◯ →(× $\frac{3}{4}$)→ ◯ →(÷1)→ ◯

62 Les fractions

**2** Résolvez le problème suivant :

Mme Gomez utilise $\frac{3}{5}$ kg de sucre en 6 jours.

Sachant qu'elle en utilise la même quantité tous les jours,

quelle quantité quotidienne Mme Gomez consomme-t-elle ?

Donnez votre réponse en kilogrammes.

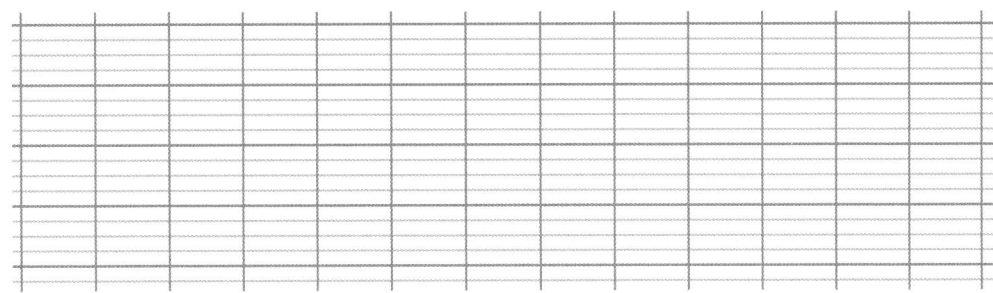

**3** Résolvez le problème suivant :

Un tuyau de $\frac{1}{2}$ m de long est coupé en 5 morceaux de même taille.
Combien mesure chaque morceau en mètres ?

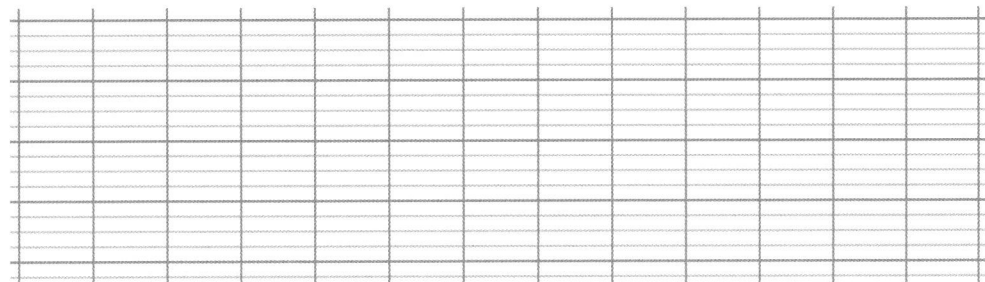

**4** Résolvez le problème suivant :

M. Linteau hérite d'une somme d'argent.

Il en garde $\frac{1}{3}$ et répartit le reste de manière égale entre ses 4 enfants.

Quelle fraction de l'héritage de M. Linteau chaque enfant reçoit-il ?

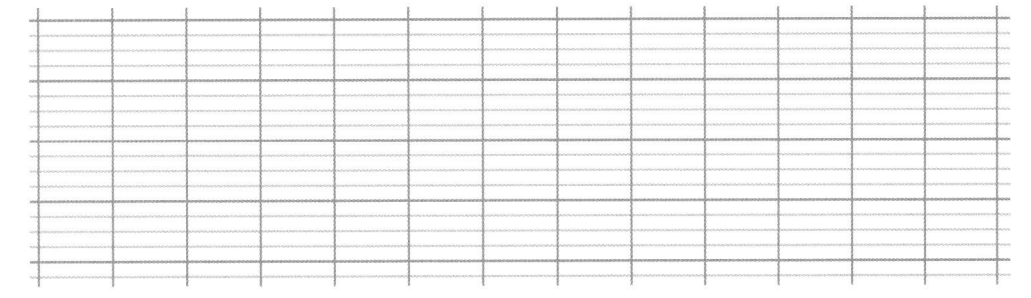

Les fractions 63

# Exercice 26

**1** Résolvez le problème suivant :

Un cageot contient 50 oranges.
Les $\dfrac{3}{10}$ des oranges sont pourries.
Combien de ces oranges ne sont pas pourries ?

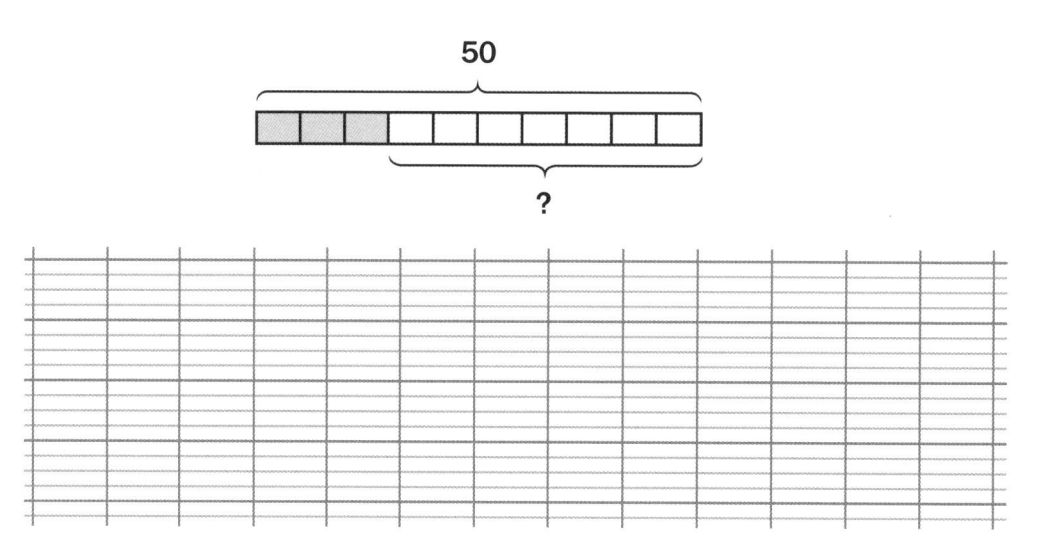

**2** Résolvez le problème suivant :

Sophie dépense les $\dfrac{2}{5}$ de son argent ;
il lui reste alors 60 €.

Combien d'argent Sophie avait-elle au départ ?

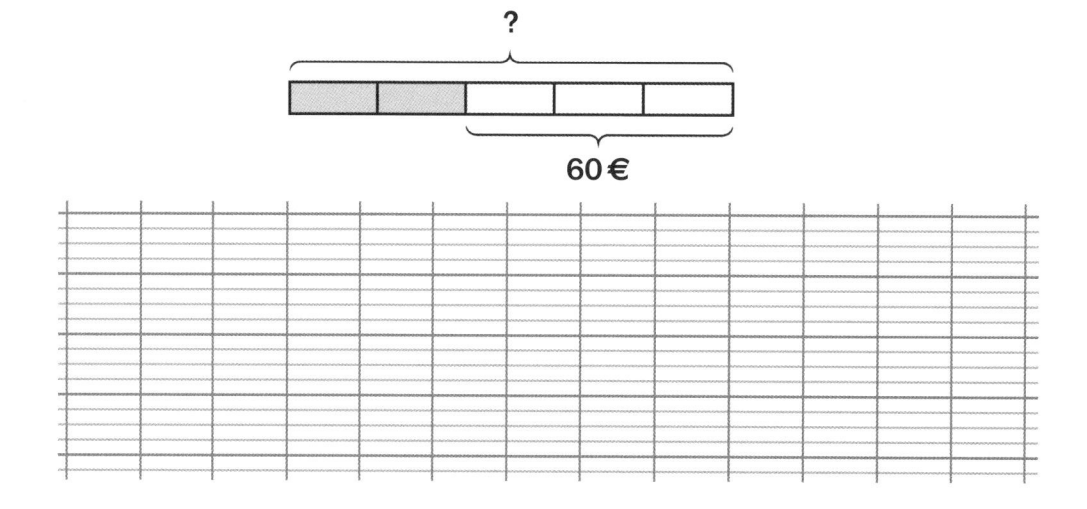

64  Les fractions

**3** Résolvez le problème suivant :

Fatou s'offre une robe à 30 €.

Il lui reste alors les $\frac{3}{8}$ de son argent.

Combien d'argent Fatou avait-elle au départ ?

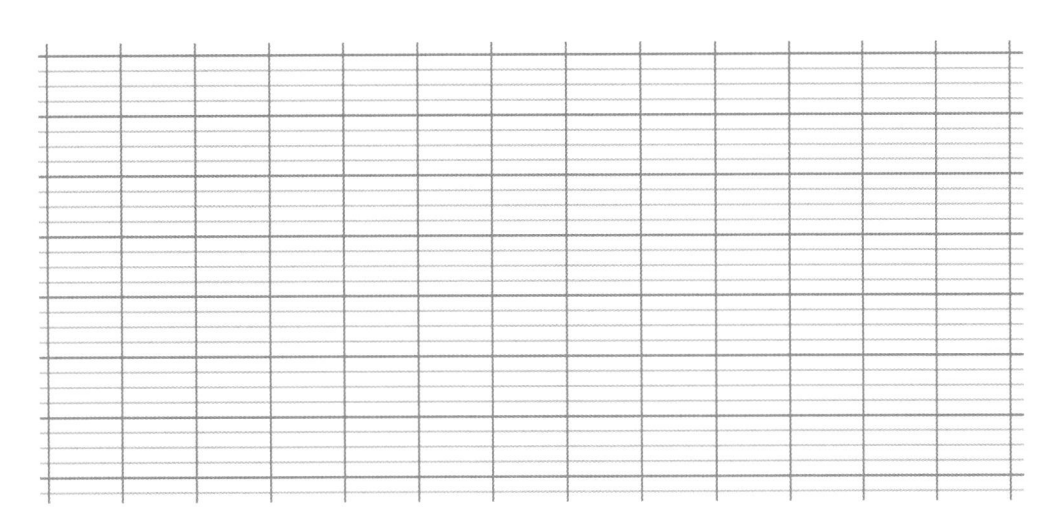

**4** Résolvez le problème suivant :

Les $\frac{4}{7}$ des enfants d'une école sont des garçons.

Sachant qu'il y a 18 garçons de plus que de filles,

combien d'enfants en tout fréquentent cette école ?

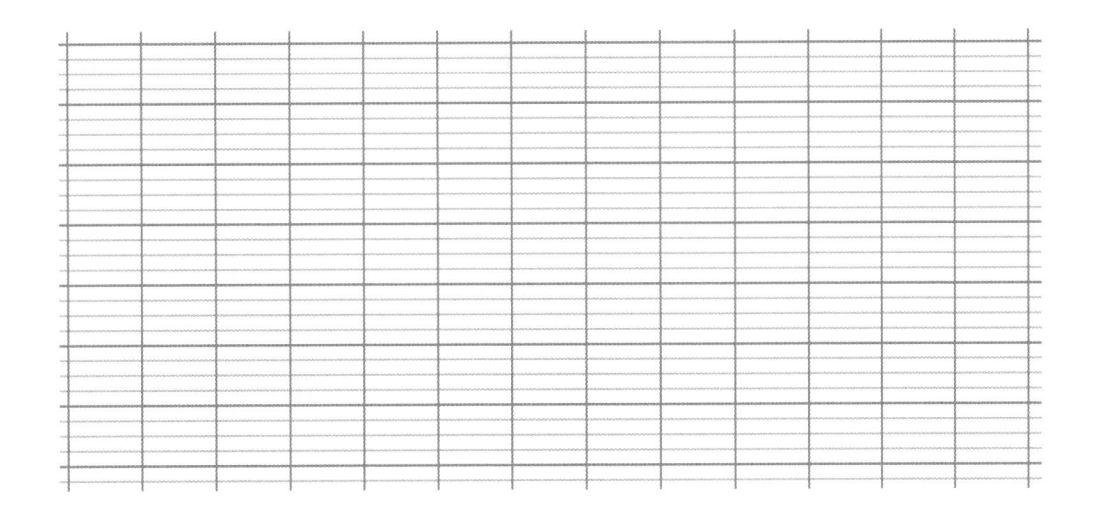

# Exercice 27

**1** Résolvez le problème suivant :

Un bac est rempli d'eau aux $\frac{4}{5}$. Sachant qu'il faut encore $40\,l$ d'eau pour remplir ce bac à ras bord, trouvez sa contenance.

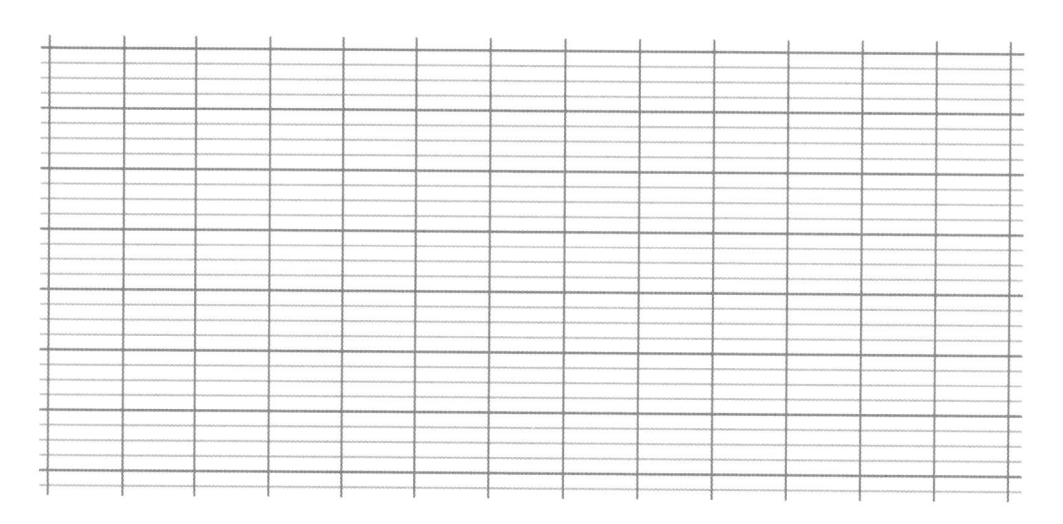

**2** Résolvez le problème suivant :

Dans l'école de Paul, il y a en tout 1 400 élèves.
$\frac{1}{4}$ de ces élèves portent des lunettes.
Les $\frac{2}{7}$ des élèves qui portent des lunettes sont des garçons.
Dans l'école de Paul, combien y-a-t-il de garçons à lunettes ?

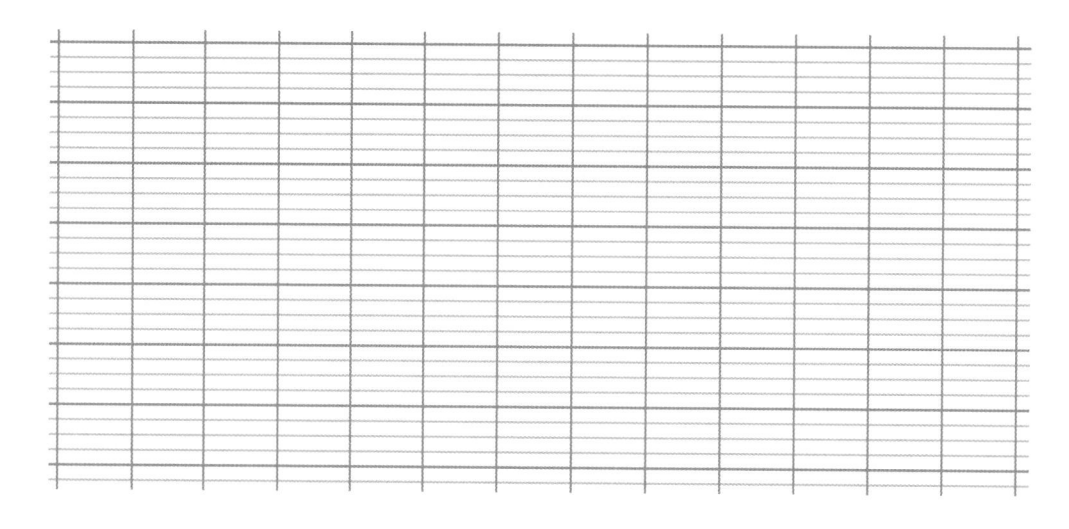

Les fractions

**3** Résolvez le problème suivant :

M. Linteau dépense $\frac{1}{2}$ de ses économies du mois pour acheter un appareil photo et $\frac{1}{8}$ pour acheter une radio.

L'appareil photo coûte 120 € de plus que la radio.

Quelle somme d'argent M. Linteau avait-il au départ ?

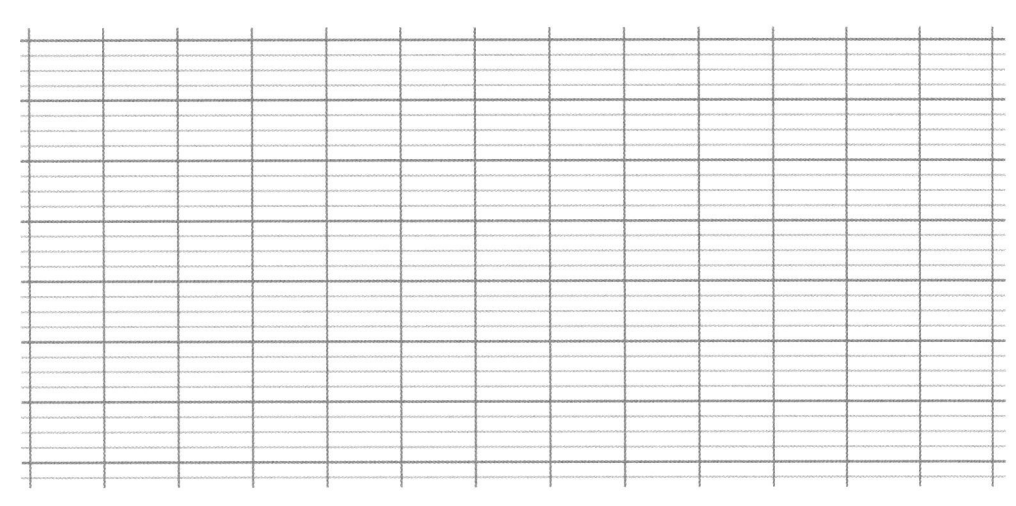

**4** Résolvez le problème suivant :

Rama avait 480 €.

Elle en dépense les $\frac{3}{4}$ pour s'acheter une commode.

Elle achète aussi un service à thé pour 60 €.

Combien d'argent reste-t-il à Rama ?

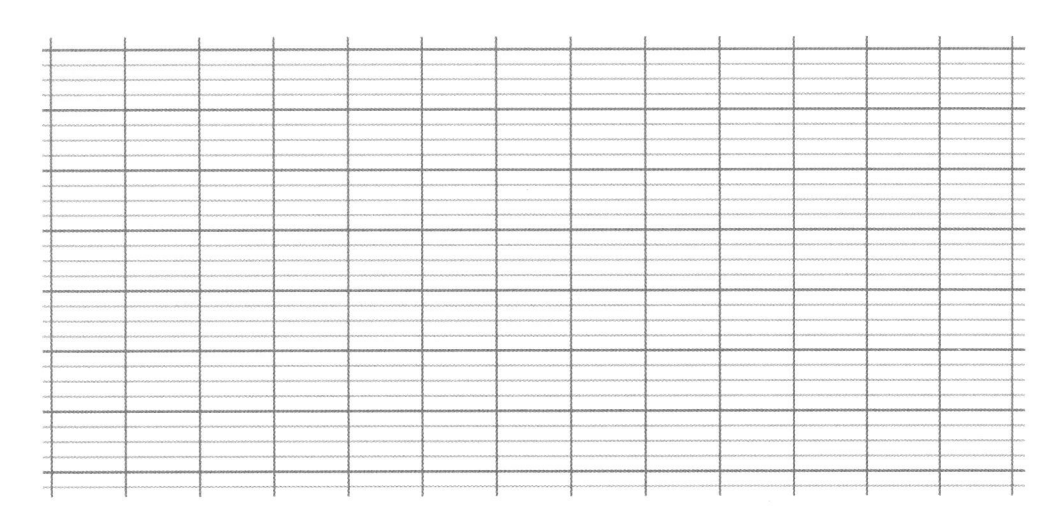

Les fractions

# Exercice 28

**1** Résolvez le problème suivant :

Mme Miam achète 120 œufs. Elle en utilise les $\frac{2}{3}$ pour fabriquer des cakes. Elle se sert du $\frac{1}{4}$ de ce qui lui reste pour confectionner des biscuits.
Combien d'œufs lui reste-t-il alors ?

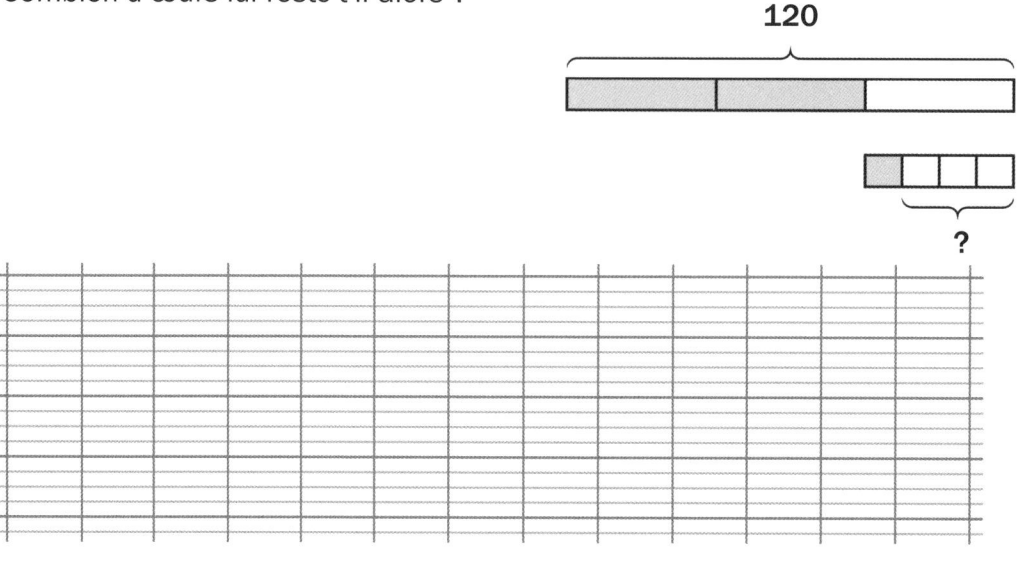

**2** Résolvez le problème suivant :

M. Antilogus a 600 €.
Il en donne les $\frac{3}{5}$ à sa femme et dépense les $\frac{3}{8}$ de ce qui lui reste.
Combien M. Antilogus a-t-il dépensé ?

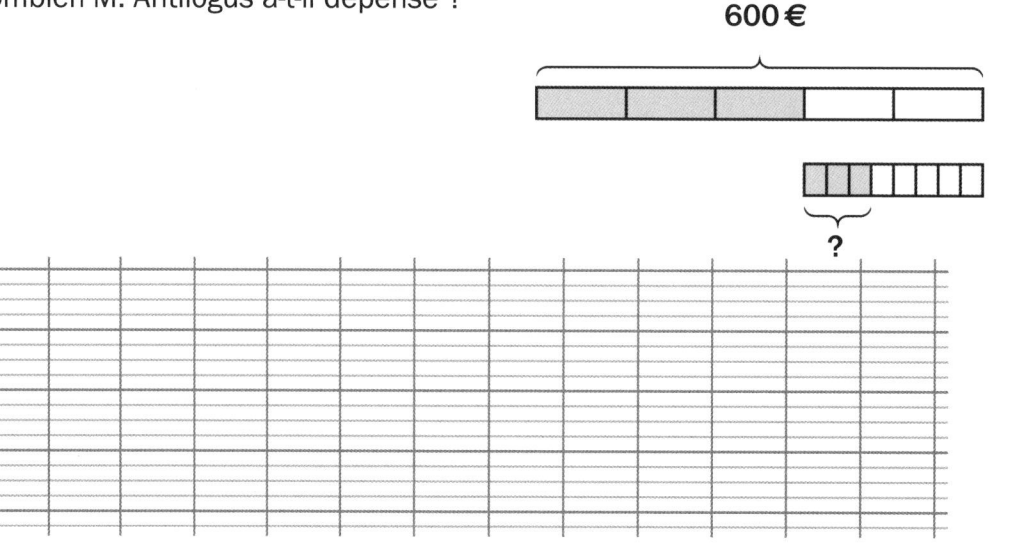

68  Les fractions

**3** Résolvez le problème suivant :

Mme Miam prépare 400 tartelettes.
Elle en vend les $\frac{3}{5}$ le matin et $\frac{1}{4}$ de ce qui lui reste l'après-midi.
Combien de tartelettes vend-elle l'après-midi ?

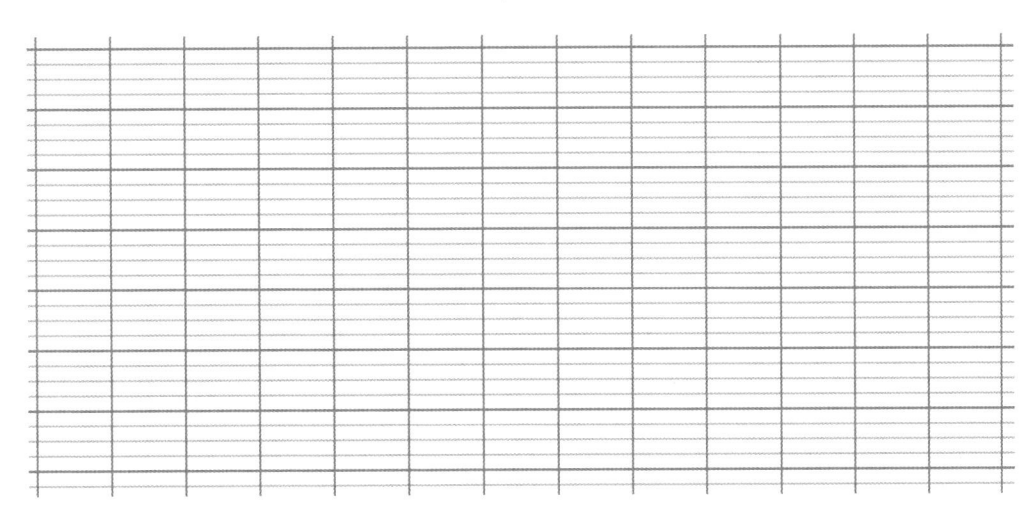

**4** Résolvez le problème suivant :

Samuel stocke 42 kg de riz dans un grand sac et dans 6 petits sacs de même taille. Le grand sac contient $\frac{3}{7}$ du riz.
Combien de kilogrammes de riz chaque petit sac contient-il ?

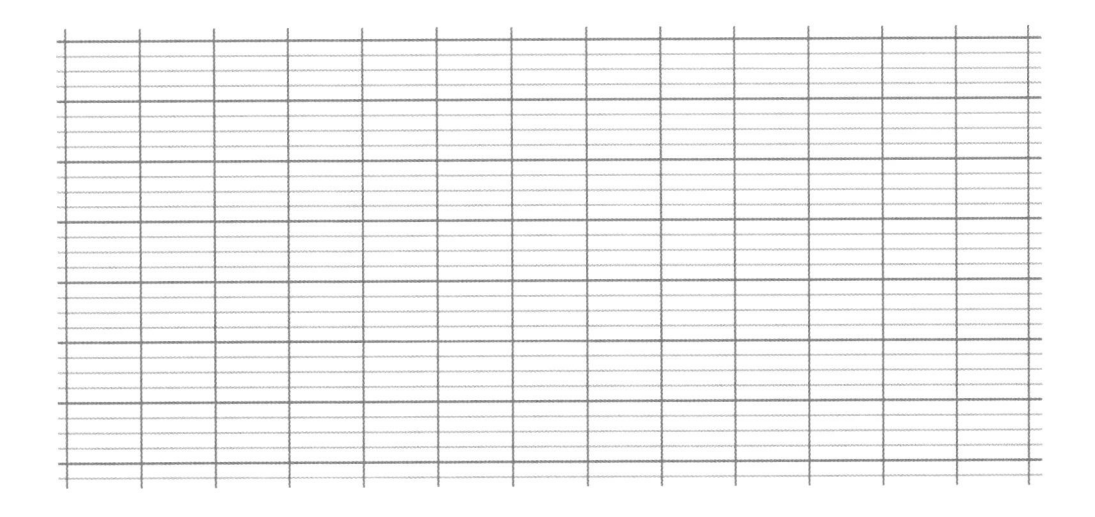

# Exercice 29

**1** Résolvez le problème suivant :

M. Souchet prépare des macarons.
Il en vend les $\frac{3}{5}$ le matin et le $\frac{1}{4}$ du reste l'après-midi.
Sachant qu'il lui en reste 300 à la fin de la journée, combien de macarons a-t-il préparés ?

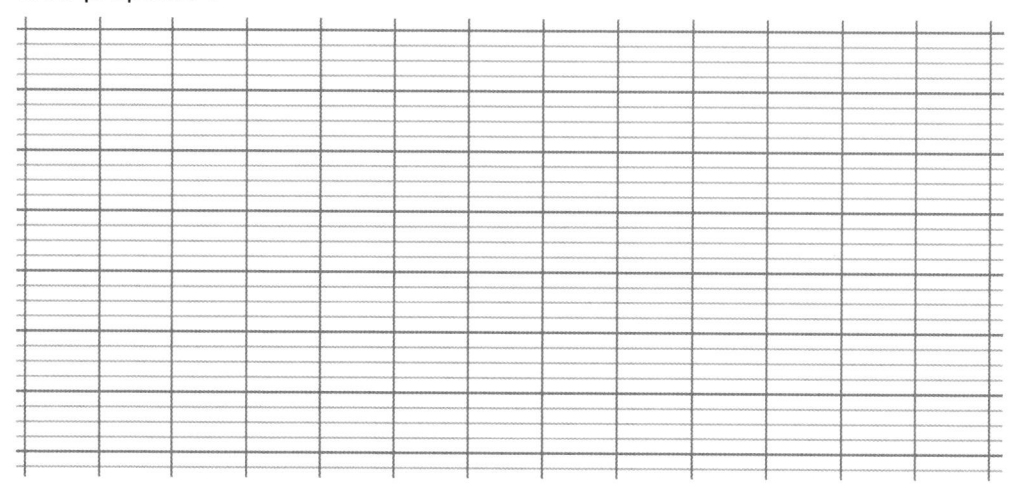

**2** Résolvez le problème suivant :

Mme Miam fait des truffes au chocolat.
Elle en vend les $\frac{3}{5}$ le matin et le $\frac{1}{4}$ du reste l'après-midi.
Sachant qu'elle en a vendu 200 de plus le matin que l'après-midi, combien de truffes a-t-elle faites en tout ?

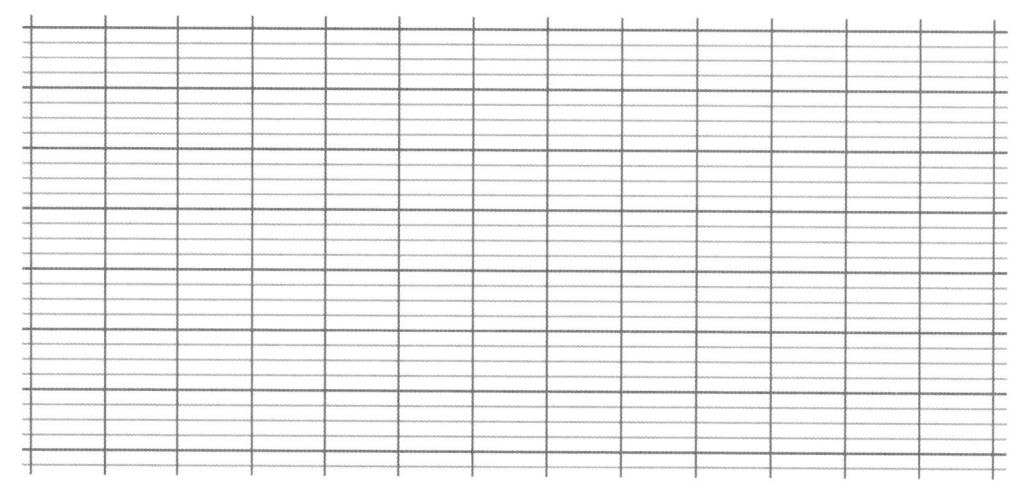

**3** Résolvez le problème suivant :

Ali dépense $\frac{1}{3}$ de son argent de poche pour acheter un avion miniature et les $\frac{2}{3}$ du reste pour acheter un robot.

Il lui reste alors 20 €.

Combien Ali a-t-il dépensé en tout ?

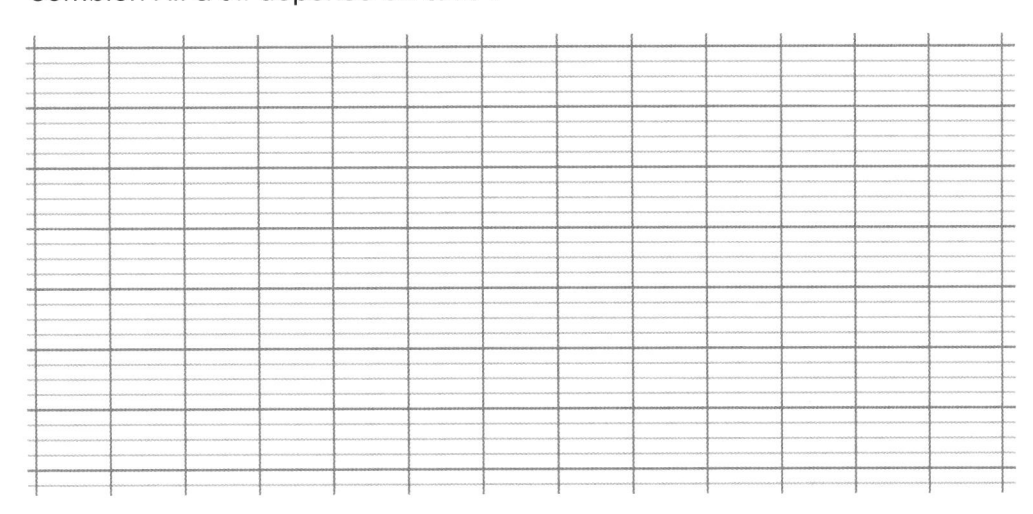

**4** Résolvez le problème suivant :

Oscar dépense les $\frac{2}{3}$ de son argent de poche pour acheter un stylo et un livre d'art.

Le livre d'art coûte trois fois plus cher que le stylo.

Sachant que le livre d'art a coûté 24 € à Oscar,

quelle somme d'argent lui reste-t-il ?

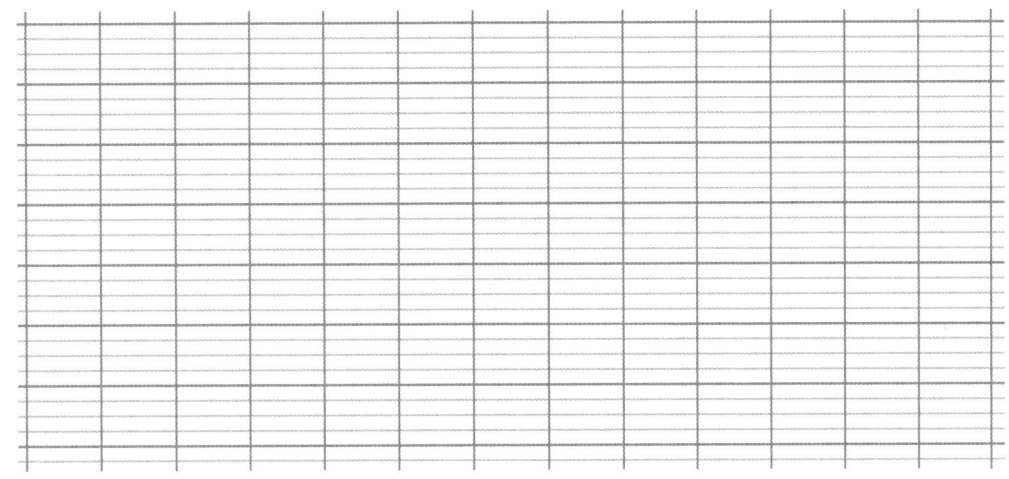

# Exercice 30

**1** Tracez pour chaque triangle la hauteur correspondant à la base indiquée.

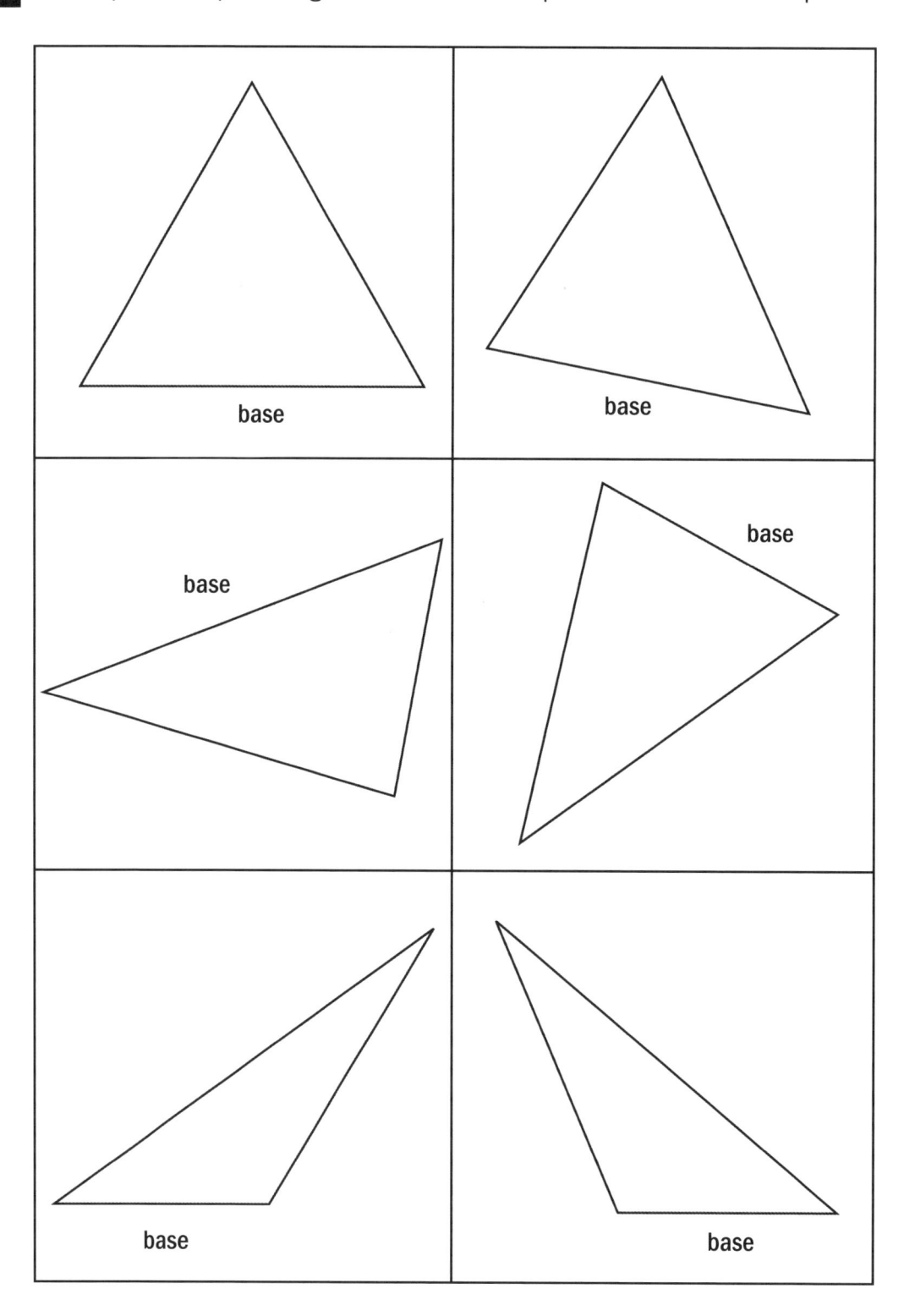

72 L'aire d'un triangle

**2** Indiquez la base du triangle qui correspond à la hauteur donnée.

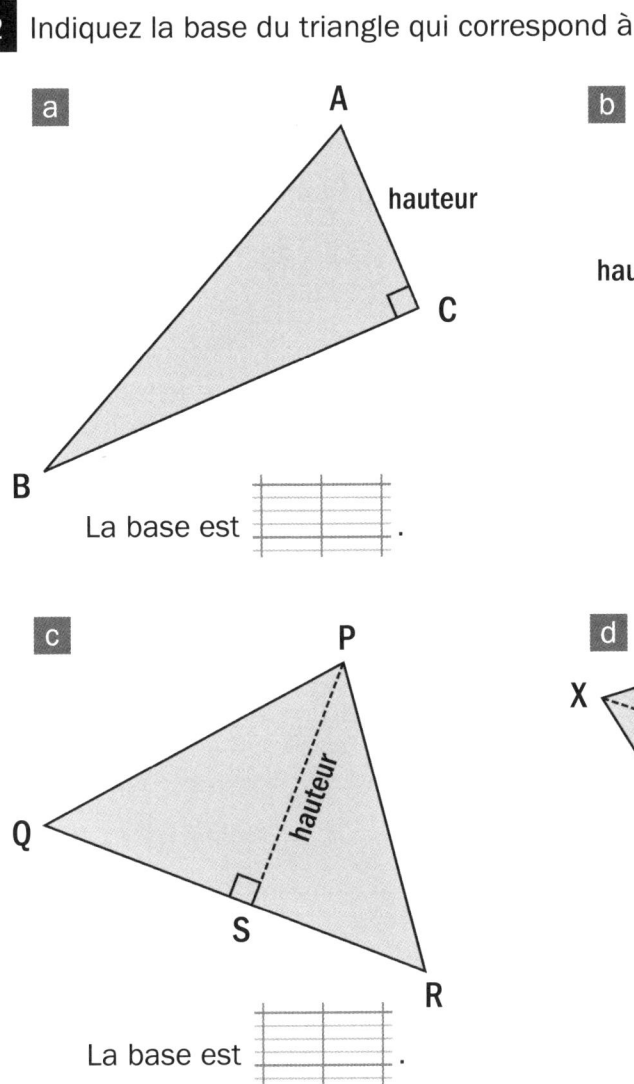

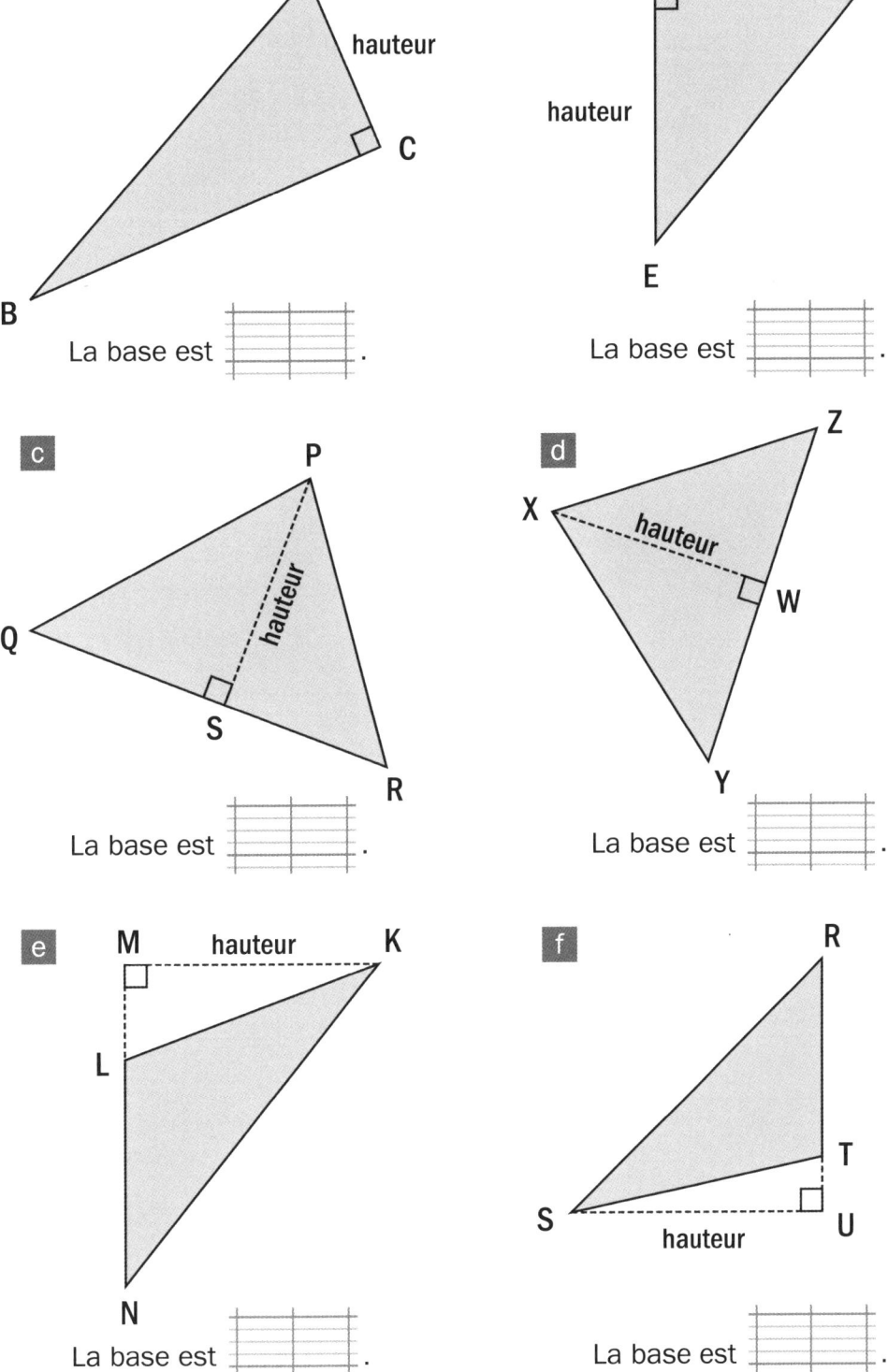

**a**

La base est _____.

**b**

La base est _____.

**c**

La base est _____.

**d**

La base est _____.

**e**

La base est _____.

**f**

La base est _____.

# Exercice 31

**1** Calculez l'aire de chaque triangle.

**a** 12 cm / 11 cm

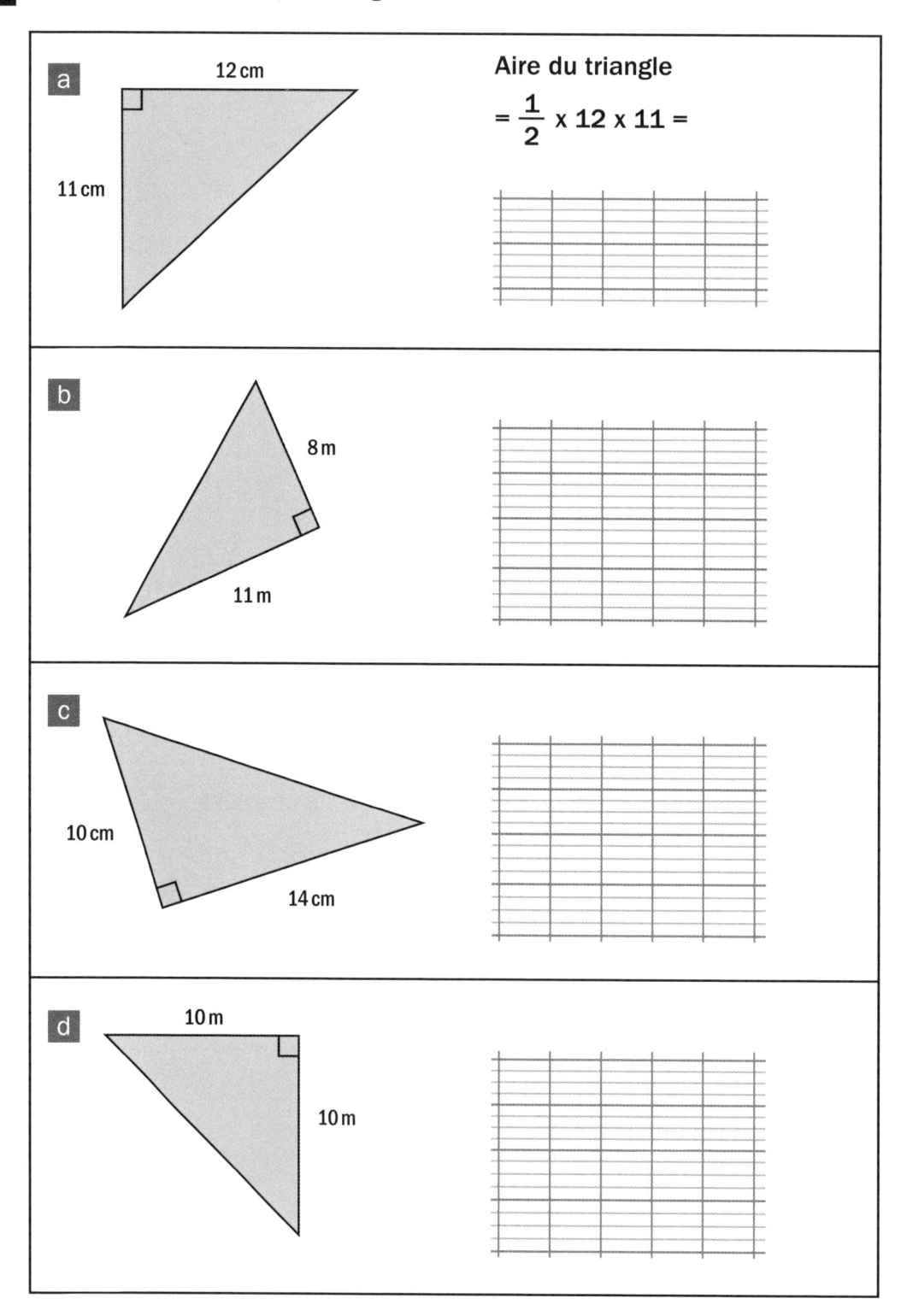

Aire du triangle

$= \dfrac{1}{2} \times 12 \times 11 =$

**b** 8 m / 11 m

**c** 10 cm / 14 cm

**d** 10 m / 10 m

74 L'aire d'un triangle

## 2 Calculez l'aire de chaque triangle.

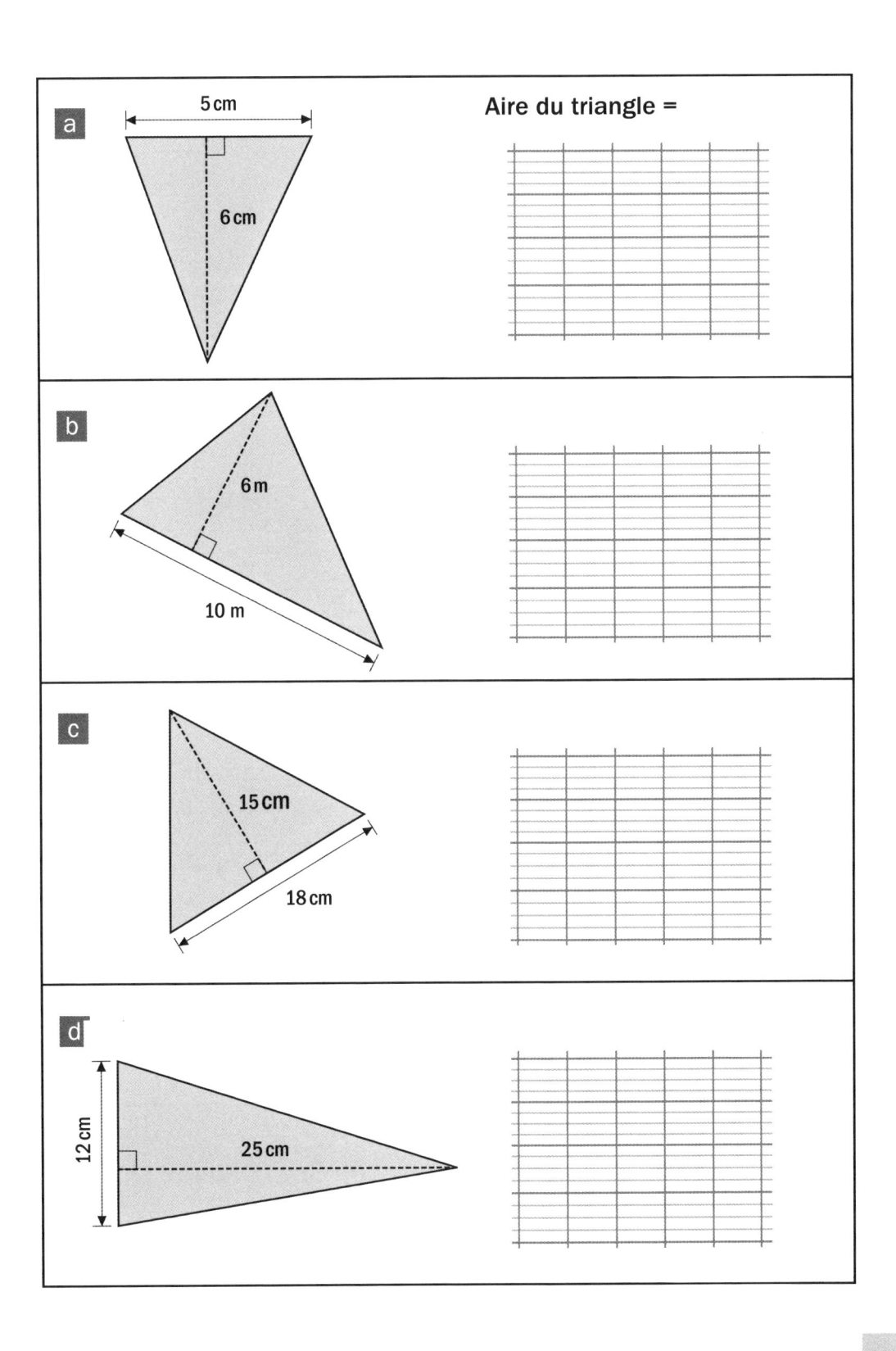

**Aire du triangle =**

**a)** 5 cm (base), 6 cm (hauteur)

**b)** 10 m (base), 6 m (hauteur)

**c)** 18 cm (base), 15 cm (hauteur)

**d)** 25 cm (base), 12 cm (hauteur)

# Exercice 32

**1** Calculez l'aire de chaque triangle.

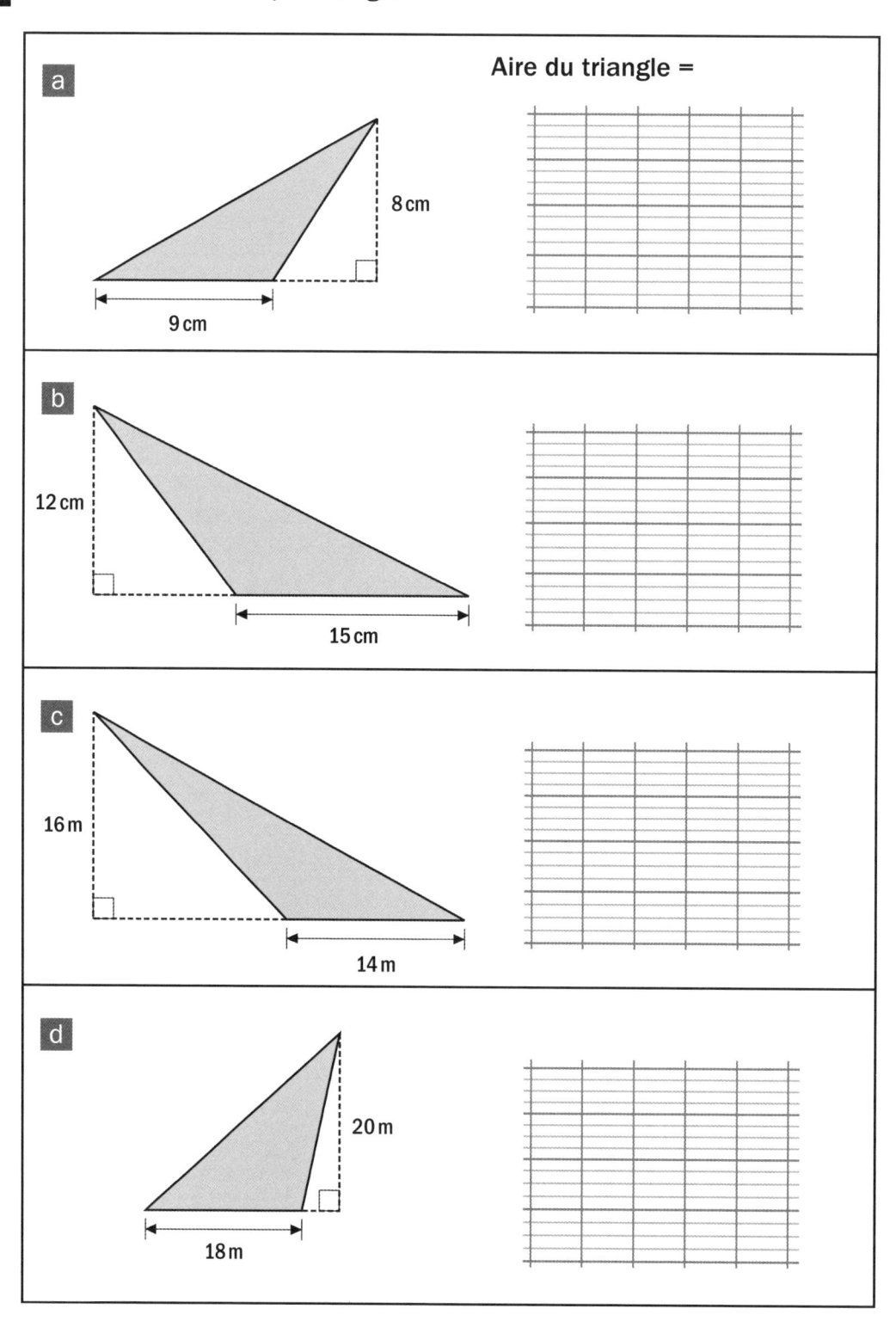

**Aire du triangle =**

**a** 8 cm ; 9 cm

**b** 12 cm ; 15 cm

**c** 16 m ; 14 m

**d** 20 m ; 18 m

L'aire d'un triangle

## 2 Calculez l'aire de chaque triangle.

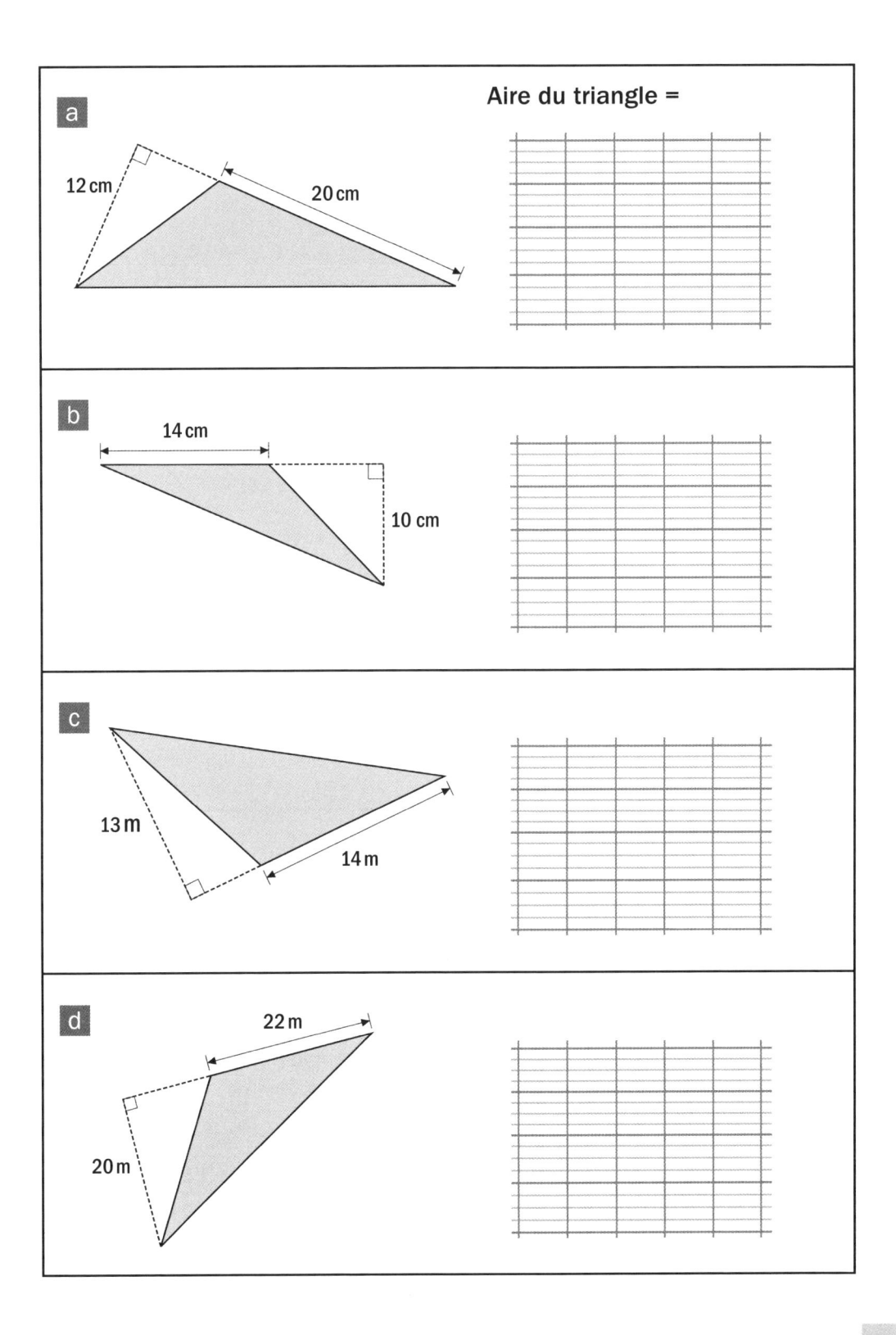

**Aire du triangle =**

**a** 12 cm, 20 cm

**b** 14 cm, 10 cm

**c** 13 m, 14 m

**d** 22 m, 20 m

**3** Calculez l'aire de chaque triangle.

Complétez le tableau et répondez aux questions ci-dessous.

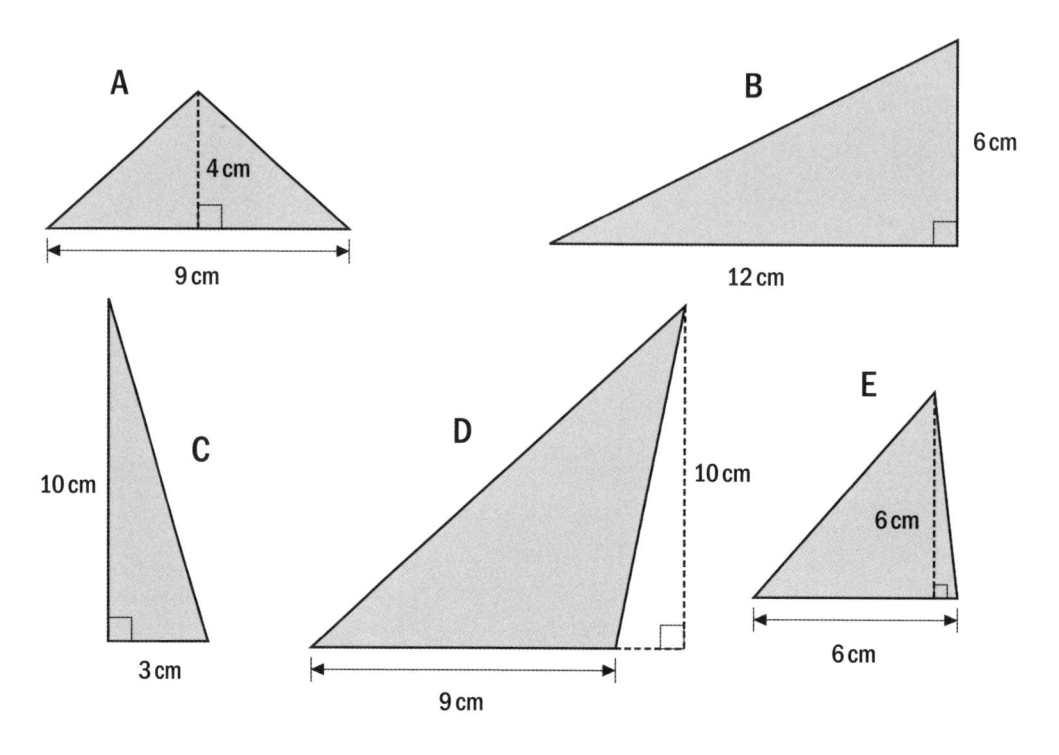

| Triangle | A | B | C | D | E |
|---|---|---|---|---|---|
| Aire | | | | | |

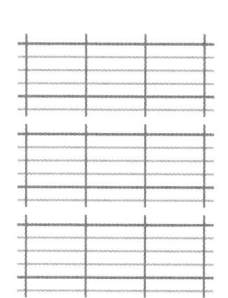

a Quel triangle a l'aire la plus grande ?

b Quel triangle a l'aire la plus petite ?

c Quelle est la différence d'aire entre le triangle le plus grand et le triangle le plus petit ?

d Quel triangle est deux fois plus grand que le triangle A ?

e Quels triangles ont la même aire ?

78 L'aire d'un triangle

# Exercice 33

**1** Calculez l'aire de chaque triangle.

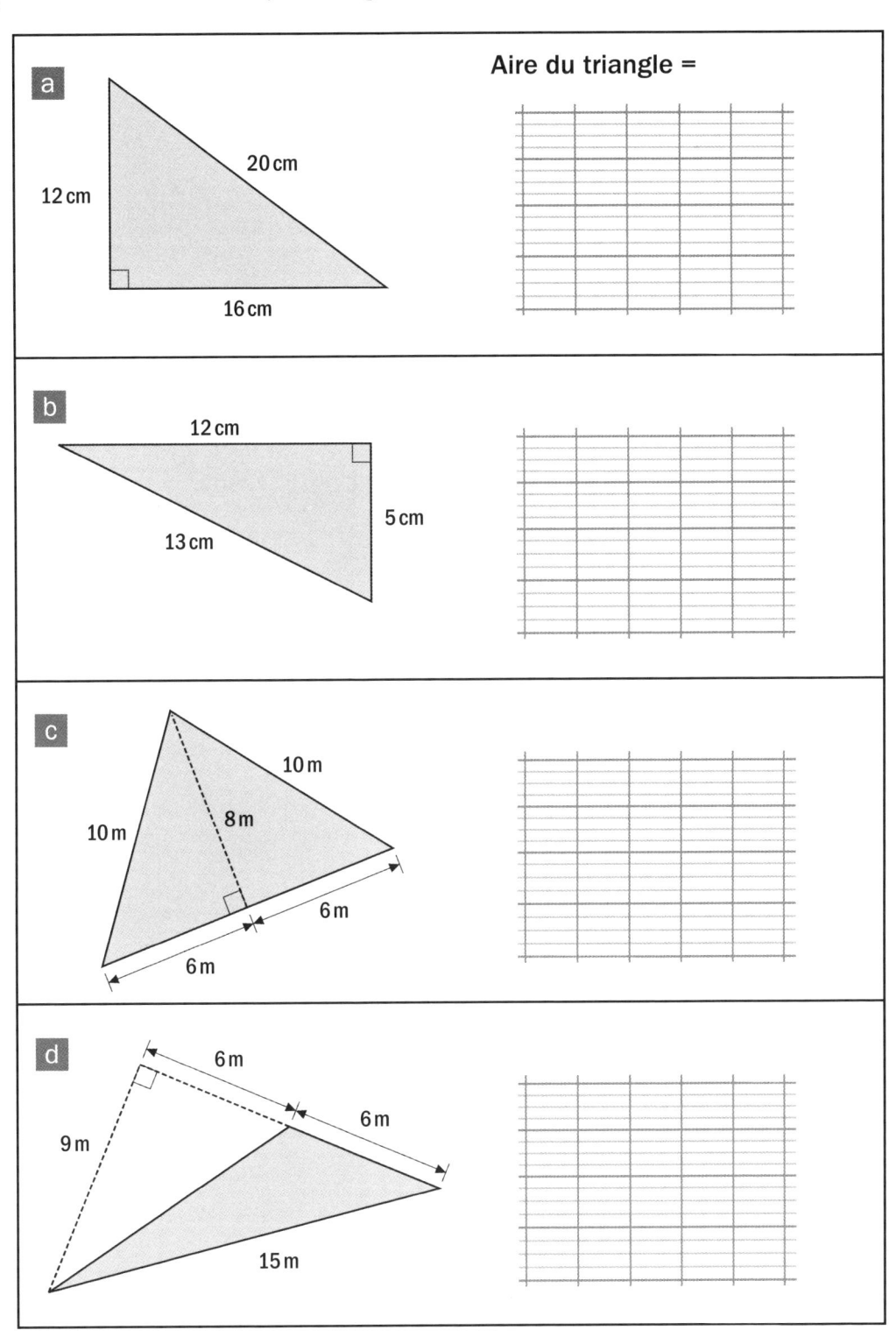

**Aire du triangle =**

**a** 12 cm, 20 cm, 16 cm

**b** 12 cm, 13 cm, 5 cm

**c** 10 m, 10 m, 8 m, 6 m, 6 m

**d** 6 m, 6 m, 9 m, 15 m

L'aire d'un triangle

**3** Quelle est l'aire de la partie grisée de chaque rectangle ?

a

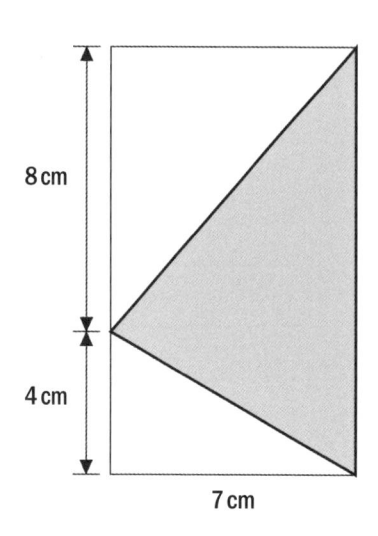

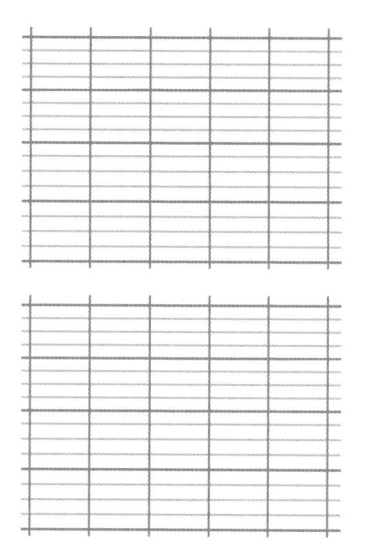

8 cm
4 cm
7 cm

b

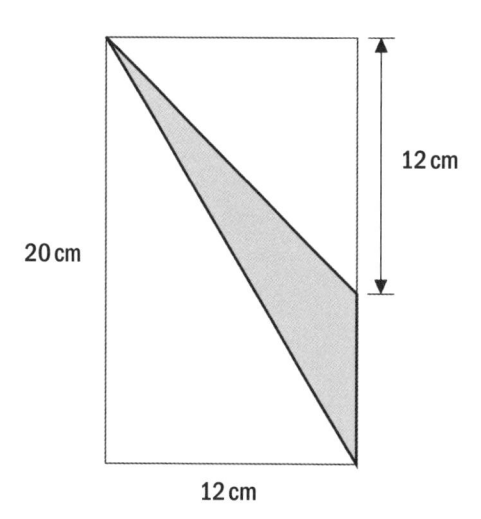

20 cm
12 cm
12 cm

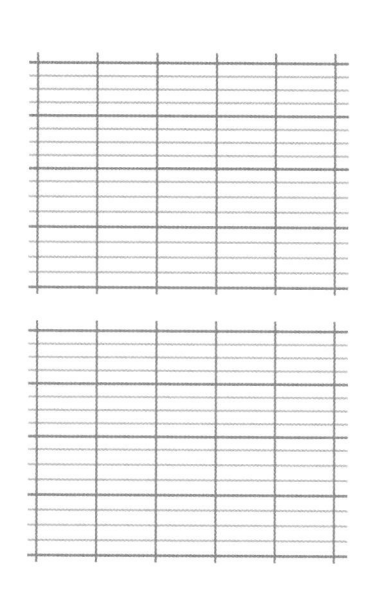

80  L'aire d'un triangle

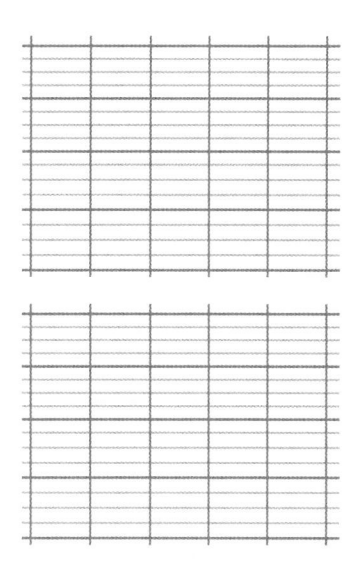

c

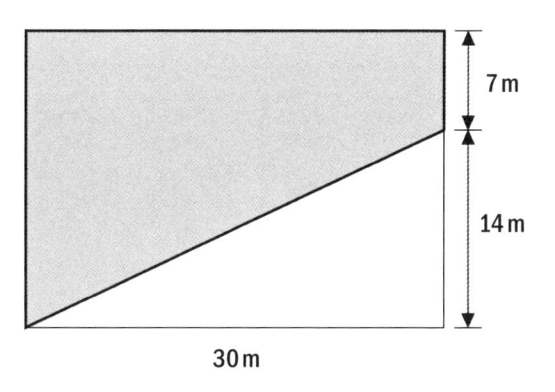

7 m
14 m
30 m

d

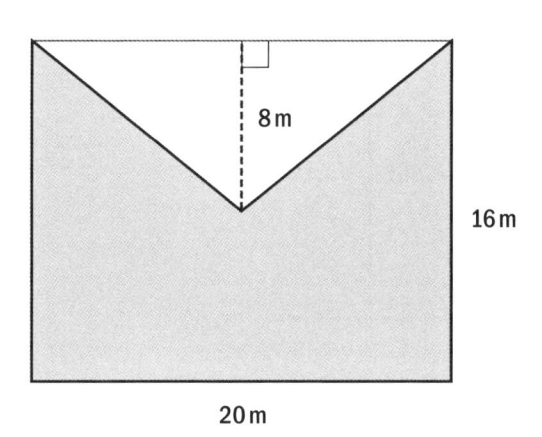

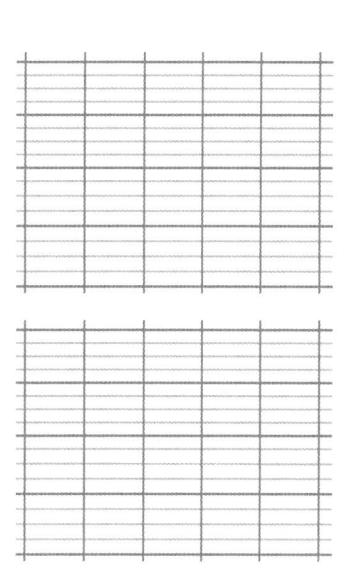

8 m
16 m
20 m

L'aire d'un triangle 81

# Exercice 34

**1** Complétez.

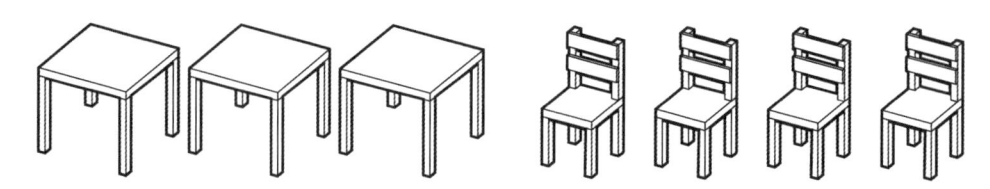

**a** Le rapport entre le nombre de tables et le nombre de chaises est de ☐ : ☐.

**b** Le rapport entre le nombre de chaises et le nombre de tables est de ☐ : ☐.

**2** Complétez.

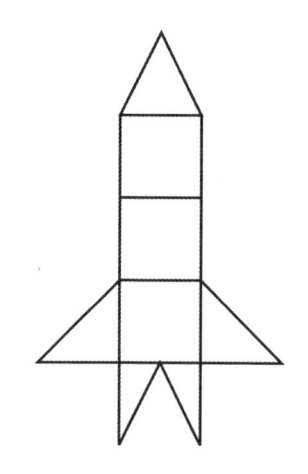

**a** Le rapport entre le nombre de triangles et le nombre de carrés est de ☐ : ☐.

**b** Le rapport entre le nombre de carrés et le nombre de triangles est de ☐ : ☐.

**3** Complétez.

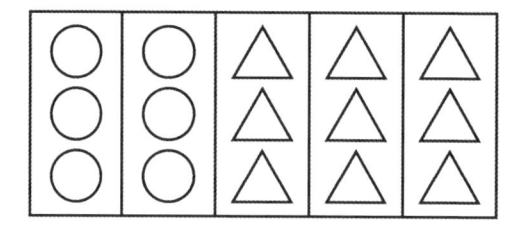

**a** Le rapport entre le nombre de cercles et le nombre de triangles est de ☐ : ☐.

**b** Le rapport entre le nombre de triangles et le nombre de cercles est de ☐ : ☐.

**4** Complétez.

a Le rapport entre le nombre de piments et le nombre de tomates est de ☐ : ☐.

b Le rapport entre le nombre de tomates et le nombre de piments est de ☐ : ☐.

**5** Complétez.

a Le rapport entre la longueur du ruban A et la longueur du ruban B est de ☐ : ☐.

b Le rapport entre la longueur du ruban B et la longueur du ruban A est de ☐ : ☐.

**6** Complétez.

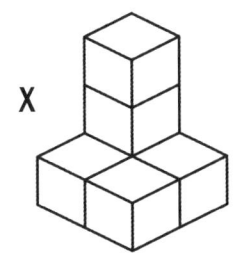

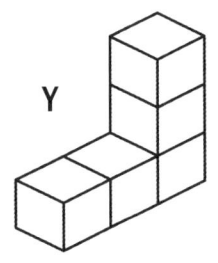

a Le rapport entre le volume du solide X et le volume du solide Y est de ☐ : ☐.

b Le rapport entre le volume du solide Y et le volume du solide X est de ☐ : ☐.

Le rapport

# Exercice 35

**1** Exprimez chaque rapport sous sa forme la plus simple.

**a** Marie a mis de côté 12 € et David a mis de côté 30 €.

Le rapport entre les économies de Marie et les économies de David est de ☐ : ☐.

**b** M. Martin achète 15 kg de farine et 9 kg de sucre.

Le rapport entre le poids de sucre et le poids de farine est de ☐ : ☐.

**2** Exprimez chaque rapport sous sa forme la plus simple.

| | | |
|---|---|---|
| 6 : 9 =      : | 12 : 4 =     : |
| 6 : 24 =     : | 6 : 10 =     : |
| 25 : 15 =    : | 8 : 4 =      : |
| 15 : 18 =    : | 16 : 20 =    : |
| 20 : 40 =    : | 30 : 24 =    : |

**3** Complétez.

**a** 2 : 1 = 10 : ☐

**b** 5 : 8 = 20 : ☐

**c** 9 : 10 = ☐ : 40

**d** 4 : 5 = ☐ : 35

**e** 9 : 3 = 3 : ☐

**f** 10 : 4 = 5 : ☐

**g** 3 : 12 = ☐ : 4

**h** 24 : 6 = ☐ : 3

**i** 2 : ☐ = 8 : 16

**j** 30 : ☐ = 6 : 3

**k** ☐ : 5 = 5 : 25

**l** ☐ : 3 = 24 : 18

84  Le rapport

**4** Résolvez le problème suivant :

Un rectangle mesure 60 cm de long et 48 cm de large.
Quel est le rapport entre sa longueur et sa largeur ?

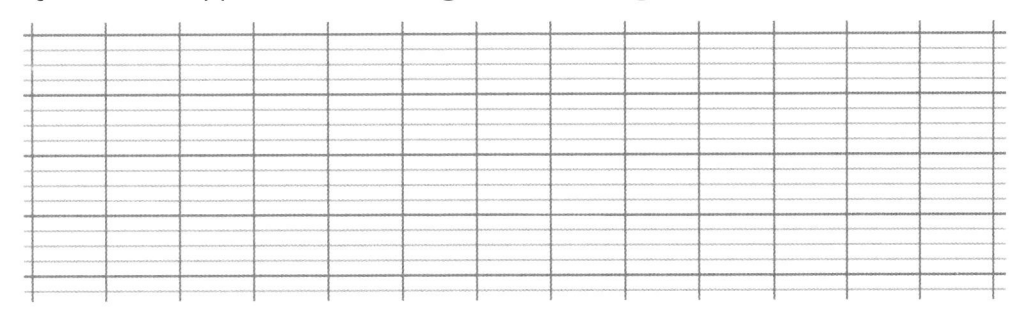

**5** Résolvez le problème suivant :

Paul coupe un ruban de 40 cm en deux morceaux.
L'un des morceaux mesure 16 cm.
Quel est le rapport entre le morceau le plus long et le morceau le plus court ?

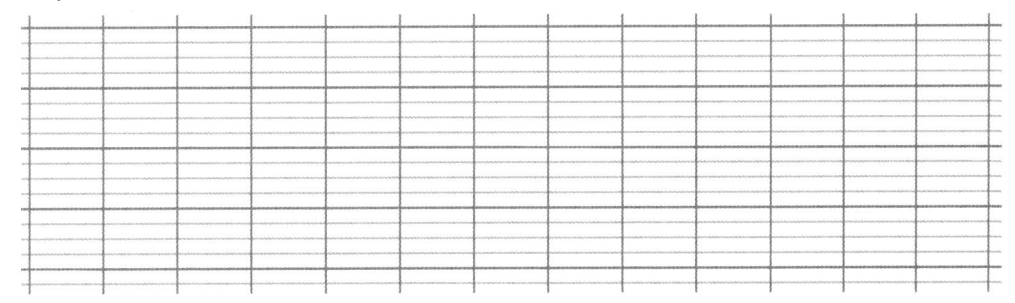

**6** Résolvez le problème suivant :

Pierre a 52 € d'économies.
Sophie a 20 € d'économies de plus que Pierre.
Trouvez le rapport entre les économies de Pierre et celles de Sophie.

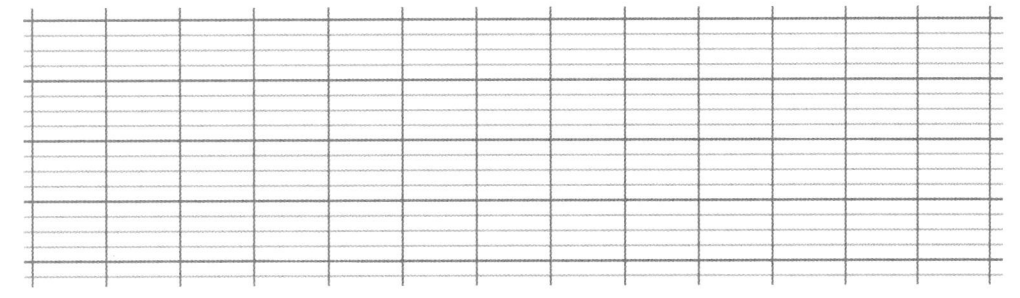

Le rapport

# Exercice 36

**1** Résolvez le problème suivant :

Sur l'étalage de Mme Ben Saber, le rapport entre le nombre de pommes et le nombre d'oranges est de 7 : 4.
Il y a 60 oranges sur l'étalage.
Combien y a-t-il de pommes ?

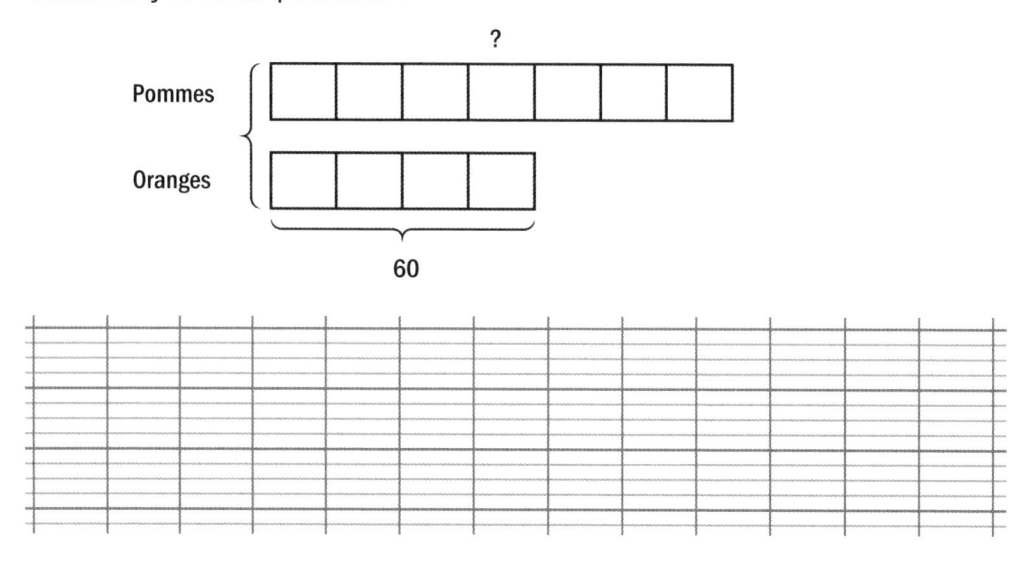

**2** Résolvez le problème suivant :

Sarah coupe en deux un morceau de ruban selon un rapport de 5 : 3.
Le morceau le plus court mesure 42 cm.
Combien mesurait le ruban d'origine ?

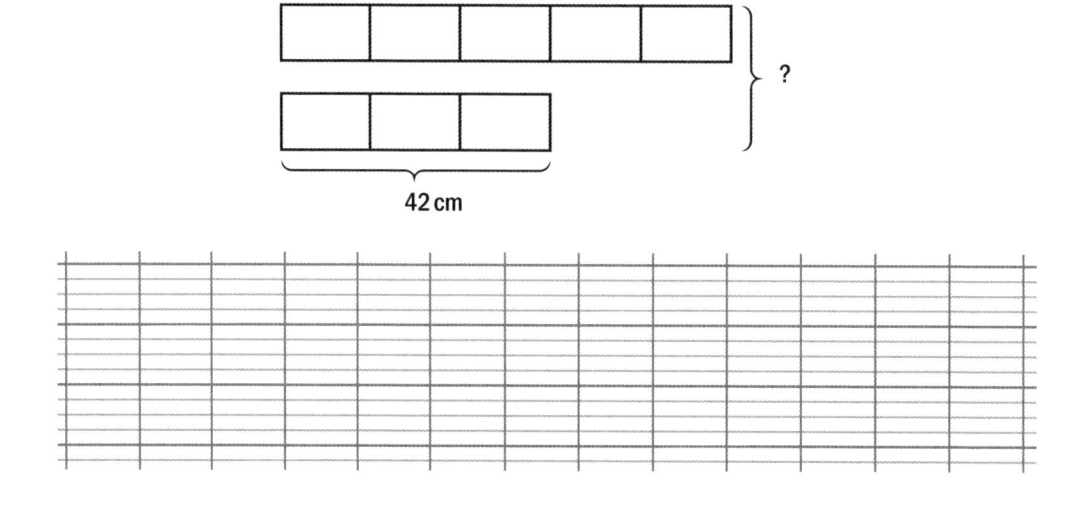

**3** Résolvez le problème suivant :

Le rapport entre le prix d'une jupe et le prix d'un chemisier est de 8 : 5. Sachant que la jupe coûte 24 € de plus que le chemisier, trouvez le prix du chemisier.

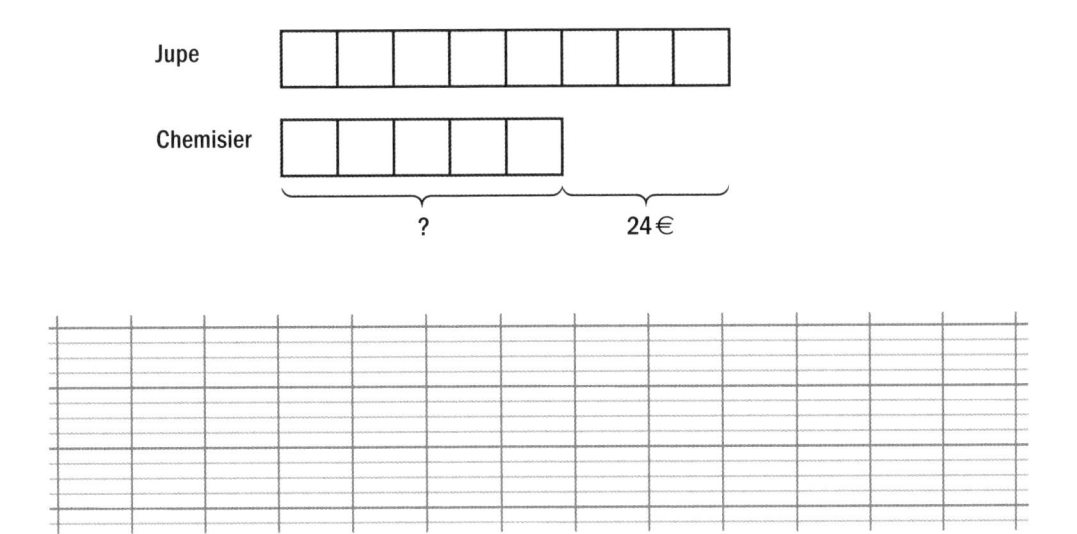

Jupe

Chemisier

? 24 €

**4** Résolvez le problème suivant :

Jules et Pierre se partagent 280 € selon un rapport de 7 : 3. Combien d'argent Jules a-t-il reçu de plus que Pierre ?

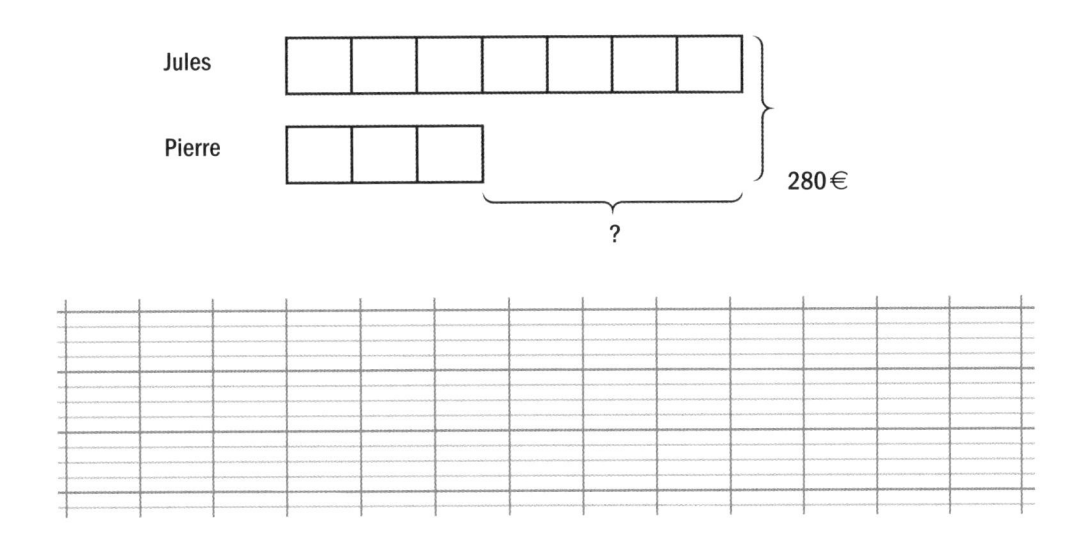

Jules

Pierre

280 €

?

Le rapport 87

# Exercice 37

**1** Complétez.

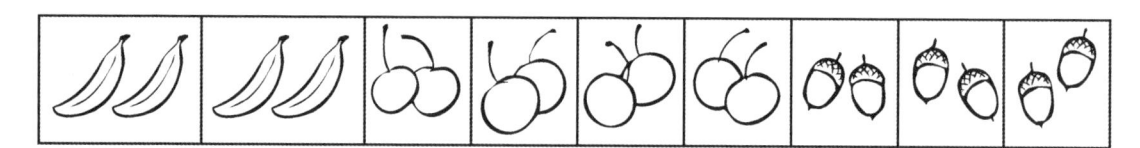

Le rapport entre le nombre de bananes, de cerises et de glands est de ☐ : ☐ : ☐.

**2** Complétez.

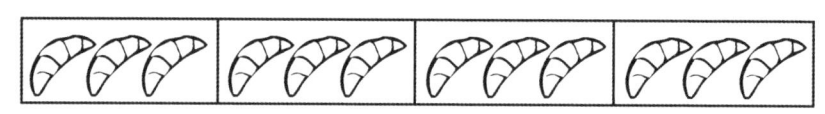

Le rapport entre les nombres de gâteaux, de haricots et de croissants est de ☐ : ☐ : ☐.

**3** Complétez.

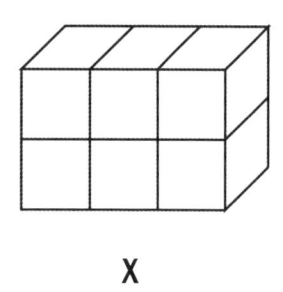

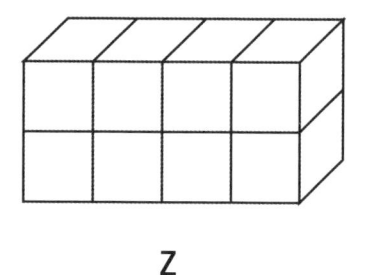

X        Y        Z

Le rapport entre le volume du solide X, celui du solide Y et celui du solide Z est de ☐ : ☐ : ☐.

88  Le rapport

**4** Complétez.

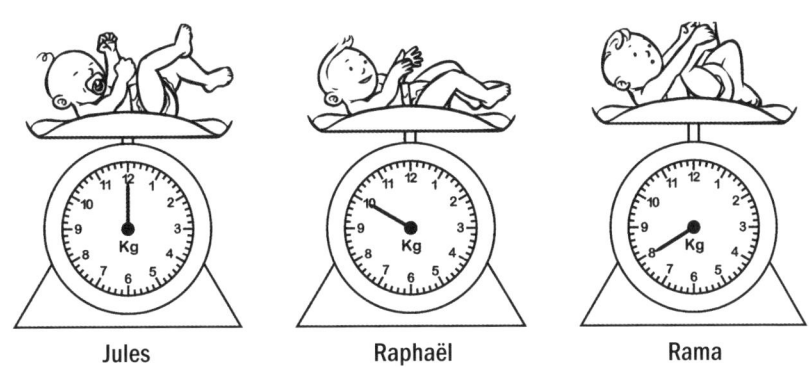

Jules      Raphaël      Rama

Le rapport entre le poids de Jules, le poids de Raphaël et le poids de Rama est de ☐ : ☐ : ☐.

**5** Complétez.

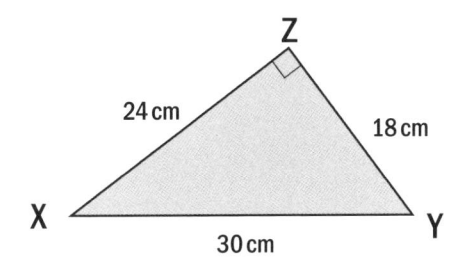

Le rapport entre la longueur du segment [XZ], celle du segment [YZ] et celle du segment [XY] est de ☐ : ☐ : ☐.

**6** Ce tableau indique combien Marie a économisé pendant 3 mois.

| Janvier | 12 € |
| --- | --- |
| Février | 12 € |
| Mars | 8 € |

Le rapport entre ses économies de janvier, de février et de mars est de ☐ : ☐ : ☐.

# Exercice 38

**1** Résolvez le problème suivant :

Un coffret contient des perles bleues, vertes ou blanches.
Le rapport entre le nombre de perles bleues, le nombre de perles vertes et le nombre de perles blanches est de 5 : 2 : 3.
Sachant qu'il y a 90 perles bleues, combien de perles y a-t-il en tout dans ce coffret ?

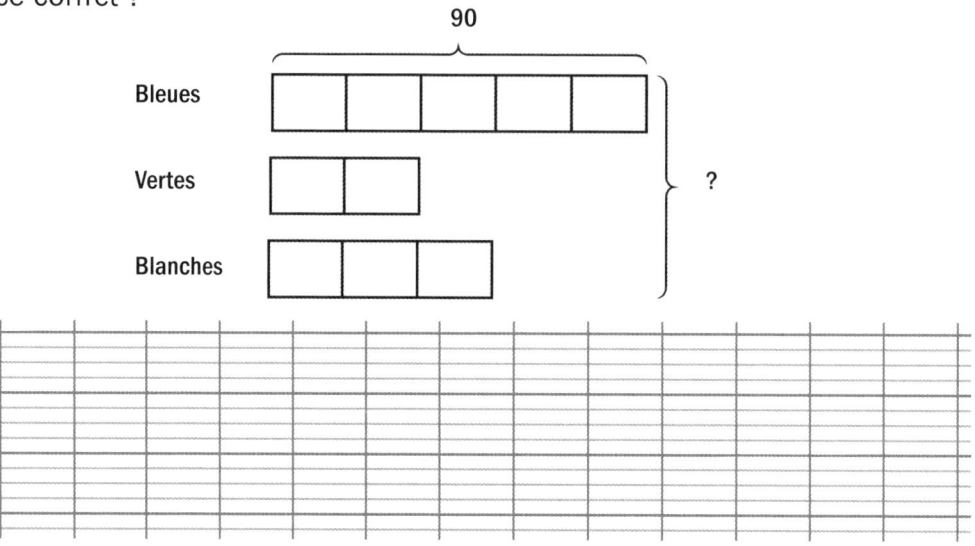

**2** Résolvez le problème suivant :

Pauline tord un morceau de fil de fer de 45 cm pour former un triangle.
Sachant que le rapport entre la longueur des côtés du triangle est de 3 : 2 : 4, combien mesure le plus long des côtés du triangle ?

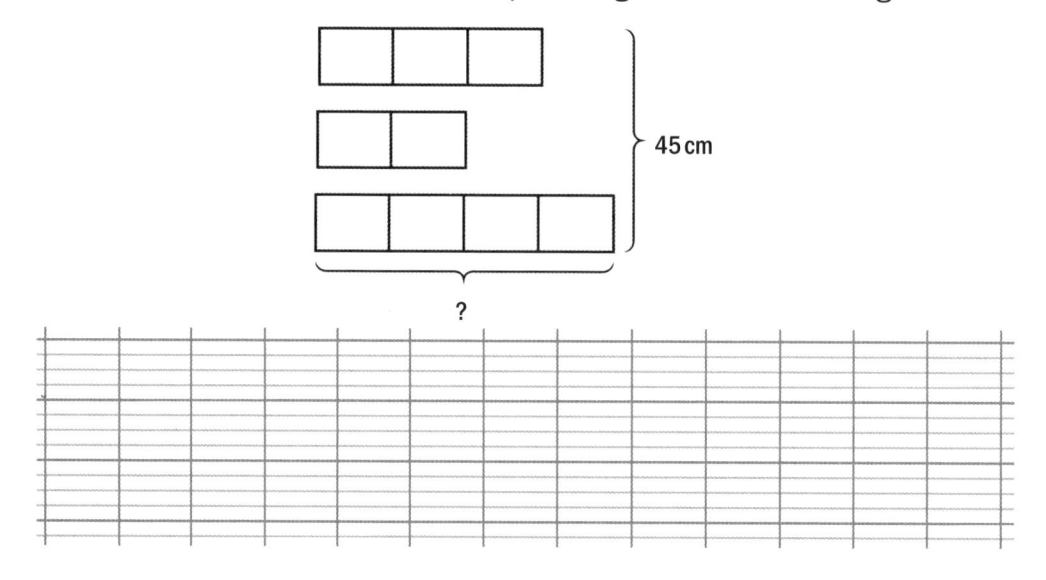

Le rapport

# Exercice 39

**1** Donnez la mesure de chaque angle en degrés.

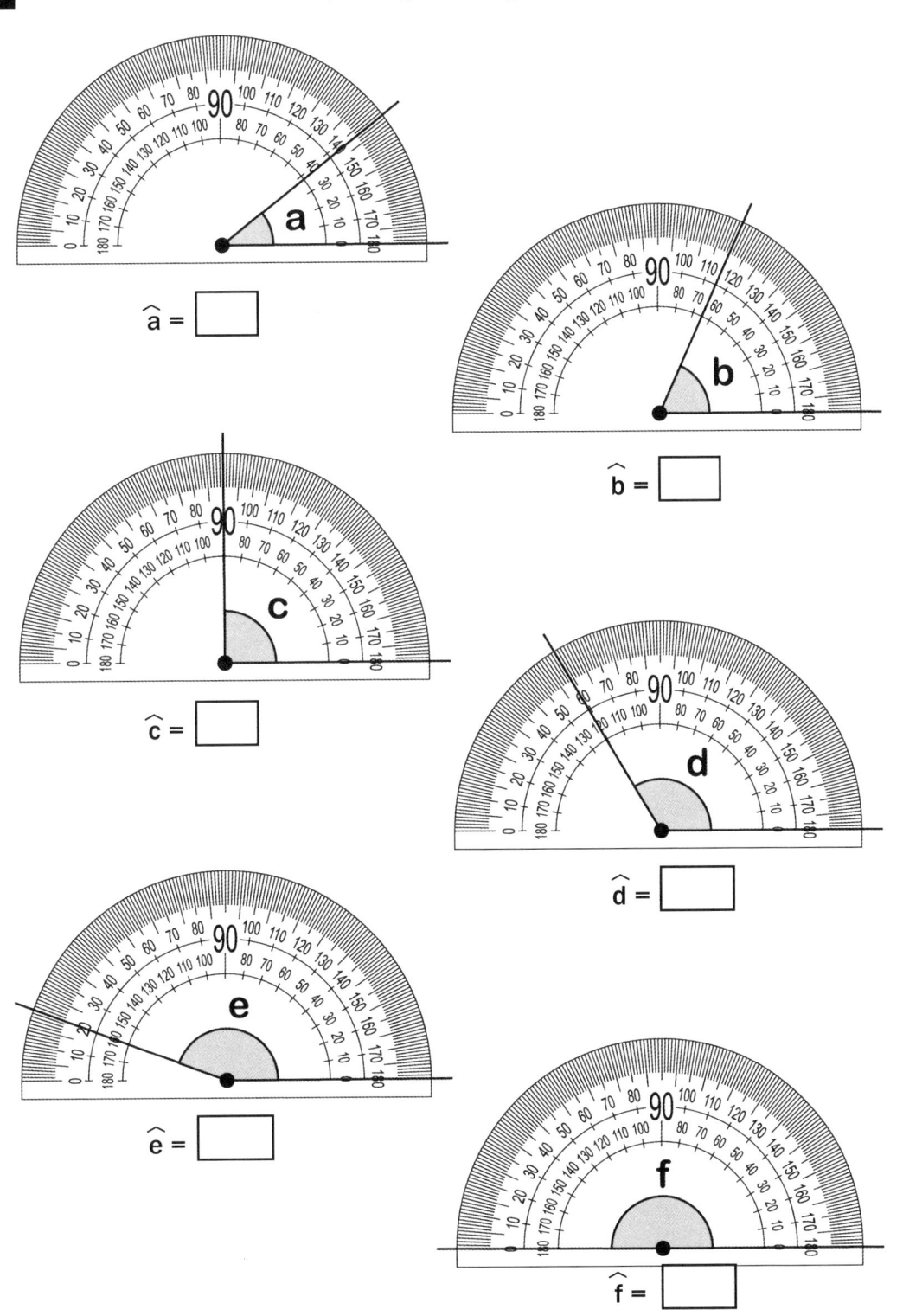

$\widehat{a}$ = ☐

$\widehat{b}$ = ☐

$\widehat{c}$ = ☐

$\widehat{d}$ = ☐

$\widehat{e}$ = ☐

$\widehat{f}$ = ☐

Les angles

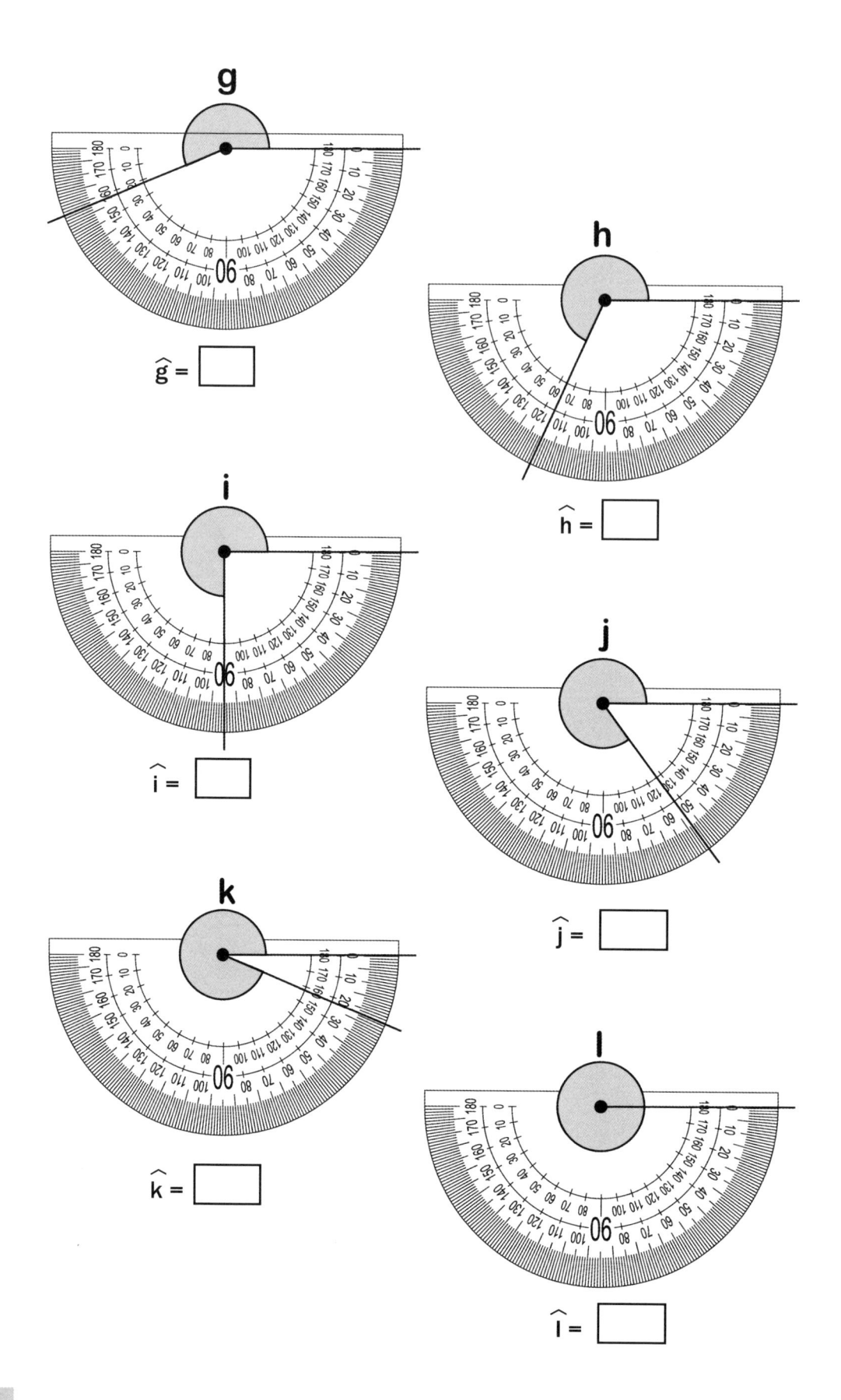

**g**

$\widehat{g}$ = ☐

**h**

$\widehat{h}$ = ☐

**i**

$\widehat{i}$ = ☐

**j**

$\widehat{j}$ = ☐

**k**

$\widehat{k}$ = ☐

**l**

$\widehat{l}$ = ☐

92　Les angles

**2** Donnez une estimation de la taille des angles marqués, puis mesurez-les à l'aide de votre rapporteur.

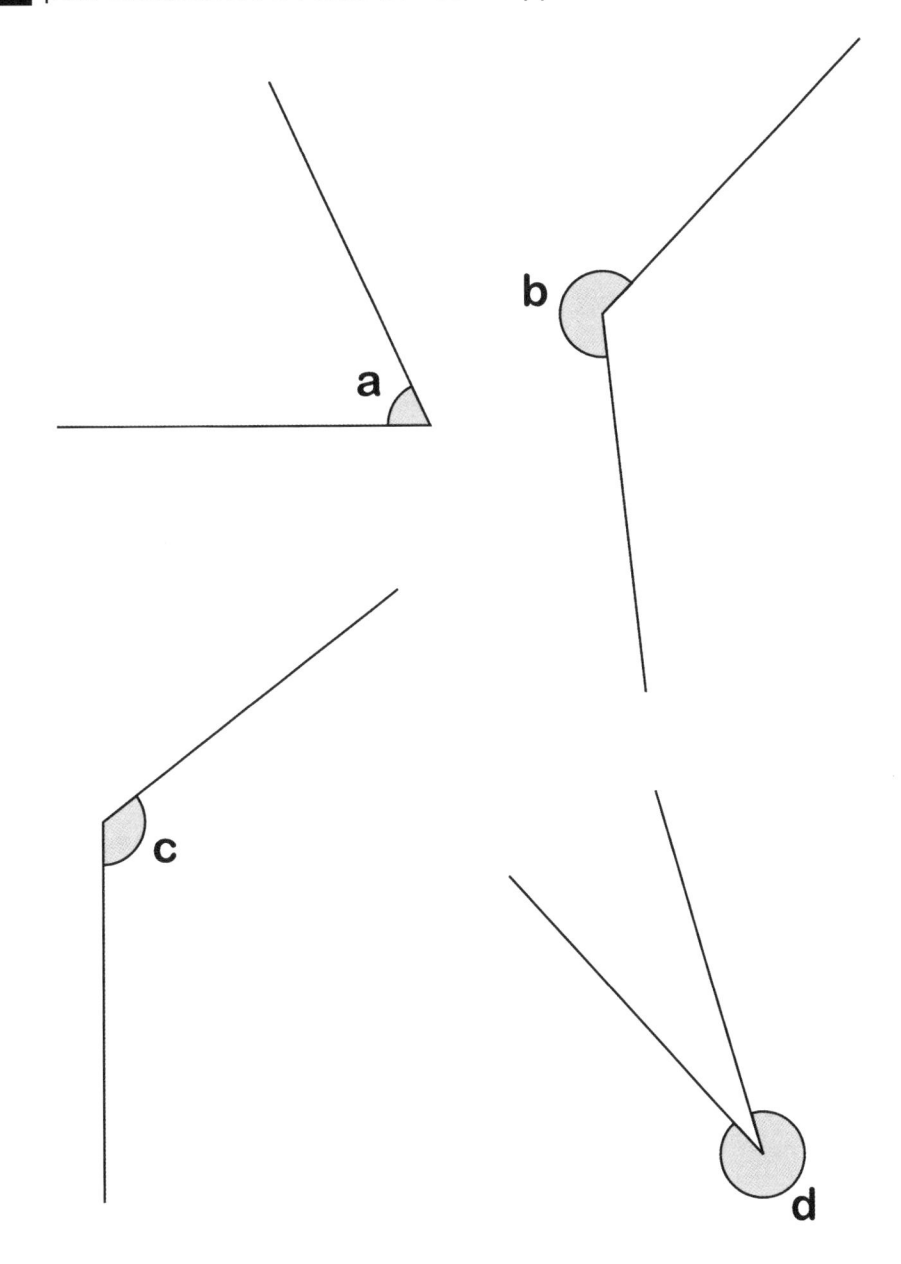

| Angle | a | b | c | d |
|---|---|---|---|---|
| Estimation | | | | |
| Mesure | | | | |

Les angles 93

**3** Tracez un angle de 165°.

**4** Tracez un angle de 250°.

*250°*
*360° − 250° = 110°*

**4** Tracez un angle de 325°.

*325°*

94   Les angles

# Exercice 40

**1** Complétez le tableau ci-dessous :

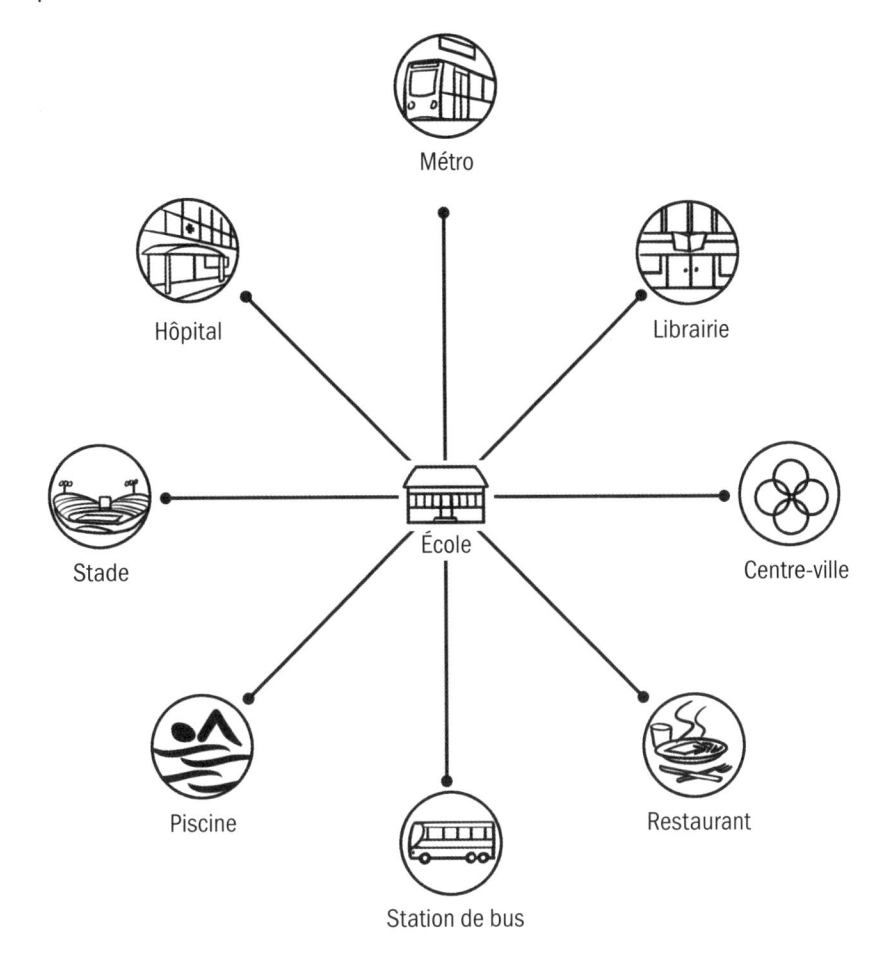

Dans quelle direction se trouve chacun de ces lieux par rapport à l'école ?

| Lieu | Direction |
|---|---|
| Métro | Nord |
| Station de bus | |
| Librairie | |
| Restaurant | |
| Stade | |
| Hôpital | |
| Centre-ville | |
| Piscine | |

Les angles 95

**1** Complétez le tableau ci-dessous :

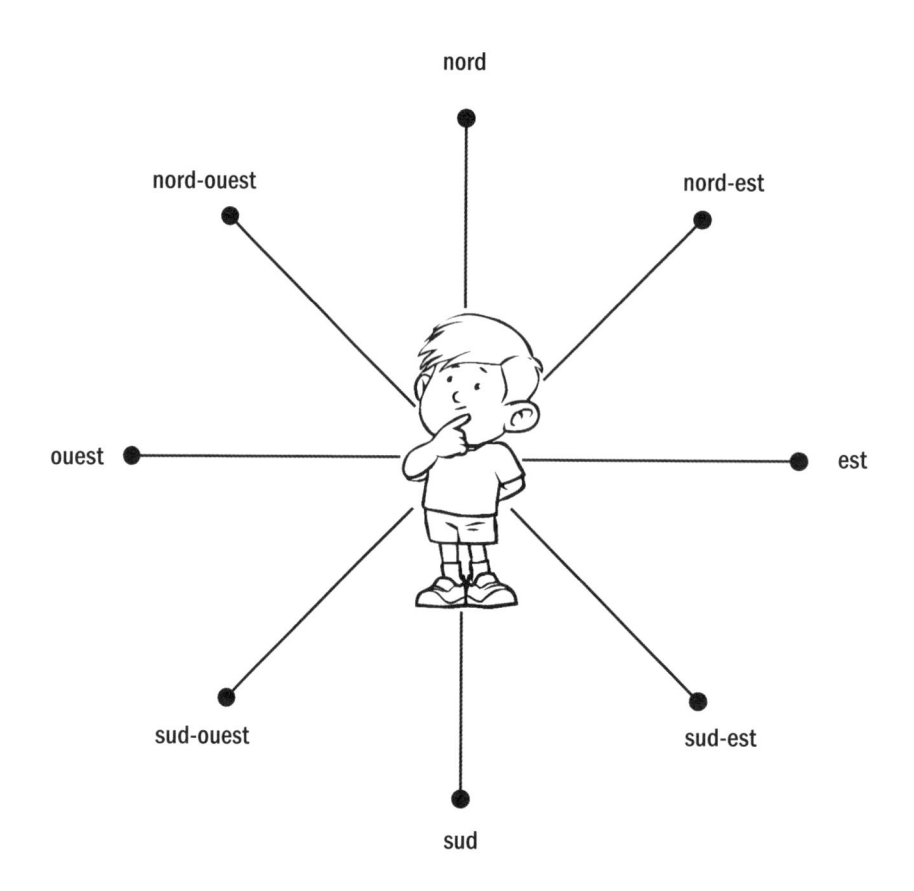

| Je regarde vers le | Si je me tourne de | Je regarderai vers le |
|---|---|---|
| nord | 45° dans le sens des aiguilles d'une montre | |
| sud | 90° dans le sens inverse des aiguilles d'une montre | |
| nord-ouest | 180° dans le sens des aiguilles d'une montre | |
| est | 135° dans le sens inverse des aiguilles d'une montre | |
| sud-est | dans le sens des aiguilles d'une montre | sud |
| nord-est | dans le sens des aiguilles d'une montre | sud-est |
| sud-est | dans le sens inverse des aiguilles d'une montre | nord |
| ouest | dans le sens inverse des aiguilles d'une montre | nord-ouest |

# Exercice 41

**1** Donnez la mesure de l'angle inconnu.

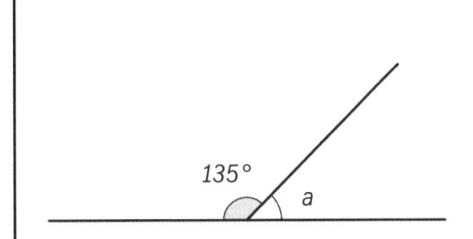

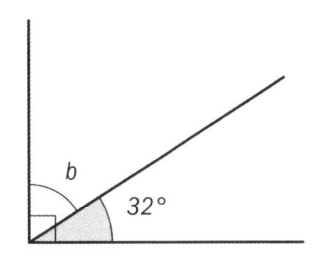

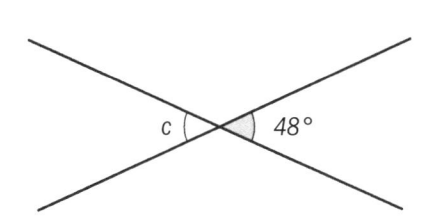

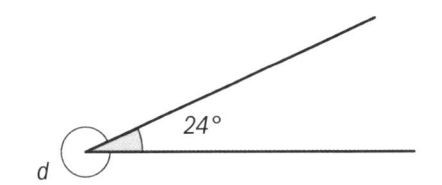

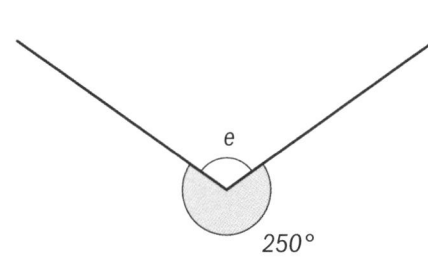

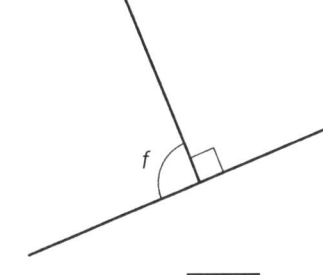

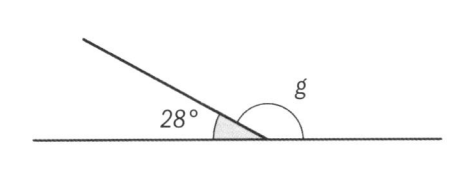

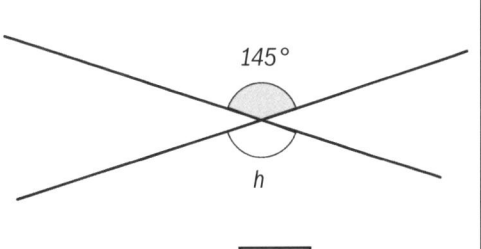

$\hat{a}$ = ☐  (135°)

$\hat{b}$ = ☐  (32°, angle droit)

$\hat{c}$ = ☐  (48°)

$\hat{d}$ = ☐  (24°)

$\hat{e}$ = ☐  (250°)

$\hat{f}$ = ☐  (angle droit)

$\hat{g}$ = ☐  (28°)

$\hat{h}$ = ☐  (145°)

Les angles 97

**2** Donnez la mesure de l'angle inconnu.

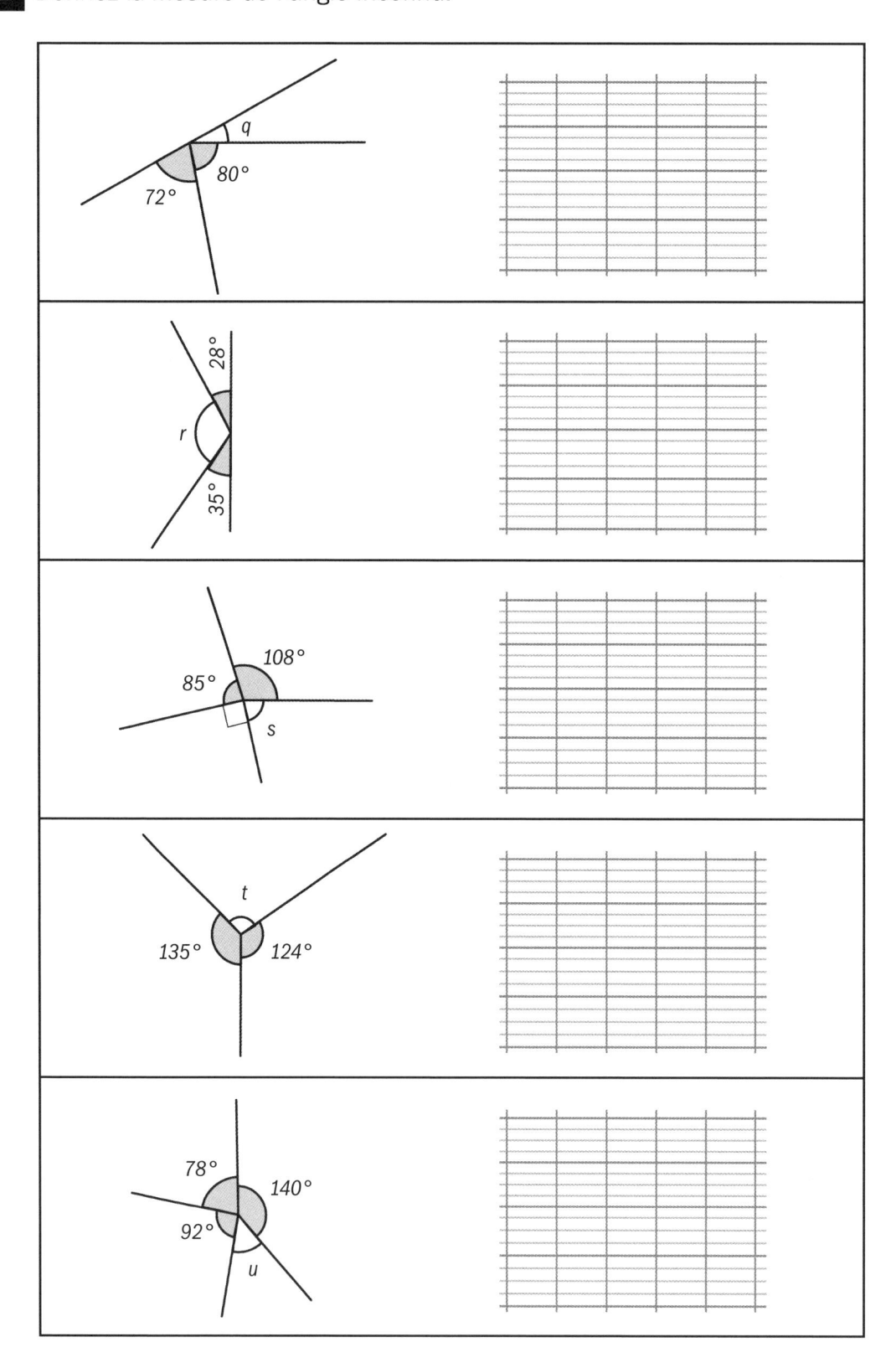

# Révision 2

**1** Écrivez « plus grand que », « plus petit que » ou « égal à ».

a. $4\frac{1}{2}$ est _____ $\frac{42}{4}$.

b. $3\frac{1}{7}$ est _____ $\frac{31}{7}$.

c. $\frac{34}{8}$ est _____ $4\frac{1}{4}$.

d. $10\frac{1}{3}$ est _____ $\frac{10}{3}$.

**2** Calculez, puis donnez votre réponse sous sa forme la plus simple.

a. $2\frac{3}{8} + \frac{7}{12} = $ _____

b. $4\frac{1}{3} - 1\frac{8}{9} = $ _____

c. $\frac{7}{9} \times \frac{3}{4} = $ _____

d. $36 \times \frac{5}{9} = $ _____

**3** Donnez les mesures équivalentes.

a. $4\frac{1}{2}$ h = ☐ h ☐ min

b. $2\frac{1}{4}$ années = ☐ années et ☐ mois

c. $3\frac{9}{10}$ m = ☐ m ☐ cm

d. $5\frac{3}{10}$ kg = ☐ kg ☐ g

**4** Répondez aux questions suivantes :

a) Quelle est la distance la plus longue : $\frac{4}{5}$ m ou **85 cm** ?

b) Quelle est la durée la plus longue : $1\frac{2}{3}$ **année** ou **17 mois** ?

c) Quel est le poids le plus lourd : $2\frac{1}{10}$ **kg** ou **2 001 g** ?

d) Quel est la plus grande contenance : **350 mℓ** ou **3 ℓ 50 mℓ** ?

**5** Quelle fraction de la figure est grisée ?

**6** Sachant que le carré a le même périmètre que le rectangle, trouvez l'aire du carré.

6 m
12 m

**7** Répondez aux questions suivantes :

a) Si 2 ℓ de crème chantilly pèsent 600 g, combien pèsent 3 ℓ de crème chantilly ?

b) Lucie achète 5 paquets d'enveloppes blanches et 3 paquets d'enveloppes en papier kraft.
Chaque paquet contient 112 enveloppes.
Combien d'enveloppes Lucie a-t-elle achetées en tout ?

c) M. Robert emballe 17 320 biscuits dans des sachets de 22 biscuits. Il vend tout son stock à 2 € le sachet.
Combien d'argent reçoit-il en tout ?

d) Lili travaille depuis $6\frac{1}{4}$ ans et Suzanne depuis $2\frac{1}{2}$ ans.
Lili travaille depuis ☐ ans et ☐ mois de plus que Suzanne.

**8** Répondez aux questions suivantes :

**a** 64 enfants sont inscrits dans un cours d'informatique.
Les $\dfrac{5}{8}$ d'entre eux sont des filles.
Combien de filles y a-t-il de plus que de garçons ?

**b** Le rapport entre la longueur et la largeur d'un rectangle est de 5 : 3.
La longueur du rectangle est de 20 cm.
1. Quelle est la largeur du rectangle ?
2. Quelle est l'aire du rectangle ?
3. Quel est le périmètre du rectangle ?

**c** Le rapport entre les côtés d'un triangle est de 5 pour 2 pour 4.
Le côté le plus long du triangle mesure 15 cm.
1. Combien mesure son côté le plus court ?
2. Quel est son périmètre ?

**9** Dans chacune de ces figures, trouvez $\widehat{x}$.

**a** 55°, 103°, x

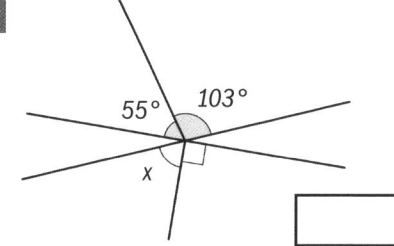

**b** 38°, x

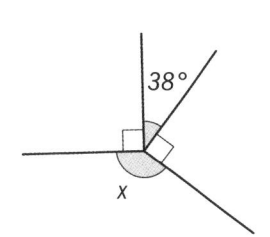

**10** Quelle fraction du rectangle est-elle grisée ?

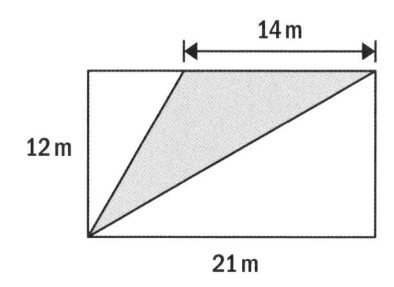

14 m
12 m
21 m

**11** Répondez aux questions suivantes :

**a** Le rapport entre le poids d'Aurélien et celui d'Ali est de 4 : 5.
À eux deux, ils pèsent 117 kg.

1. Combien pèse Ali ?

2. Combien pèse Aurélien ?

**b** Le rapport entre la hauteur d'un arbre et la longueur de son ombre est de 3 : 2. L'arbre mesure 15 m de haut.
Combien mesure son ombre ?

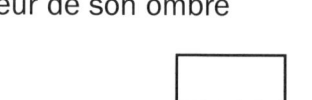

**12** Rangez ces nombres dans l'ordre décroissant :

$\frac{9}{4}$ ; $2\frac{1}{12}$ ; $2\frac{1}{2}$ ; $\frac{12}{11}$.

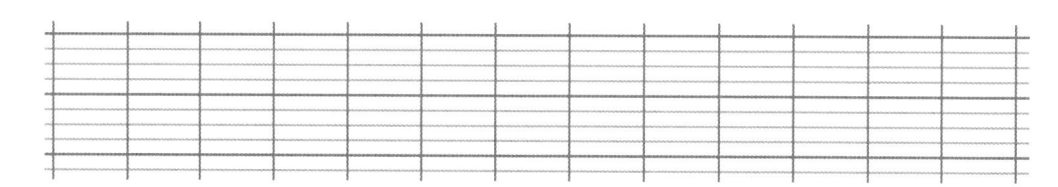

**13** Quel est le nombre le plus proche de 4 ?

$3\frac{1}{8}$ ; $2\frac{11}{12}$ ; $2\frac{9}{10}$ ; $4\frac{4}{5}$.

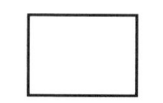

**14** Donnez l'aire de la partie grisée de chaque rectangle.

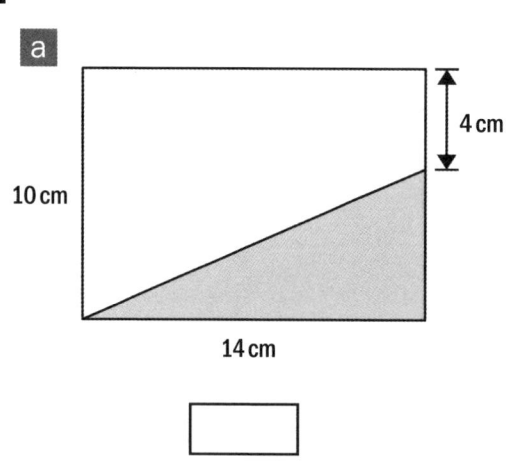

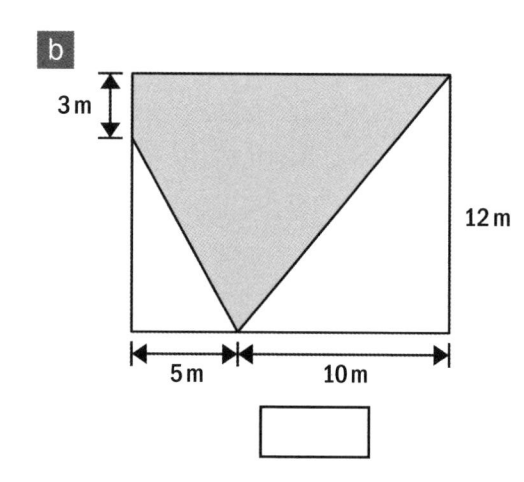

**a** 10 cm, 4 cm, 14 cm

**b** 3 m, 12 m, 5 m, 10 m

**15** Résolvez le problème suivant :

L'aire de la partie grisée représente $\frac{1}{3}$ de l'aire du rectangle.
Trouvez l'aire du rectangle.

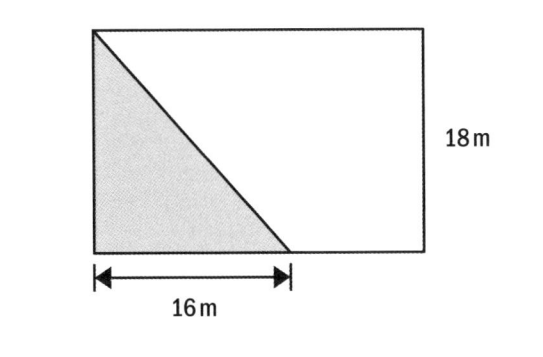

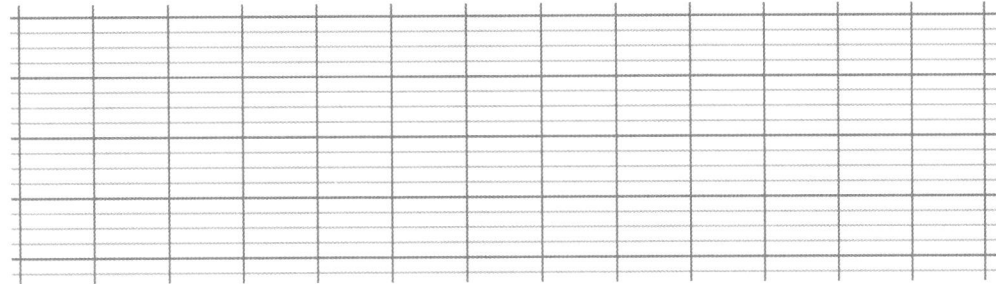

**16** Résolvez le problème suivant :

Ali vend 5 micro-ondes et 3 grille-pain pour 500 €.
Sachant qu'un grille-pain coûte 20 € de moins qu'un micro-ondes, trouvez le prix d'un grille-pain.

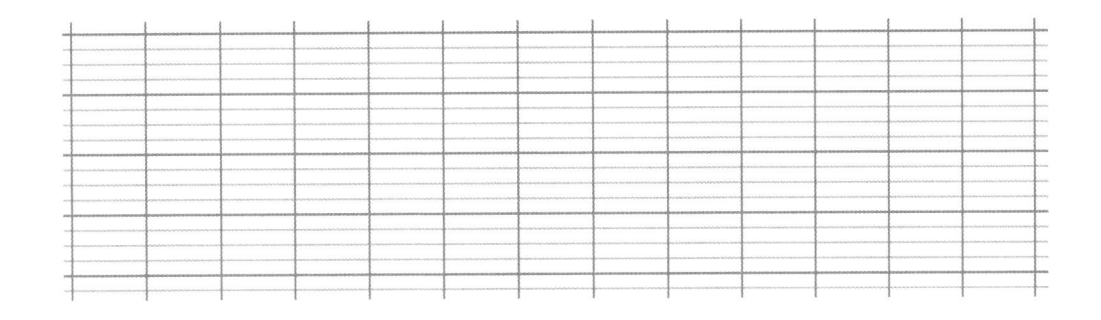

**17** Résolvez le problème suivant :

Le rapport entre les économies de Lucie et celles de Henri est de 5 : 6.
Puis Lucie dépense 800 € pour s'acheter un ordinateur ;
le rapport entre leurs économies est alors de 1 : 2.
Quel est le montant des économies de Henri ?

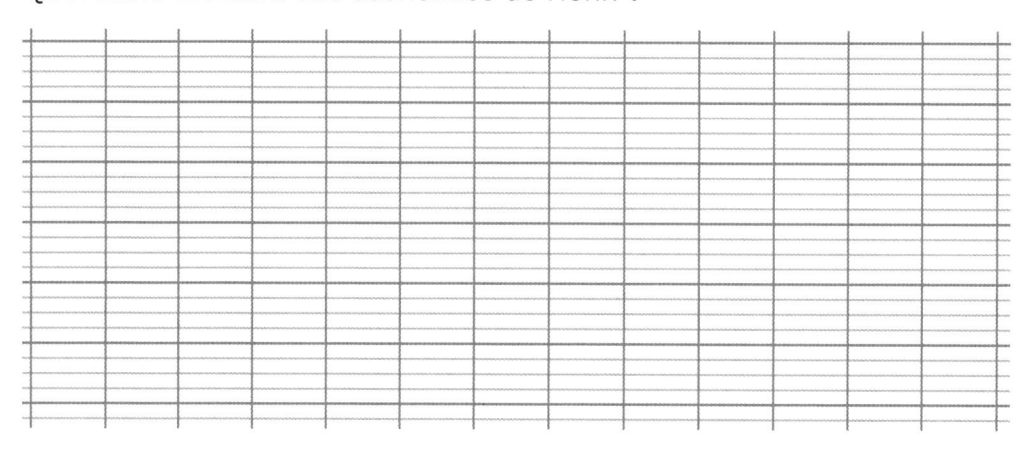

**18** Résolvez le problème suivant :

L'aire du carré est la même que l'aire du triangle.
Quel est le périmètre du carré ?

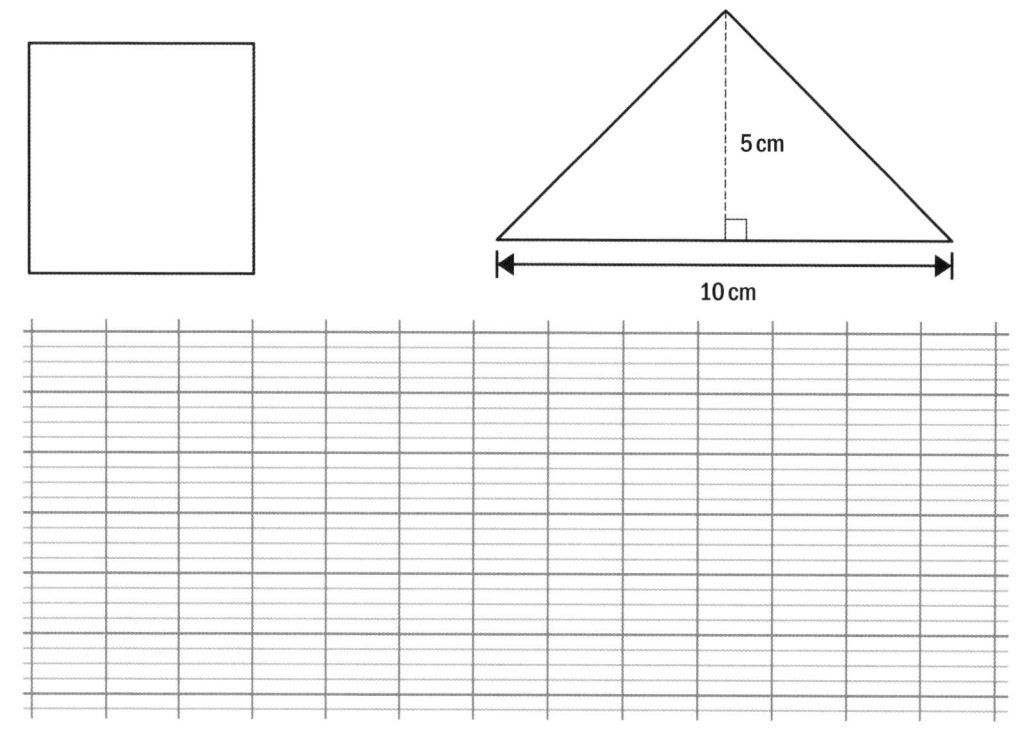

5 cm

10 cm

# Exercice 42

**1** Complétez.

**a**

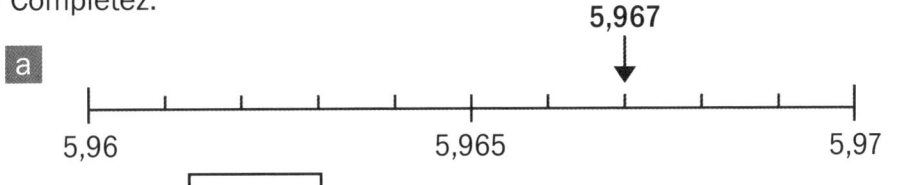

5,967

|———|———|———|———|———|———|———|———|———|———|
5,96           5,965           5,97

**5,967** donne ☐ lorsqu'on l'arrondit à 2 chiffres après la virgule.

**b**

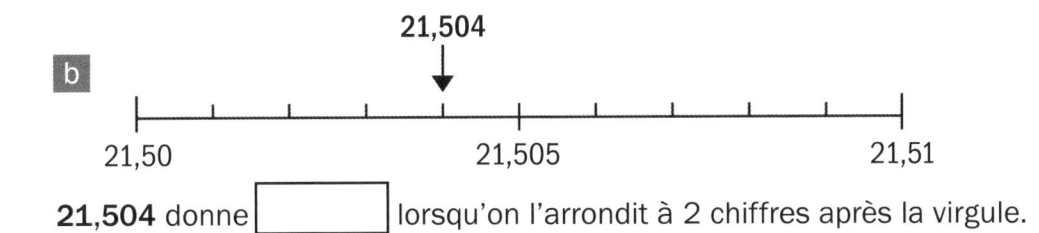

21,504

|———|———|———|———|———|———|———|———|———|———|
21,50          21,505          21,51

**21,504** donne ☐ lorsqu'on l'arrondit à 2 chiffres après la virgule.

**c**

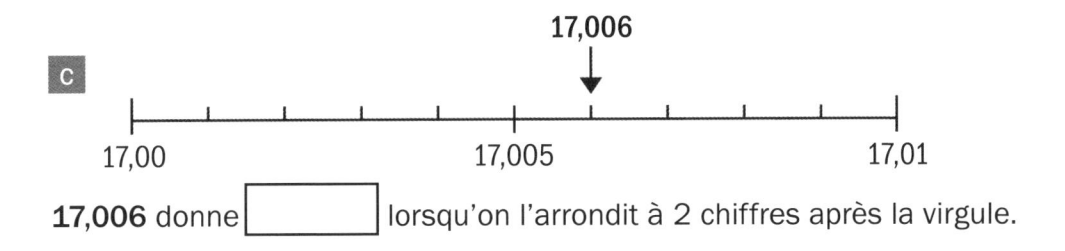

17,006

|———|———|———|———|———|———|———|———|———|———|
17,00          17,005          17,01

**17,006** donne ☐ lorsqu'on l'arrondit à 2 chiffres après la virgule.

---

**2** Arrondissez les nombres suivants à 2 chiffres après la virgule.

| 0,079 | 2,307 | 4,084 | 3,255 | 1,802 |
| 0,008 | 3,023 | 4,035 | 3,661 | 1,206 |

Coloriez les espaces contenant vos réponses.
Si tout va bien, vous verrez apparaître un poisson.

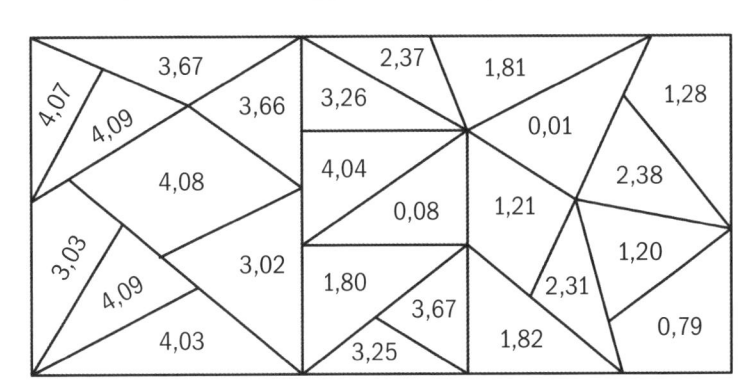

Les nombres décimaux

# Exercice 43

**1** Effectuez ces divisions jusqu'à 2 chiffres après la virgule.

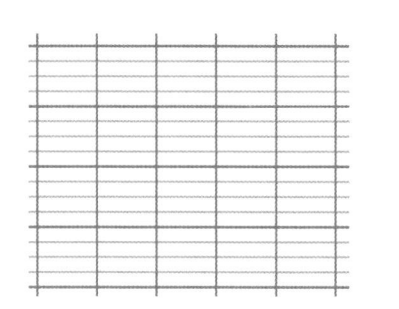

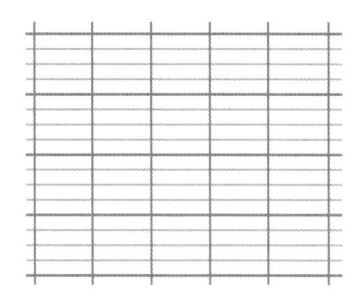

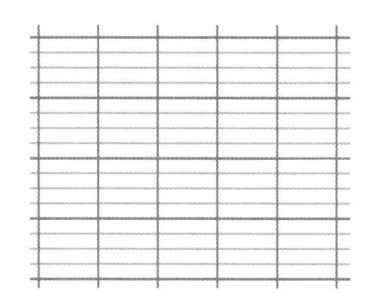

a) $70 \div 9 \approx$

b) $18,01 \div 4 \approx$

c) $21,68 \div 5 \approx$

d) $41,53 \div 6 \approx$

e) $0,53 \div 7 \approx$

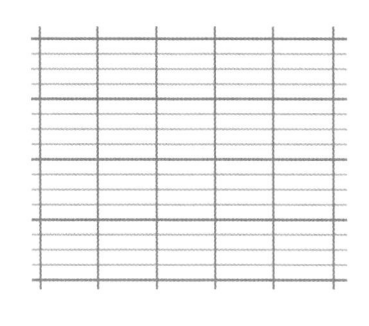

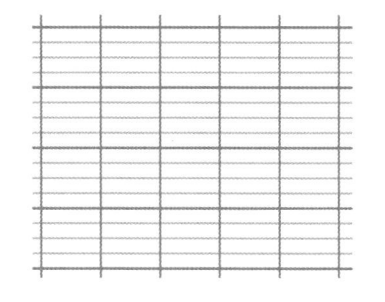

f) $24,05 \div 8 \approx$

**2** Résolvez le problème suivant :

Mme Martin a 30 m de ficelle. Elle en utilise 3,15 m pour ficeler un paquet. Puis elle coupe le reste en 6 morceaux de même taille, pour confectionner des mobiles.
Quelle quantité de ficelle a-t-elle utilisée pour chaque mobile ?
Donnez votre réponse en mètres avec 2 chiffres après la virgule.

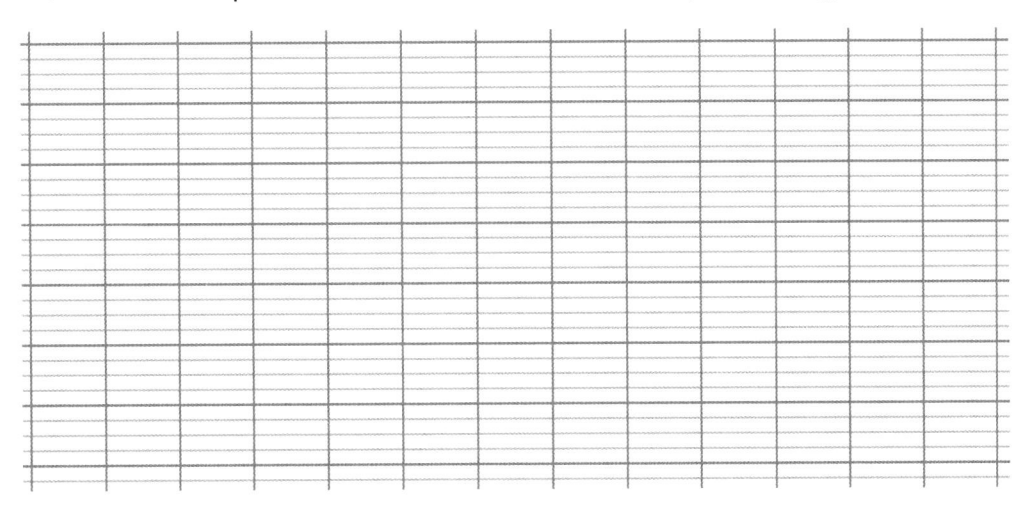

**3** Résolvez le problème suivant :

M. Ben Saber mélange 3,46 kg d'amandes avec une quantité double de raisins secs. Il répartit ce mélange en 9 sachets de même poids.
Quel est le poids de chaque sachet ?
Donnez votre réponse en kilogrammes avec 2 chiffres après la virgule.

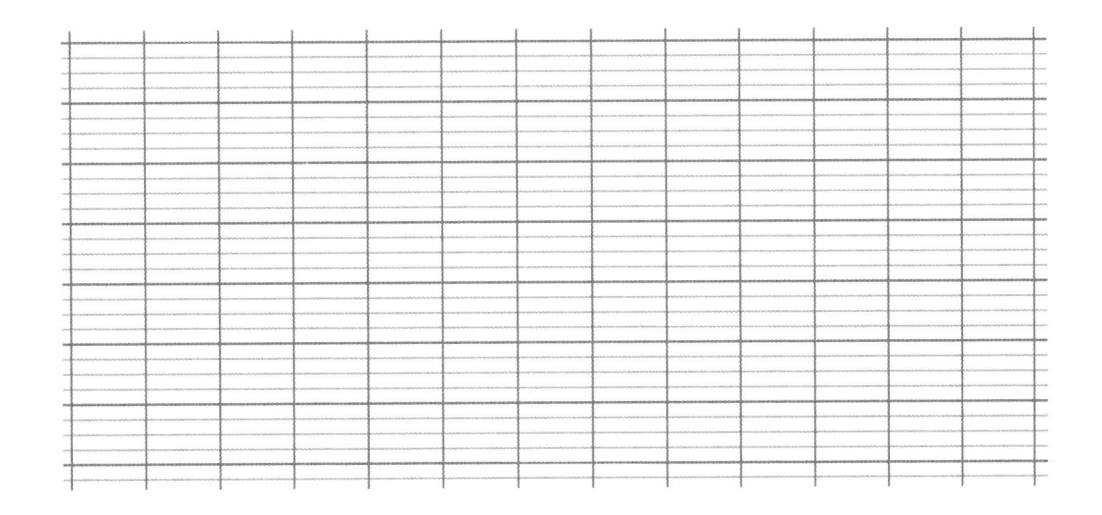

Les nombres décimaux 107

# Exercice 44

**1** Exprimez chaque fraction par un nombre décimal à deux chiffres après la virgule.

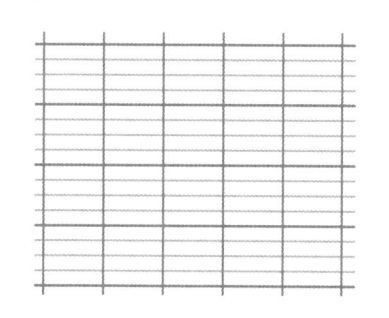

a) $\dfrac{8}{9} \approx$

b) $\dfrac{3}{7} \approx$

c) $\dfrac{2}{3} \approx$

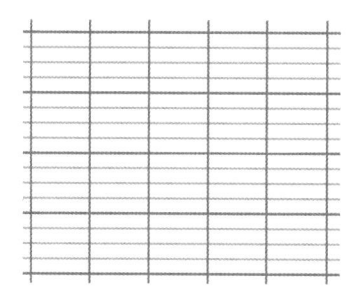

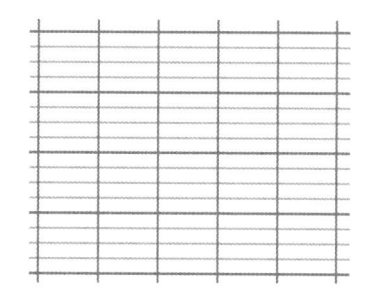

d) $4\dfrac{1}{6} \approx$

e) $5\dfrac{5}{8} \approx$

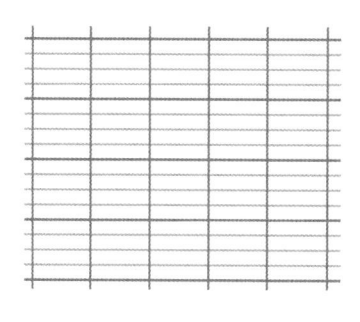

f) $9\dfrac{1}{7} \approx$

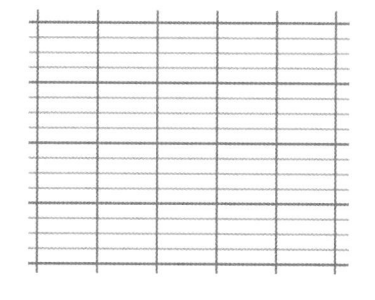

# Exercice 45

**1** Multipliez.

a) 0,03 x 10 = ☐   b) 0,009 x 10 = ☐

c) 0,067 x 10 = ☐   d) 0,84 x 10 = ☐

e) 2,9 x 10 = ☐   f) 0,321 x 10 = ☐

g) 5,24 x 10 = ☐   h) 35,4 x 10 = ☐

i) 6,015 x 10 = ☐   j) 412,8 x 10 = ☐

**2** Multipliez.

*0,09 x 2 = 0,18*

a) 0,09 x 20 = 0,18 x 10

   =

b) 3,2 x 40 =

c) 4,63 x 60 =

d) 22,9 x 80 =

e) 12,4 x 90 =

Les nombres décimaux

# Exercice 46

**1** Complétez le tableau suivant.

| Nombre | x 10 | x 100 | x 1 000 |
|---|---|---|---|
| 0,324 | | | |
| 1,635 | | | |
| 3,004 | | | |
| 8,19 | | | |
| 20,4 | | | |

**2** Multipliez.

| | | | |
|---|---|---|---|
| a | 6,166 x 100 = | b | 2,009 x 100 = |
| c | 100 x 5,201 = | d | 100 x 3,065 = |
| e | 0,072 x 1 000 = | f | 8,625 x 1 000 = |
| g | 1 000 x 4,86 = | h | 1 000 x 3,7 = |

**3** Complétez.

| | | | |
|---|---|---|---|
| a | 2,68 x ☐ = 26,8 | b | ☐ x 0,8 = 8 |
| c | 1,042 x ☐ = 104,2 | d | ☐ x 1,43 = 1 430 |
| e | 32,64 x ☐ = 326,4 | f | ☐ x 0,9 = 900 |
| g | 4,125 x ☐ = 4 125 | h | ☐ x 3,95 = 395 |
| i | 6,9 x ☐ = 690 | j | ☐ x 0,731 = 731 |

Les nombres décimaux

# Exercice 47

**1** Multipliez.

*0,06 x 2 = 0,12*

**a** 0,06 x 200 = 0,12 x 100

=

**b** 0,34 x 300 =

**c** 6,8 x 400 =

**d** 3,12 x 500 =

**e** 64,5 x 6 000 =

**f** 32,08 x 7 000 =

**g** 9,54 x 8 000 =

**h** 3,24 x 9 000 =

Les nombres décimaux

# Exercice 48

**1** Divisez.

a) 6 ÷ 10 = ☐

b) 0,3 ÷ 10 = ☐

c) 0,05 ÷ 10 = ☐

d) 0,34 ÷ 10 = ☐

e) 1,2 ÷ 10 = ☐

f) 19 ÷ 10 = ☐

g) 20,5 ÷ 10 = ☐

h) 3,65 ÷ 10 = ☐

i) 239 ÷ 10 = ☐

j) 0,58 ÷ 10 = ☐

**2** Divisez.

*0,8 ÷ 2 = 0,4*

a) 0,8 ÷ 20 = 0,4 ÷ 10

=

b) 3,7 ÷ 50 =

c) 5,34 ÷ 60 =

d) 82,08 ÷ 90 =

e) 29,61 ÷ 70 =

112 Les nombres décimaux

# Exercice 49

**1** Complétez le tableau suivant.

| Nombre | ÷ 10 | ÷ 100 | ÷ 1 000 |
|---|---|---|---|
| 203 | | | |
| 8 | | | |
| 7 005 | | | |
| 58 | | | |
| 1 458 | | | |

**2** Divisez.

| | |
|---|---|
| a  54 ÷ 100 = | b  20,3 ÷ 100 = |
| c  2 820 ÷ 100 = | d  3,4 ÷ 100 = |
| e  4 525 ÷ 1 000 = | f  3 400 ÷ 1 000 = |
| g  73 ÷ 1 000 = | h  2 ÷ 1 000 = |

**3** Complétez.

| | |
|---|---|
| a  6,7 ÷ ☐ = 0,67 | b  80 ÷ ☐ = 0,8 |
| c  5 040 ÷ ☐ = 5,04 | d  56,8 ÷ ☐ = 0,568 |
| e  29 ÷ ☐ = 0,029 | f  3,18 ÷ ☐ = 0,318 |
| g  153 ÷ ☐ = 1,53 | h  900 ÷ ☐ = 0,9 |
| i  46 ÷ ☐ = 4,6 | j  608 ÷ ☐ = 0,608 |

Les nombres décimaux

# Exercice 50

**1** Divisez.

*(7,2 ÷ 2 = 3,6)*

**a** 7,2 ÷ 200 = 3,6 ÷ 100

= 

**b** 9 ÷ 300 =

**c** 95,4 ÷ 900 =

**d** 57,6 ÷ 800 =

**e** 18 ÷ 6 000 =

**f** 65 ÷ 5 000 =

**g** 392 ÷ 4 000 =

**h** 847 ÷ 7 000 =

# Exercice 51

**1** Estimez le résultat des multiplications suivantes :

**a** 39,57 x 48 ≈ 40 x 50

≈

**b** 21,68 x 61 ≈

≈

**c** 42,07 x 32 ≈

≈

**d** 68,35 x 29 ≈

≈

**e** 52,46 x 38 ≈

≈

Les nombres décimaux

# Exercice 52

**1** Multipliez.

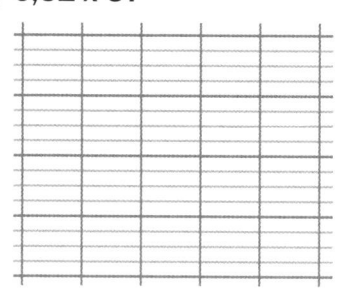

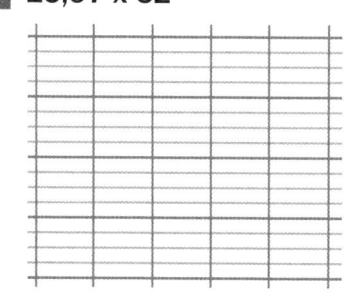

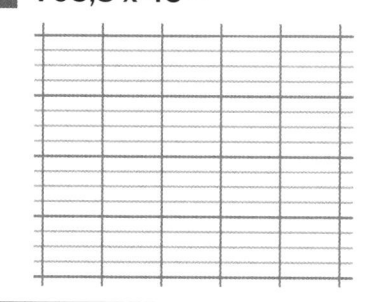

**a** 4,8 x 23 =

```
    4,8
x    23
```

**b** 6,51 x 37 =

**c** 23,97 x 52 =

**d** 705,8 x 45 =

**e** 0,59 x 86 =

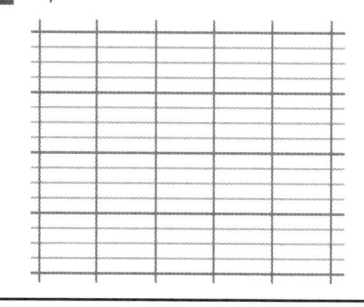

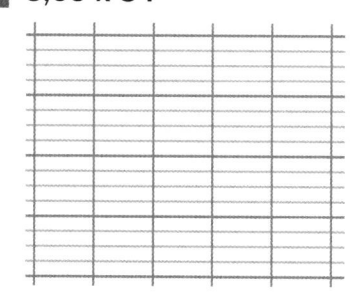

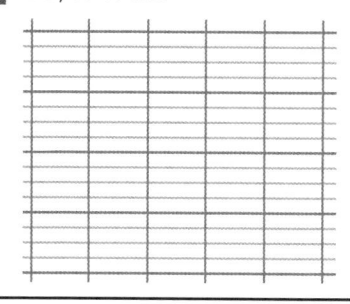

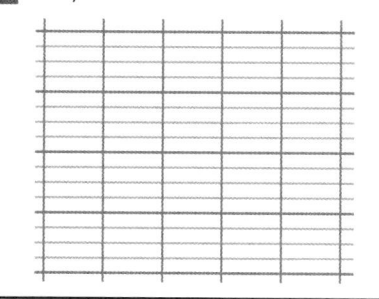

**f** 3,09 x 34 =

**g** 16,47 x 91 =

**h** 72,15 x 67 =

Les nombres décimaux

## 2 Multipliez.

| 1,8 × 12 | 0,74 × 34 | 2,53 × 29 |
|---|---|---|
| 46,6 × 67 | 0,92 × 53 | 0,58 × 91 |
| 1,86 × 25 | 7,39 × 48 | 42,08 × 36 |

Coloriez les cases contenant vos réponses.
Vous trouverez ce que Gaël a gagné.

Gaël

| 251,6 | 46,55 | 4,98 | 265,14 | 216 | 489,72 |
| | 21,6 | 73,92 | 3 122,2 | 48,76 | 45,83 | 527,8 |
| 500 | 25,16 | 73,37 | 354,72 | 52,78 | 1 540,8 |
| | 128,54 | 312,32 | 553,09 | 46,5 | 354,72 |
| | | 37,8 | | | 1 514,88 |

Un tee-shirt          Une montre

Gaël a gagné _____ .

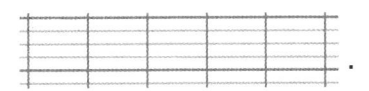

Les nombres décimaux 117

# Exercice 53

**1** Donnez les mesures équivalentes.

| | |
|---|---|
| a) 0,4 km = 400 m | b) 1,5 km = 1500 m |
| c) 0,09 kg = 90 g | d) 0,43 m = 43 cm |
| e) 1,05 m = 1,05 m  105 cm | f) 4,125 kg = 4,125 kg  4125 g |
| g) 3,04 km = 3,04 km  3040 m | h) 3,8 l = 3,8 l  3800 ml |

118  Les nombres décimaux

# Exercice 54

**1** Donnez les mesures équivalentes sous la forme d'un nombre décimal.

**a** 6 g = $\boxed{0{,}006}$ kg

**b** 8 cm = $\boxed{0{,}08}$ m

**c** 40 ml = $\boxed{0{,}04}$ l

**d** 54 m = $\boxed{0{,}054}$ km

**e** 2 kg 300 g = $\boxed{2{,}3}$ kg

**f** 3 m 50 cm = $\boxed{3{,}5}$ m

**g** 4 km 30 m = $\boxed{4{,}03}$ km

**h** 2 l 600 ml = $\boxed{2{,}6}$ l

Les nombres décimaux

# Exercice 55

**1** Donnez les mesures équivalentes sous la forme d'un nombre décimal.

a) 250 cm = ☐ m

b) 1 080 g = ☐ kg

c) 3 006 m = ☐ km

d) 2 400 g = ☐ kg

e) 4 072 mℓ = ☐ ℓ

f) 345 cm = ☐ m

g) 2 350 m = ☐ km

h) 3 245 mℓ = ☐ ℓ

120 Les nombres décimaux

# Révision 3

**1** Écrivez en toutes lettres :

**a** 700 248

**b** 2 109 035

**2** Écrivez en chiffes :

**a** Huit cent soixante mille sept cent neuf

**b** Trois millions quarante

**3** Répondez aux questions suivantes :

**a** Quel nombre représente **0,01** de plus que **6,99** ?

**b** Quel nombre représente **0,01** de plus que **4,2** ?

**4** Répondez aux questions suivantes :

**a** Quel nombre faut-il ajouter à **634** pour obtenir **1 000** ?

**b** Quel nombre faut-il ajouter à **0,463** pour obtenir **1** ?

**5** Répondez aux questions suivantes :

**a** Quels sont tous les facteurs de **100** ?

**b** Lequel des nombres suivants est un facteur commun de **45** et de **144** ?

    4   ;   5   ;   9   ;   45.

**c** Donnez les 2 premiers multiples communs de **8** et de **5**.

**6** Complétez.

a) 160 000 + ☐ + 80 = 167 080    b) 776 085 − ☐ = 746 085

c) 1 000 × ☐ = 400 000    d) 309 400 ÷ ☐ = 3 094

**7** Exprimez chaque fraction sous forme d'un nombre décimal.

a) $2\dfrac{7}{10}$ = ☐    b) $\dfrac{308}{100}$ = ☐

c) $1\dfrac{3}{5}$ = ☐    d) $\dfrac{7}{4}$ = ☐

**8** Laquelle des fractions suivantes est supérieure à **2** et inférieure à **3** ?

$\dfrac{10}{3}$ ; $\dfrac{9}{5}$ ; $\dfrac{11}{4}$ ; $\dfrac{6}{2}$.

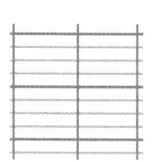

**9** Rangez ces fractions dans l'ordre décroissant.

$\dfrac{5}{3}$ ; $\dfrac{7}{12}$ ; $2\dfrac{1}{2}$ ; $\dfrac{5}{8}$.

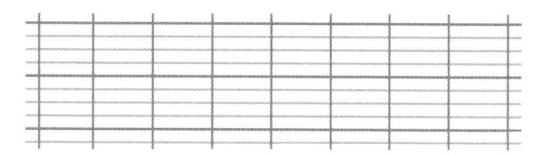

**10** Indiquez dans chaque cercle le signe de l'opération.

a) 82,72 ◯ 10 = 72,72    b) 4,6 ◯ 100 = 104,6

c) 3,64 ◯ 10 = 36,4    d) 28,6 ◯ 100 = 0,286

**11** Quel est le produit de **5 000** et **800** ?

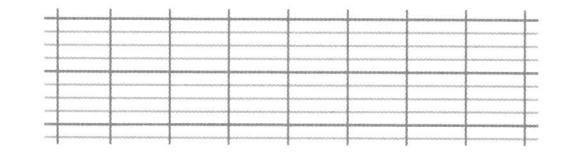

Révision 3

**12** Quel est le produit de $\frac{4}{5}$ et $\frac{5}{8}$ ?

**13** Complétez.

  **a** 0,25 m = ☐ cm
  
  **b** 2,4 kg = ☐ g

**14** Trouvez les nombres décimaux manquants.

  **a** 580 g = ☐ kg
  
  **b** 4 600 m = ☐ km
  
  **c** 2 ℓ 4 mℓ = ☐ ℓ

**15** Résolvez les problèmes suivants :

  **a** Un théâtre abrite 1 024 spectateurs, dont 425 sont des hommes et 480 sont des femmes. Les spectateurs restants sont des enfants. Combien d'adultes y a-t-il de plus que d'enfants ?

  **b** Mme Chautard achète 2 chemises à 12,95 € l'unité et 3 tee-shirts à 8,75 € l'unité. Combien a-t-elle payé en tout ?

  **c** 35 enfants sont inscrits dans un club de sport. Les $\frac{3}{5}$ d'entre eux savent nager. Combien d'enfants ne savent pas nager dans ce club ?

  **d** Paul coupe un morceau de ruban de $\frac{2}{5}$ m de long en 4 morceaux de même taille. Combien mesure chaque morceau ?

**16** Le tableau suivant indique la taille de 4 enfants.

| Nom | Marc | Samuel | Grégoire | Alice |
|---|---|---|---|---|
| Taille | 1,55 m | 1,53 m | 1,5 m | 1,54 m |

Trouvez la moyenne de la taille de ces 4 enfants.

**17** Trouvez le rapport entre la longueur et le périmètre de ce rectangle. Donnez votre réponse sous sa forme la plus simple.

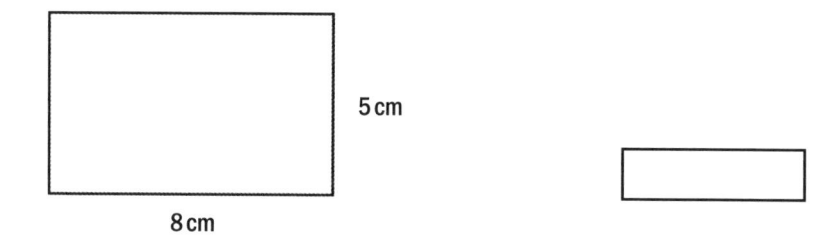

**18** Trouvez l'aire du triangle grisé.

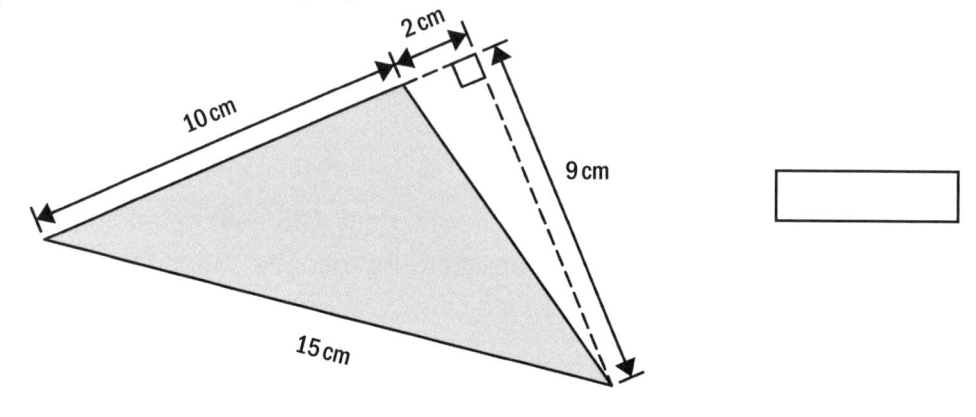

**19** Cette figure se compose d'un rectangle et d'un triangle. Trouvez son aire.

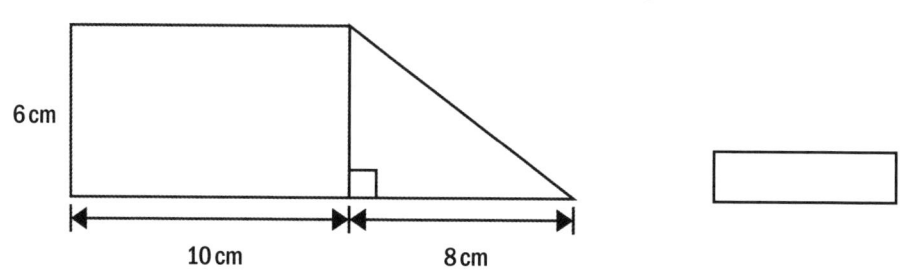

**20** Résolvez le problème suivant :

La ficelle A mesure 30 cm de plus que la ficelle B. La ficelle B mesure 60 cm de plus que la ficelle C. La longueur totale des 3 ficelles est de 3 m. Combien mesure la ficelle C ?

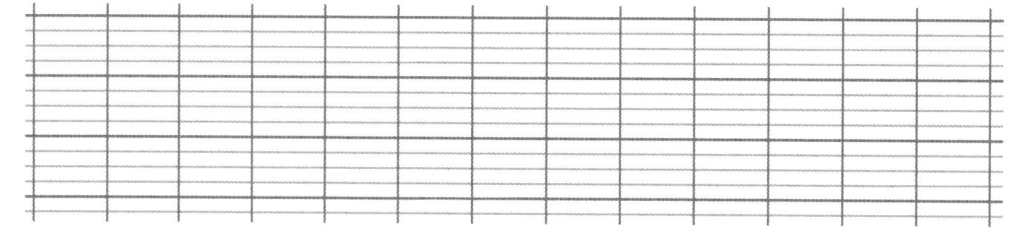

**21** Résolvez le problème suivant :

M. Henri achète 8 blocs-notes à 1,45 € l'un et 10 serviettes de table.
À la caisse, il donne un billet de 100 €, et reçoit 46 € de monnaie.
Trouvez le prix d'une serviette de table.

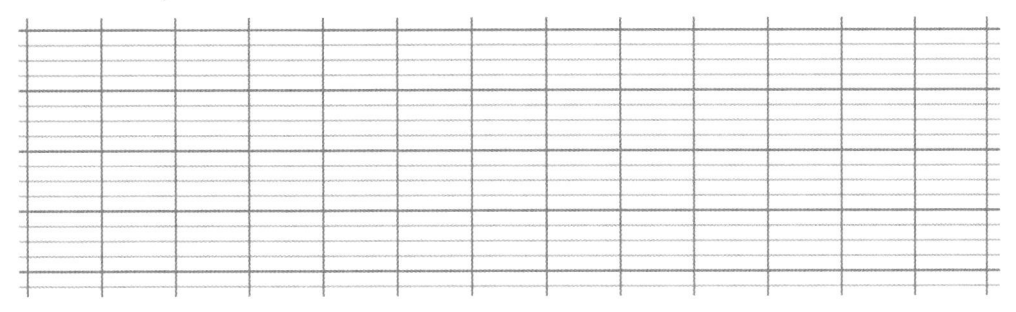

**22** Résolvez le problème suivant :

Un club de natation organise une compétition entre tous ses membres.
Les $\frac{3}{8}$ des concurrents sont des filles. Sachant que 40 garçons participent à la compétition, combien d'enfants concourent en tout ?

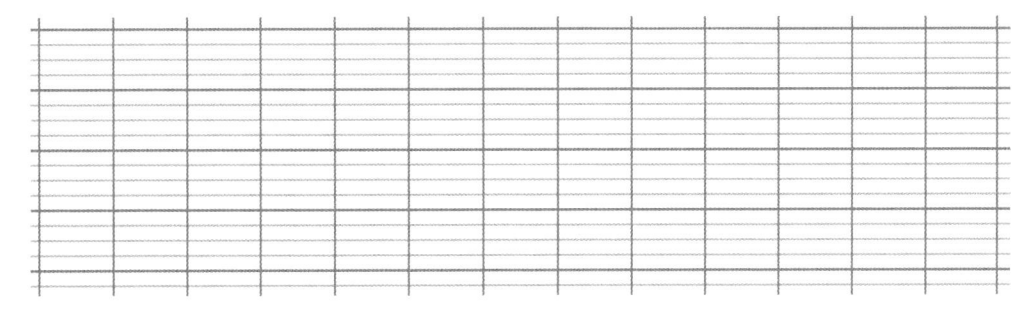

**23** Résolvez le problème suivant :

Trois enfants, Marc, Sarah et Gonzague se partagent la collection de timbres de leur mère selon un rapport de 3 : 5 : 7.
Sachant que Sarah reçoit 45 timbres, combien de timbres Gonzague a-t-il reçus de plus que Marc ?

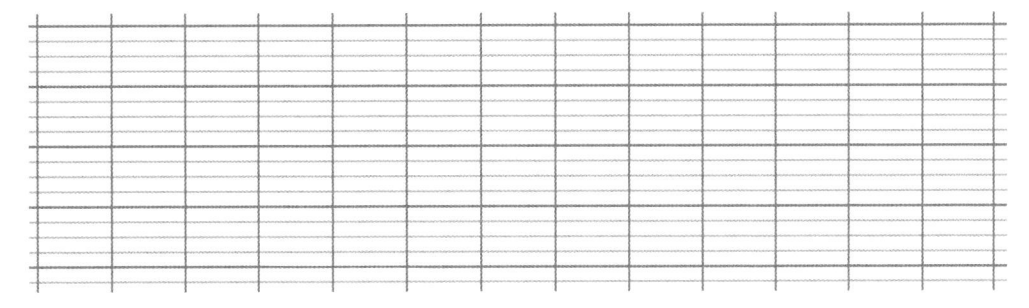

# Exercice 56

**1** Dans chacune des figures suivantes, le carré est divisé en 100 cases de même taille. Quel pourcentage du carré est grisé ?

a) ☐ %

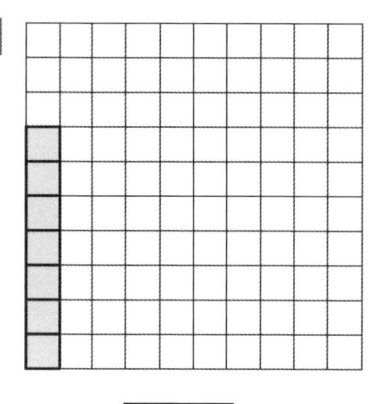

b) ☐ %

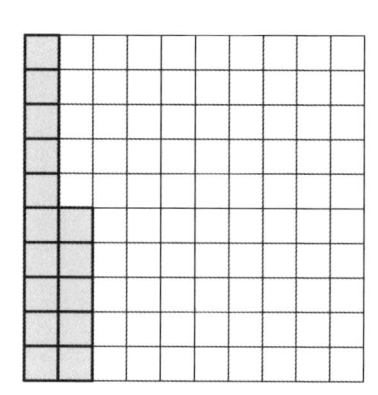

c) ☐ %

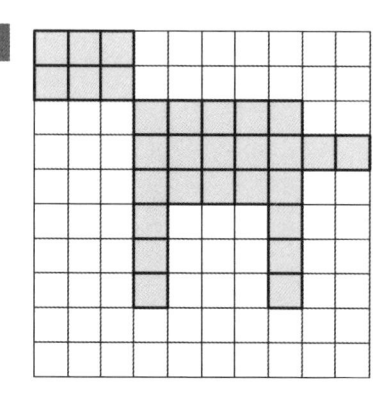

d) ☐ %

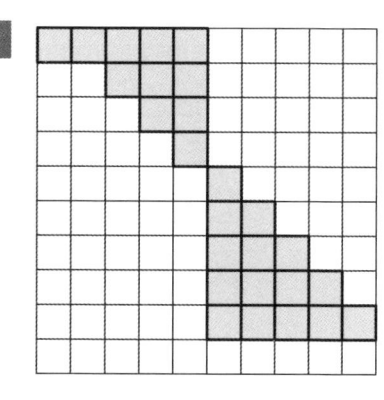

e) ☐ %

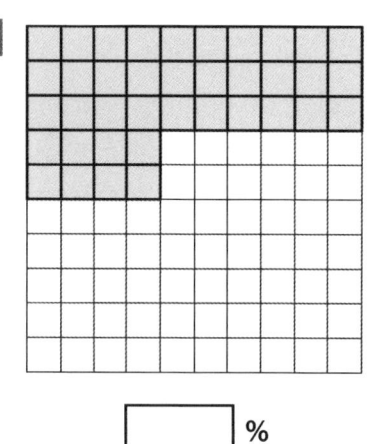

f) ☐ %

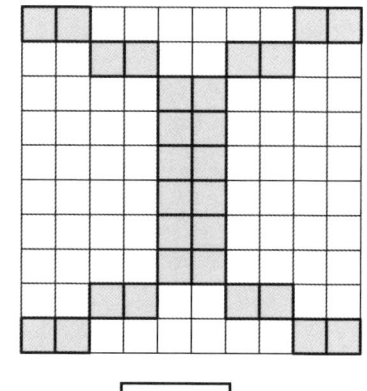

Les pourcentages

**2** Dans chacune des figures suivantes, le carré est divisé en 100 cases de taille égale.

**a** Grisez **80 %** du tout.

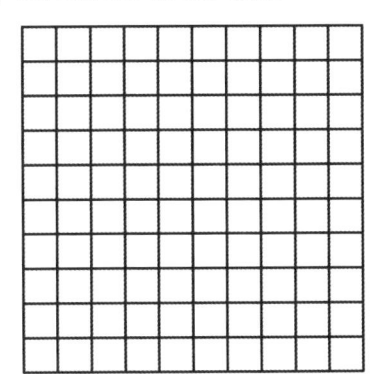

**b** Grisez **63 %** du tout.

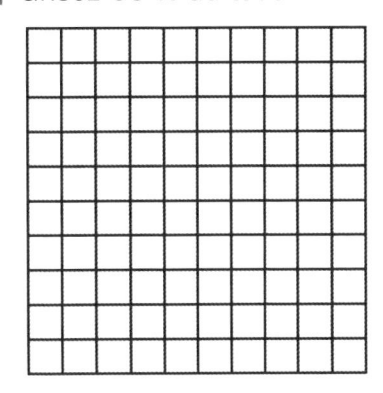

**3** Exprimez chaque fraction sous forme d'un pourcentage.

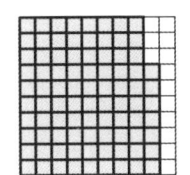

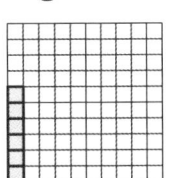

**a** $\dfrac{87}{100}$ = ☐ %

**b** $\dfrac{6}{100}$ = ☐ %

**c** $\dfrac{16}{100}$ = ☐ %

**d** $\dfrac{71}{100}$ = ☐ %

**e** $\dfrac{68}{100}$ = ☐ %

**f** $\dfrac{50}{100}$ = ☐ %

**g** $\dfrac{99}{100}$ = ☐ %

**h** $\dfrac{100}{100}$ = ☐ %

**4** Complétez.

**a** 7 % = $\dfrac{\square}{100}$

**b** 1 % = $\dfrac{\square}{100}$

**c** 43 % = $\dfrac{\square}{100}$

**d** 99 % = $\dfrac{\square}{100}$

**e** 14 % = $\dfrac{14}{\square}$

**f** 68 % = $\dfrac{68}{\square}$

**g** 5 % = $\dfrac{5}{\square}$

**h** 84 % = $\dfrac{84}{\square}$

Les pourcentages 127

# Exercice 57

**1** Exprimez chaque fraction sous forme d'un pourcentage.

| | |
|---|---|
| **a** 0,15 = | **b** 0,86 = |
| **c** 0,4 = | **d** 0,9 = |
| **e** 0,47 = | **f** 0,12 = |
| **g** 0,04 = | **h** 0,5 = |
| **i** 0,75 = | **j** 0,06 = |

**2** Exprimez chaque pourcentage sous la forme d'un nombre décimal.

| | |
|---|---|
| **a** 24 % = | **b** 37 % = |
| **c** 78 % = | **d** 6 % = |
| **e** 62 % = | **f** 53 % = |
| **g** 10 % = | **h** 7 % = |
| **i** 80 % = | **j** 90 % = |

# Exercice 58

**1** Exprimez chaque pourcentage sous la forme de la fraction la plus simple.

| | |
|---|---|
| **a** $22\% = \dfrac{22}{100}$ <br><br> = | **b** $45\% =$ <br><br> = |
| **c** $96\% =$ <br><br> = | **d** $52\% =$ <br><br> = |
| **e** $6\% =$ <br><br> = | **f** $40\% =$ <br><br> = |
| **g** $90\% =$ <br><br> = | **h** $8\% =$ <br><br> = |
| **i** $75\% =$ <br><br> = | **j** $50\% =$ <br><br> = |

Les pourcentages

# Exercice 59

**1** Exprimez chaque fraction sous la forme d'un pourcentage.

| | |
|---|---|
| a  $\dfrac{1}{2} =$ | b  $\dfrac{9}{50} =$ |
| c  $\dfrac{17}{20} =$ | d  $\dfrac{12}{25} =$ |
| e  $\dfrac{3}{5} =$ | f  $\dfrac{9}{15} =$ |
| g  $\dfrac{8}{50} =$ | h  $\dfrac{3}{12} =$ |
| i  $\dfrac{18}{75} =$ | j  $\dfrac{12}{40} =$ |

Les pourcentages

## 2 Exprimez sous la forme d'un pourcentage.

**a** 8 sur 40

$$\frac{8}{40} = \frac{2}{10} =$$

**b** 40 sur 80

**c** 15 sur 50

**d** 7 sur 20

**e** 24 sur 40

# Exercice 60

**1** Exprimez sous la forme d'un pourcentage.

**a** **186** sur **200**

$$\frac{186}{200} = \frac{93}{100} =$$

**b** **39** sur **300**

**c** **96** sur **400**

**d** **235** sur **500**

**e** **122** sur **200**

**2** Résolvez le problème suivant :

Sophie a envoyé 20 cartes de vœux à Noël.
9 d'entre elles avaient une adresse à l'étranger.
Quel pourcentage des cartes de vœux de Sophie était destiné à des correspondants étrangers ?

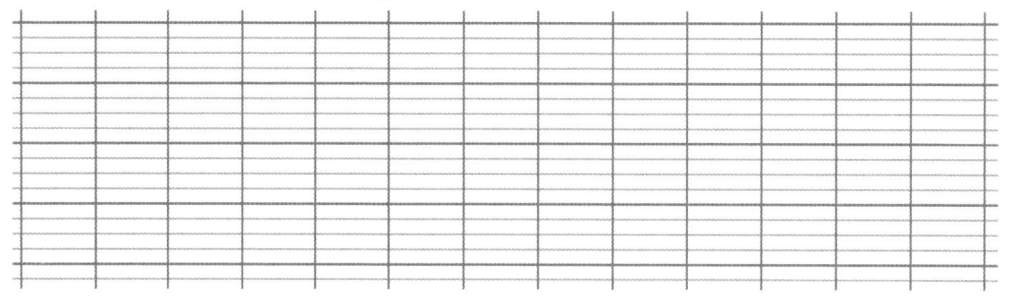

**3** Résolvez le problème suivant :

Il y a 80 enfants dans une école maternelle.
24 d'entre eux sont des élèves de petite section.
Quel pourcentage des élèves de l'école sont en petite section ?

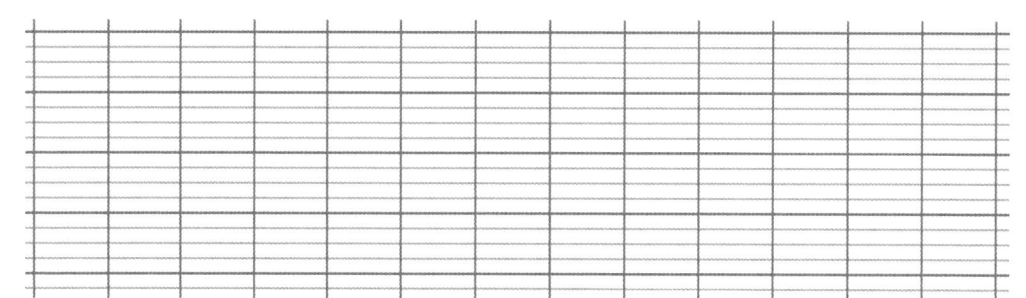

**4** Résolvez le problème suivant :

Une tour comprend 200 appartements.
64 de ces appartements sont des quatre pièces.
Quel pourcentage des appartements de la tour sont des quatre pièces ?

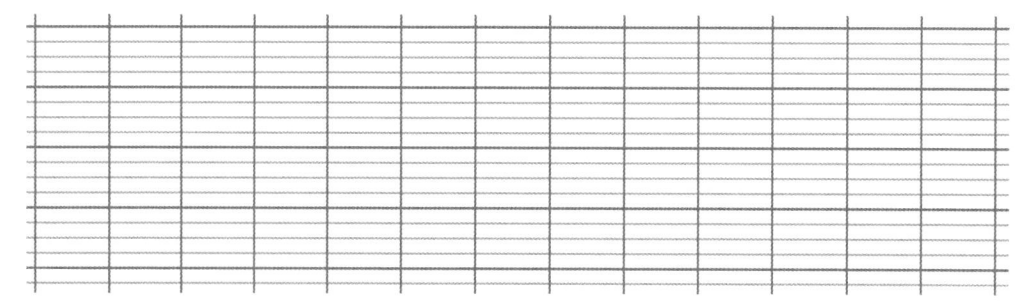

# Exercice 61

**1** Résolvez le problème suivant :

Jeanne a fait 50 cookies.
24 de ces cookies sont au chocolat.
Les autres sont aux raisins secs.
a. Quel pourcentage des cookies sont au chocolat ?
b. Quel pourcentage des cookies sont aux raisins secs ?

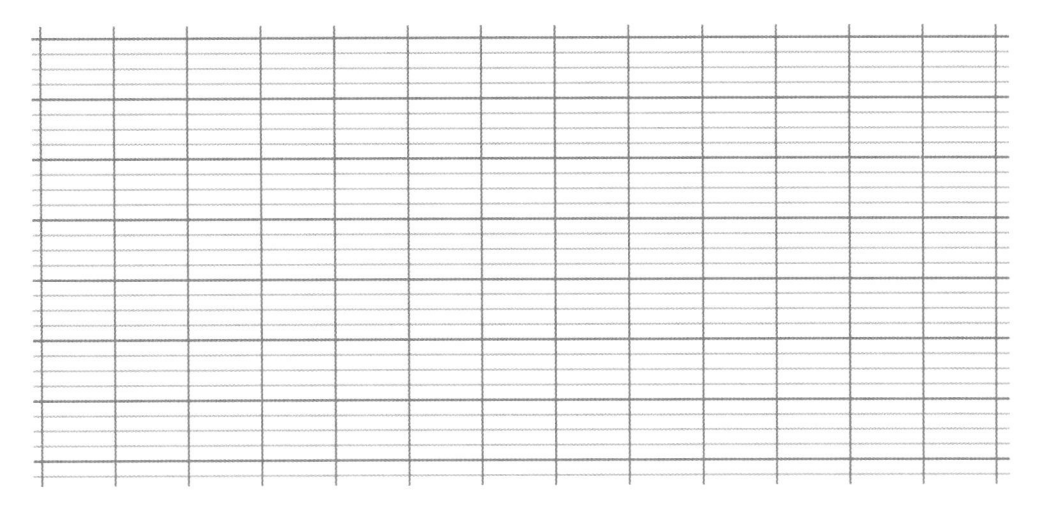

**2** Résolvez le problème suivant :

M. Antilogus a 80 €.
Il dépense 32 € pour s'offrir un beau livre sur les chevaux.
a. Quel pourcentage de son argent M. Antilogus a-t-il dépensé pour le livre ?
b. Quel pourcentage de son argent reste-t-il à M. Antilogus ?

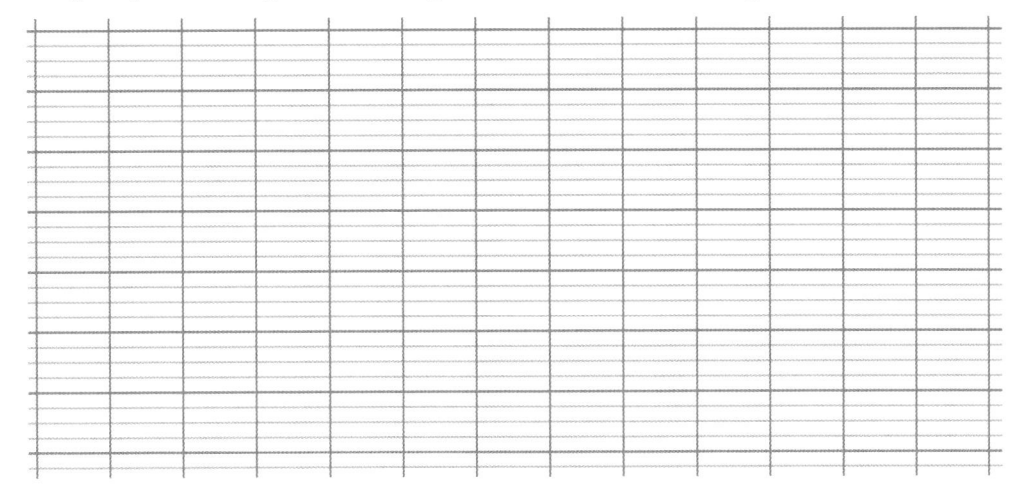

Les pourcentages

**3** Résolvez le problème suivant :

Une salle de concert contient 400 fauteuils.
120 d'entre eux sont occupés.
a. Quel pourcentage des sièges sont occupés ?
b. Quel pourcentage des sièges ne sont pas occupés ?

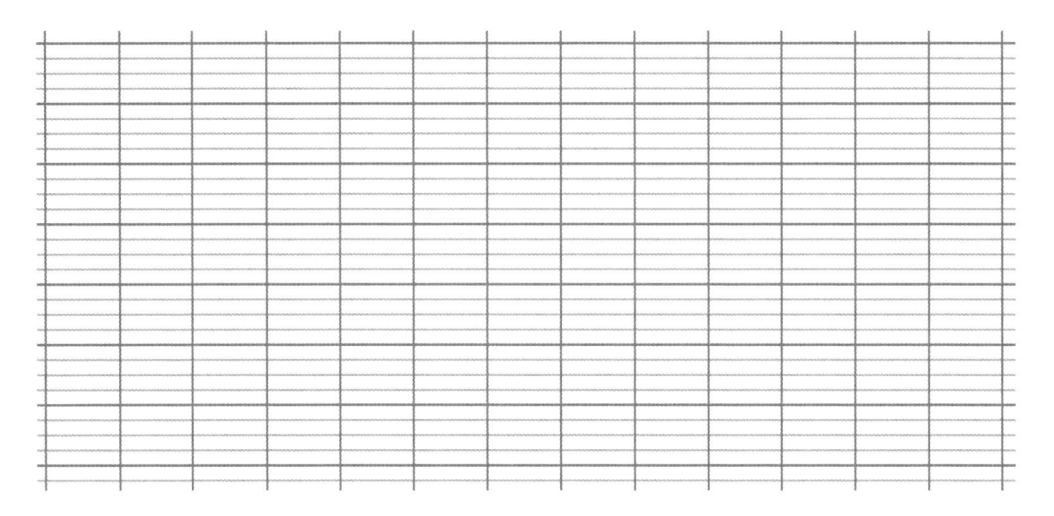

**4** Résolvez le problème suivant :

125 coureurs de fond participent à un cross.
85 d'entre eux sont des femmes.
a. Quel pourcentage des coureurs sont des femmes ?
b. Quel pourcentage des coureurs sont des hommes ?

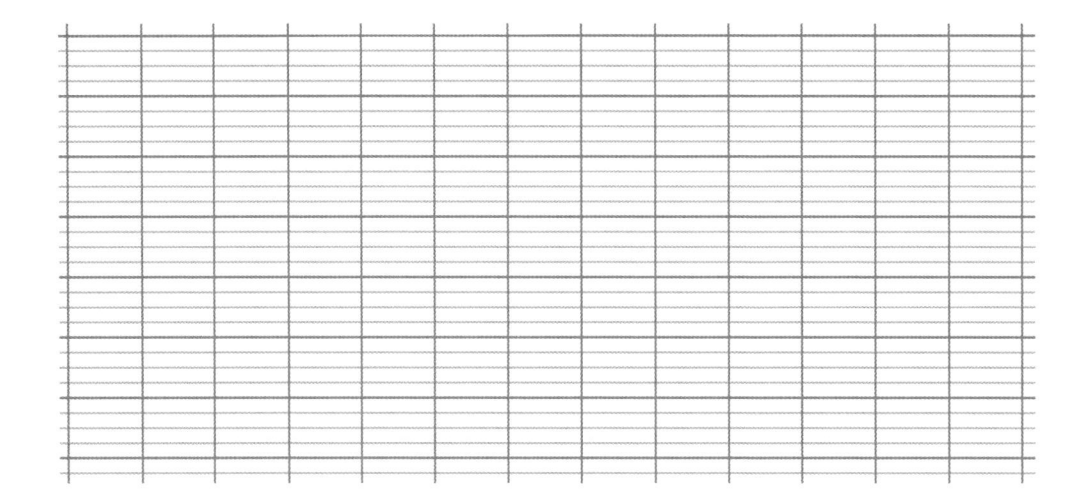

# Exercice 62

**1** Calculez.

**a** 4 % de 300

=

**b** 72 % de 150

=

**c** 30 % de 94 €

=

**d** 5 % de 250 €

=

**e** 25 % de 240 m

=

**f** 80 % de 25 kg

=

Les pourcentages 137

**2** Résolvez le problème suivant :

M. Giraud a payé 85 € le trimestre dernier pour le gaz et l'électricité.
55 % du montant de la facture concernaient l'électricité.
Combien M. Giraud a-t-il payé le trimestre dernier pour l'électricité ?

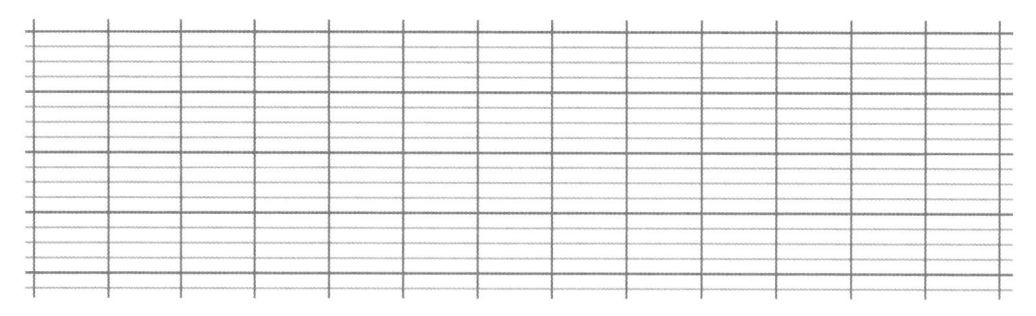

**3** Résolvez le problème suivant :

Dans la ville de Zoé, il y a eu 48 accidents de la route l'année dernière.
25 % d'entre eux ont eu lieu à un croisement.
Combien d'accidents ont eu lieu à un croisement ?

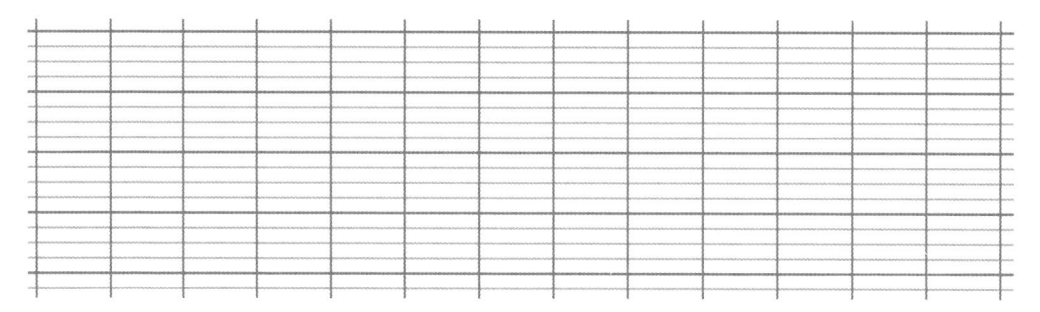

**4** Résolvez le problème suivant :

En travaillant après ses cours, Mélanie gagne 750 € par mois.
Elle en dépense 30 % pour son alimentation.
Combien d'argent Mélanie dépense-t-elle pour son alimentation ?

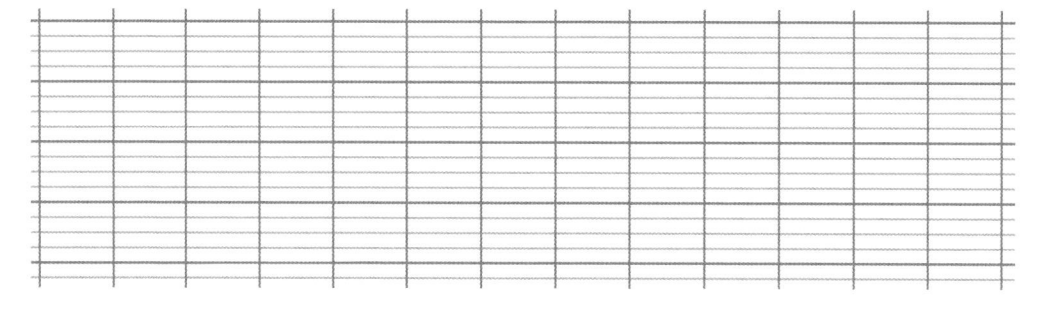

Les pourcentages

# Exercice 63

**1** Résolvez le problème suivant :

Un cageot contient 55 pommes.
40 % d'entre elles sont rouges et les autres sont vertes.
Combien de pommes vertes y a-t-il dans le cageot ?

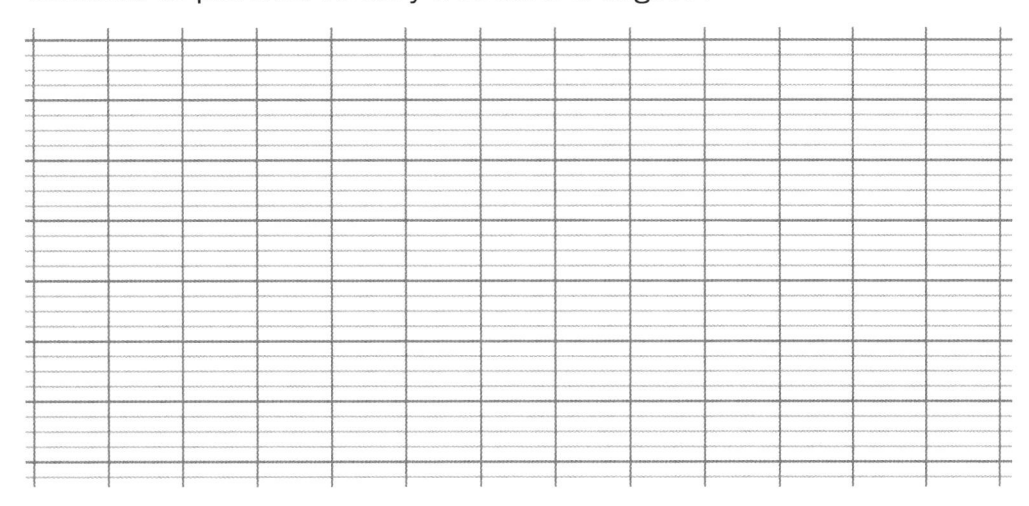

**2** Résolvez le problème suivant :

Marie gagne un prix de 840 € à un concours.
Elle dépense 30 % du montant de son prix en cadeaux pour sa famille.
Combien d'argent Marie garde-t-elle pour elle ?

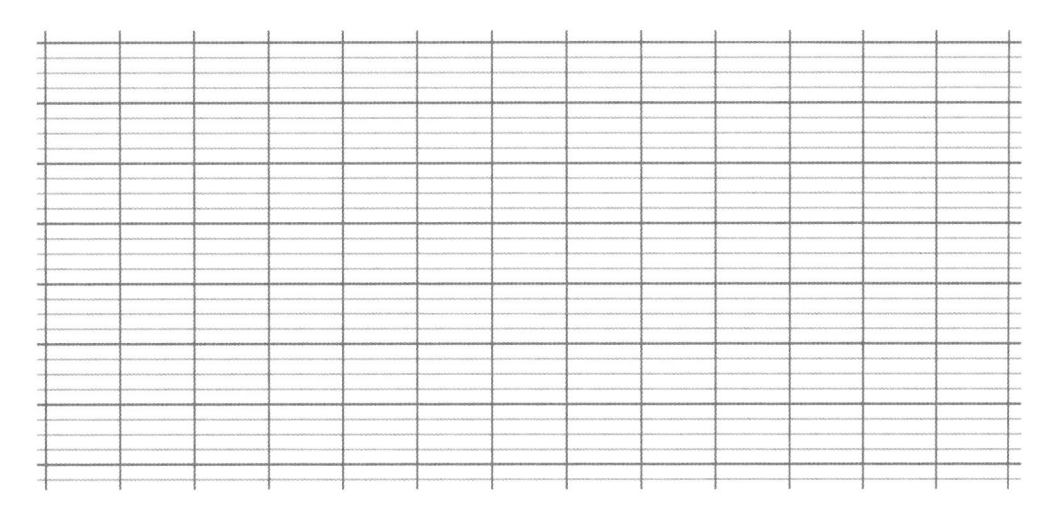

**3** Résolvez le problème suivant :

M. Viel gagne 1 200 € par mois.
Il économise 15 % de cet argent et dépense le reste.
Combien dépense-t-il chaque mois ?

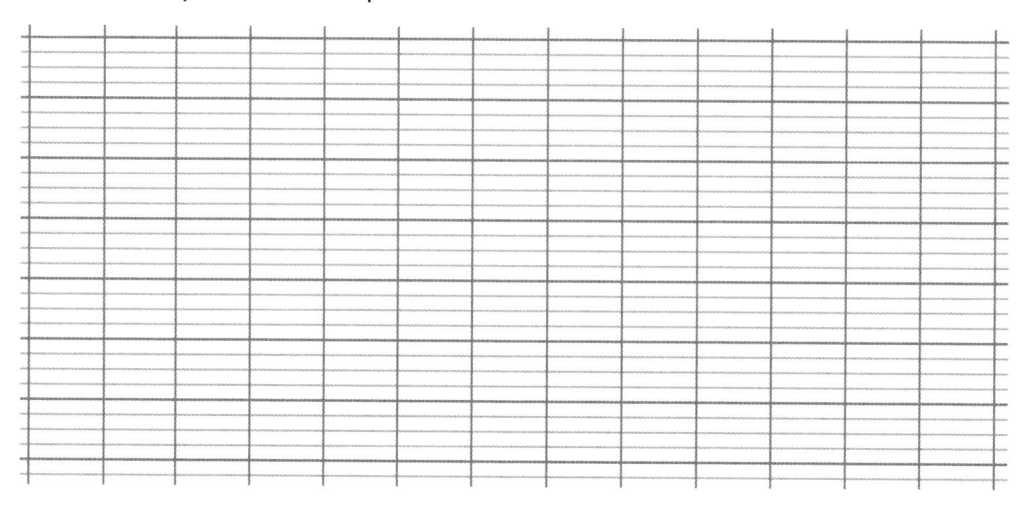

**4** Résolvez le problème suivant :

Un cahier d'exercices de mathématiques contient 750 questions.
Sam répond correctement à 82 % d'entre elles.
À combien de questions Sam a-t-il échoué ?

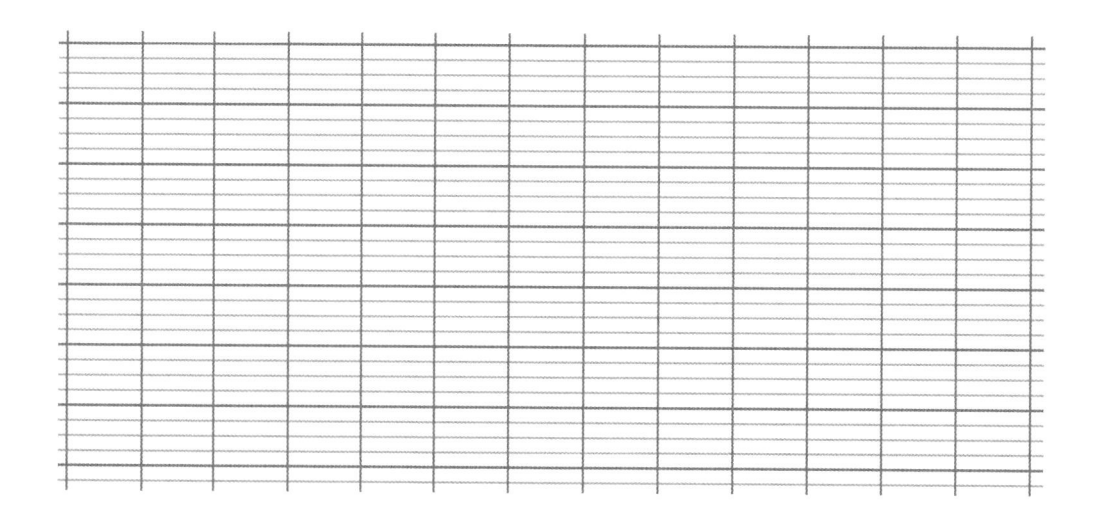

# Exercice 64

**1** Résolvez le problème suivant :

Lucie a 1 800 € sur un compte épargne bloqué.
La banque lui verse 6 % d'intérêts par an.
a. Quel est le montant des intérêts que Lucie touchera au bout d'un an ?
b. Combien d'argent aura-t-elle sur son compte dans un an ?

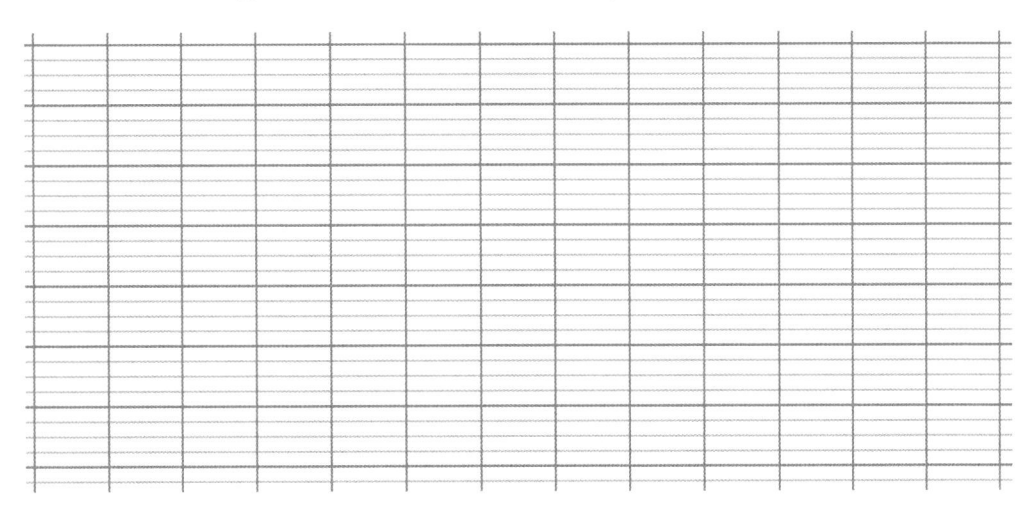

**2** Résolvez le problème suivant :

Mme Viel emprunte 2 800 € à la banque.
La banque lui facture 8 % d'intérêts par an.
Si Mme Viel rembourse son emprunt en 1 an, combien devra-t-elle payer d'intérêts ?

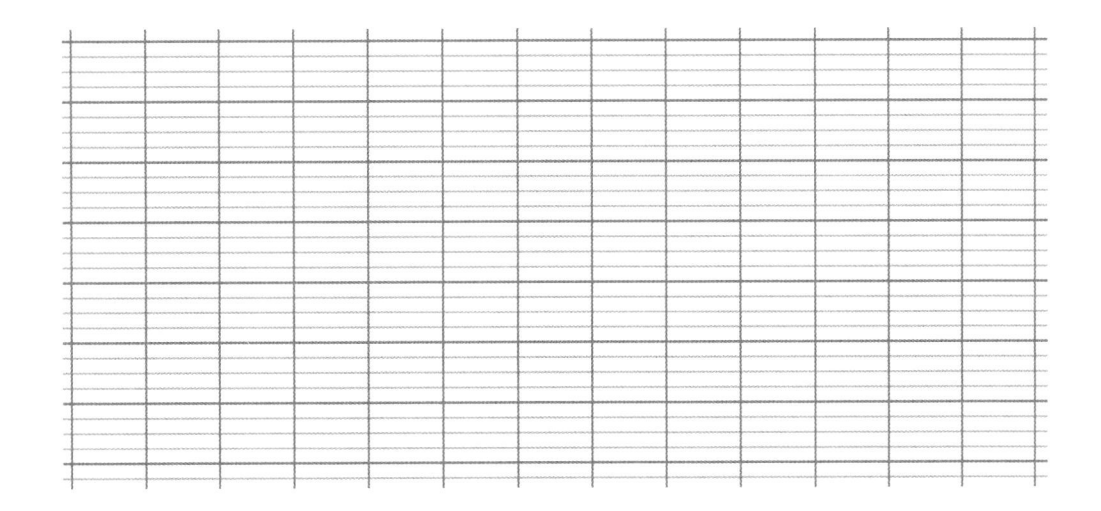

Les pourcentages

**3** Résolvez le problème suivant :

Le prix ordinaire d'un jeu vidéo est de 60 €.
Il est vendu en solde avec 20 % de réduction.
a. À combien se monte le rabais sur le jeu vidéo ?
b. Quel est le nouveau prix de vente du jeu vidéo ?

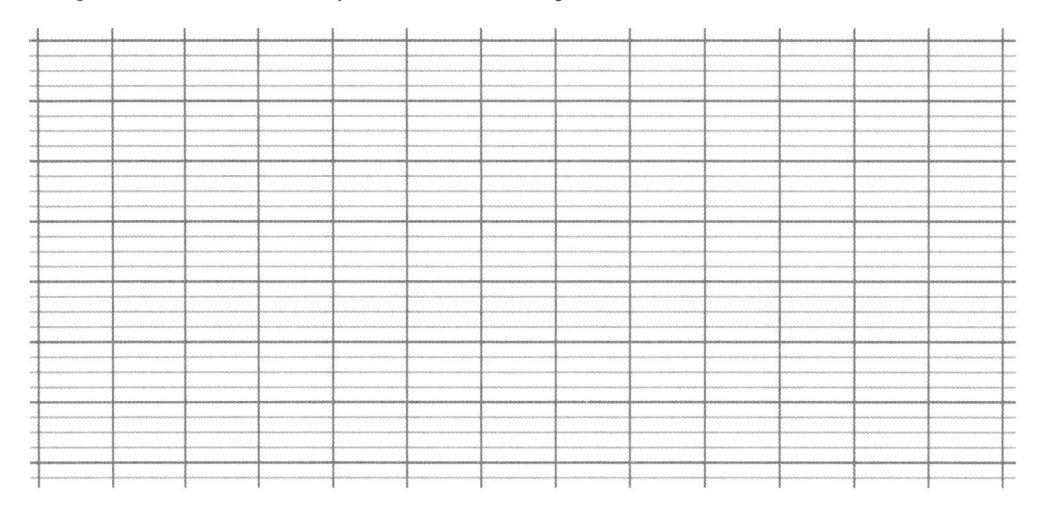

**4** Résolvez le problème suivant :

Le prix ordinaire d'un album photo est de 15 €.
Il est vendu en solde avec 25 % de réduction.
Quel est le nouveau prix de vente de l'album photo ?

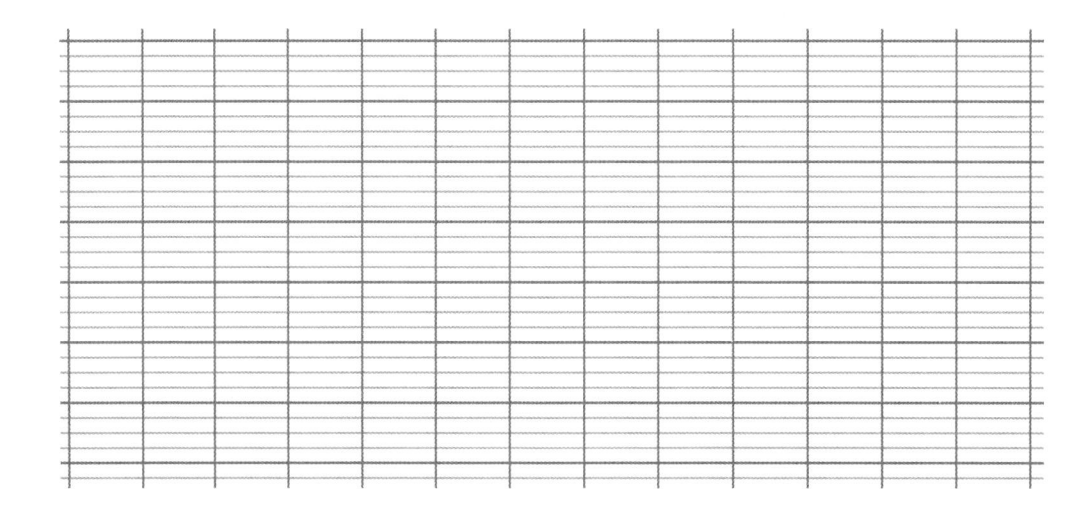

# Exercice 65

**1** Résolvez le problème suivant :

Un étudiant loue un studio pour 300 € par mois.
Son loyer augmente de 12 %.
Combien doit-il payer par mois, désormais ?

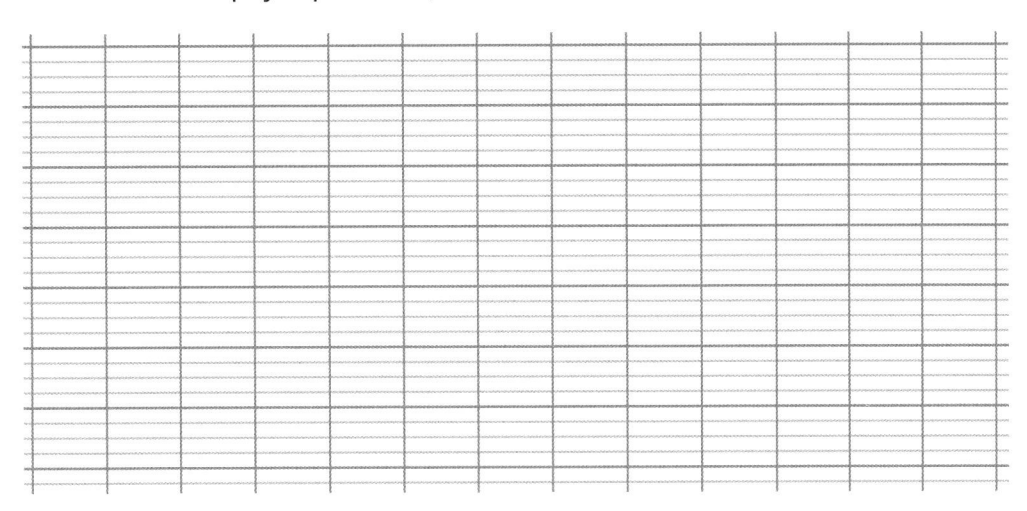

**2** Résolvez le problème suivant :

Une usine employait 1 500 ouvriers l'année dernière.
Cette année, elle a augmenté le nombre de ses ouvriers de 4 %.
Combien d'ouvriers travaillent à l'usine, désormais ?

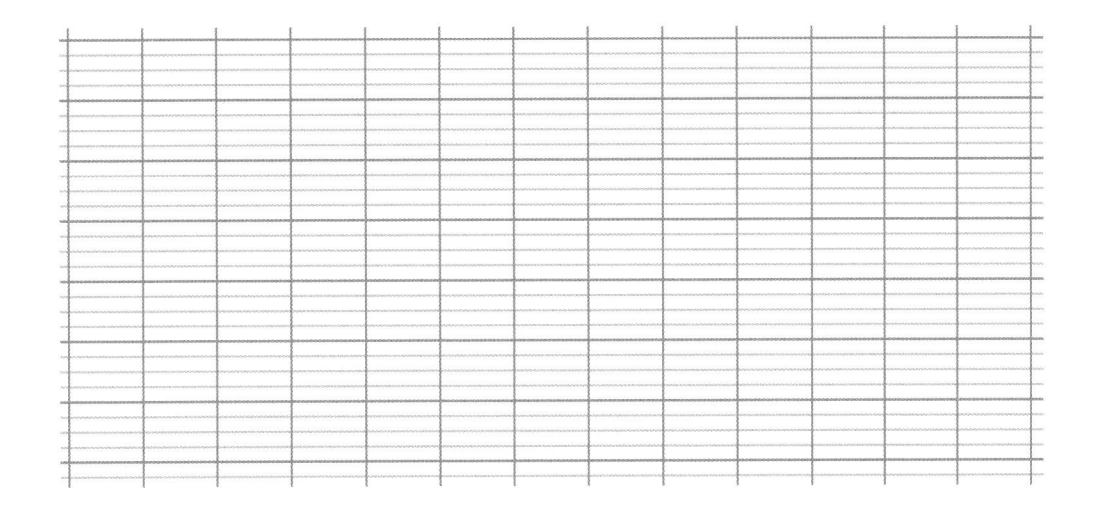

Les pourcentages

# Exercice 66

**1** Calculez la moyenne de :

**a** **3, 8 et 7**

$3 + 8 + 7 = 18$

La somme est de : ☐

$18 ÷ 3 =$

La moyenne est de : ☐

**b** **45 et 33**

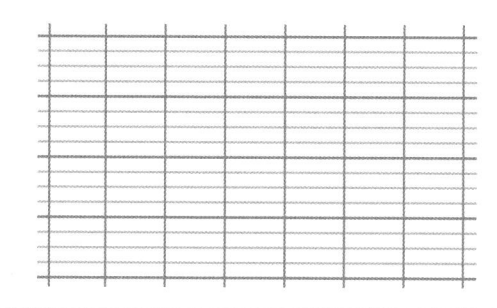

**c** **24, 38 et 19**

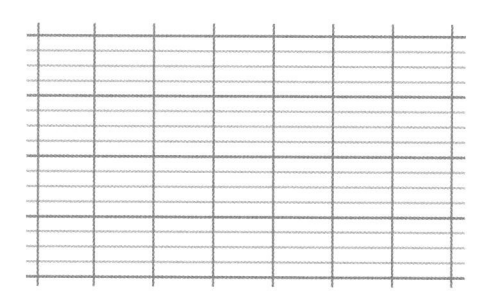

**d** **20, 18, 36 et 98**

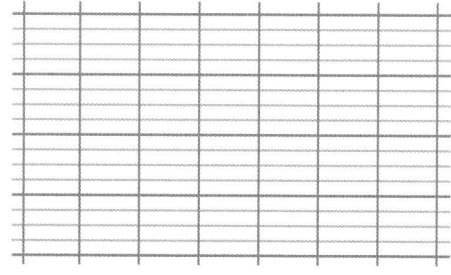

**2** Ce tableau indique le nombre de cerfs-volants fabriqués par 4 enfants.

| Antoine | 6 cerfs-volants |
| Rama | 9 cerfs-volants |
| Rose | 5 cerfs-volants |
| David | 8 cerfs-volants |

Combien ont-ils chacun fabriqué de cerfs-volants en moyenne ?

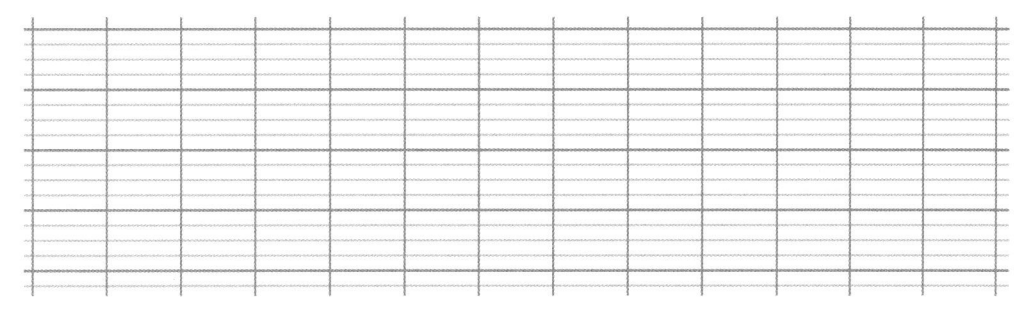

**3** Ce tableau indique les sommes d'argent économisées par 4 enfants.

| Alicia | Marc | Marie | Lili |
|---|---|---|---|
| 25 € | 18 € | 32 € | 29 € |

Quel est le montant moyen de leurs économies ?

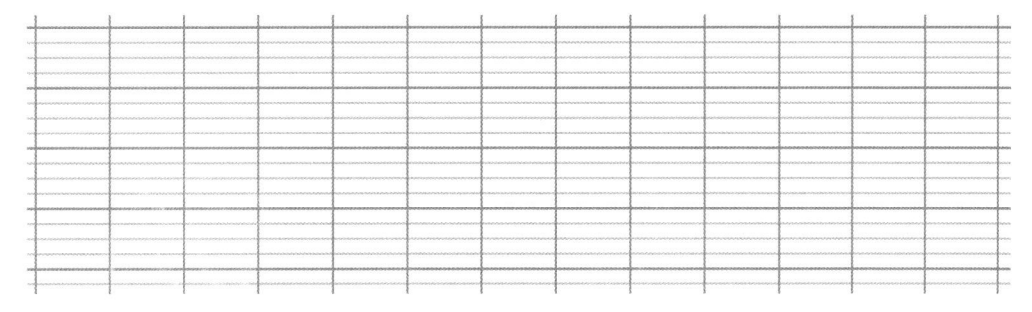

Les moyennes

# Exercice 67

**1** Calculez la moyenne de :

**a** 3,70 € ; 4,25 € ; 4,50 €

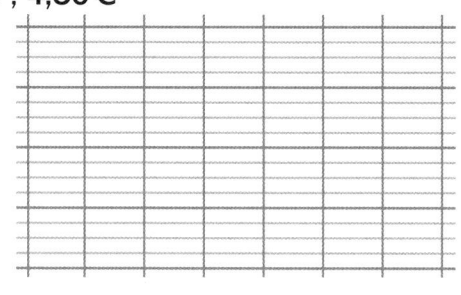

**b** 12,5 m ; 14,7 m ; 12,4 m

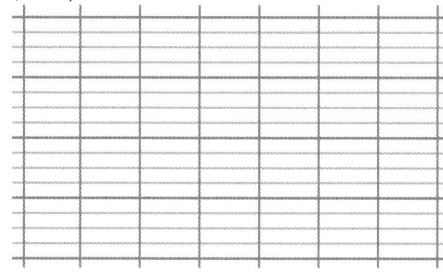

**c** 15,5 kg ; 12 kg ; 14,3 kg ; 16,6 kg

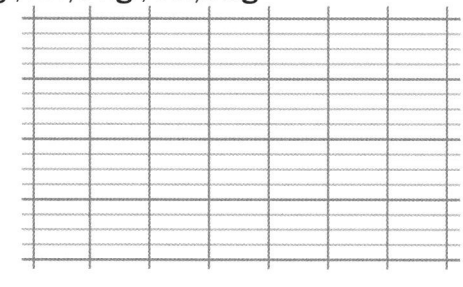

**d** 430 $l$ ; 22 $l$

**2** Ce tableau indique les scores de 4 enfants au lancer du poids.

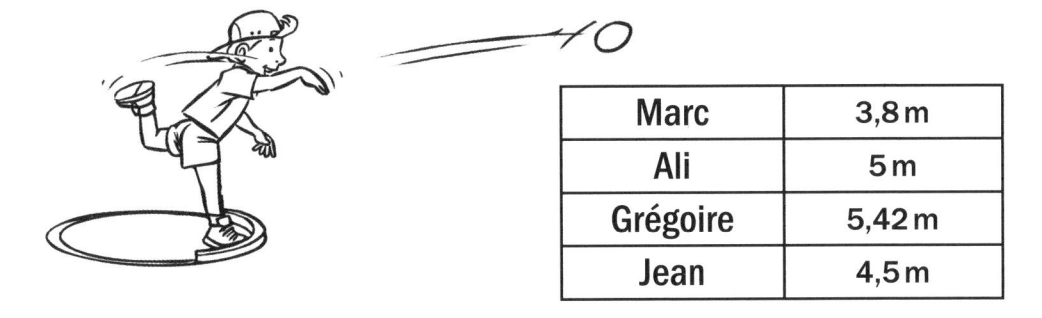

| Marc | 3,8 m |
|---|---|
| Ali | 5 m |
| Grégoire | 5,42 m |
| Jean | 4,5 m |

Quelle est la moyenne des scores ?

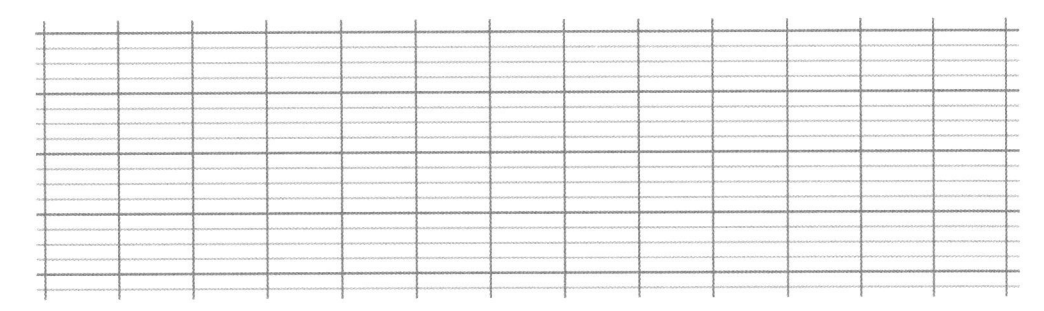

**3** Quel est le poids moyen de ces pierres ?

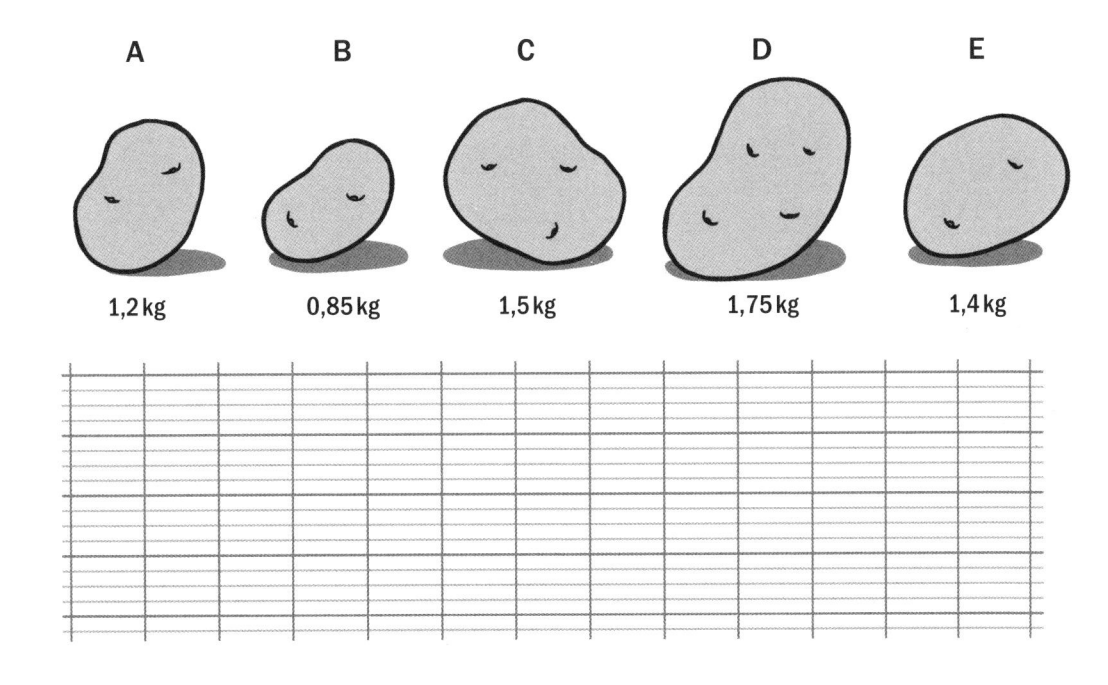

A — 1,2 kg
B — 0,85 kg
C — 1,5 kg
D — 1,75 kg
E — 1,4 kg

Les moyennes 147

# Exercice 68

**1** Résolvez le problème suivant :

Entre lundi et vendredi, Mme Ben Saber a vendu 258 melons.
Quelle quantité moyenne de melons a-t-elle vendue par jour ?

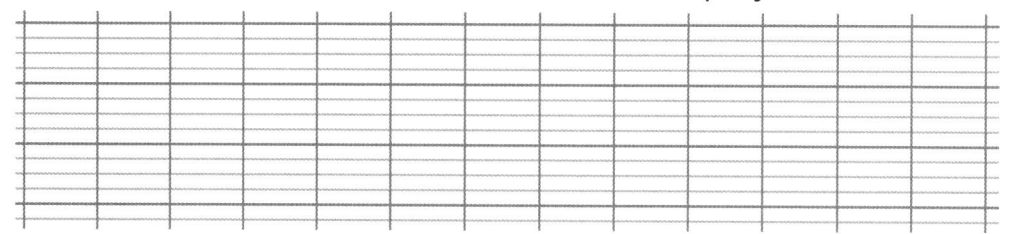

**2** Résolvez le problème suivant :

Le poids total de 8 oignons est de 720 g.
Quel est la moyenne du poids de ces oignons ?

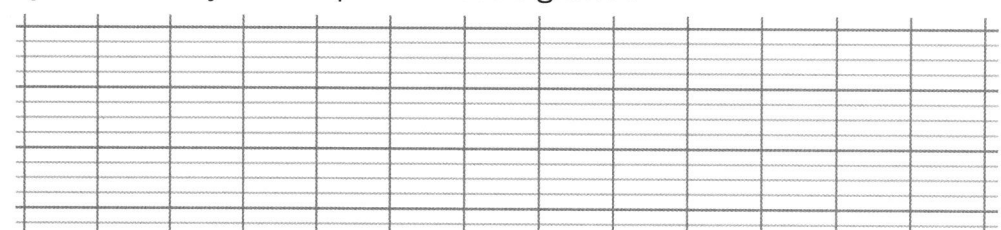

**3** Résolvez le problème suivant :

La moyenne de 3 nombres est 12,4.
Quelle est la somme des trois nombres ?

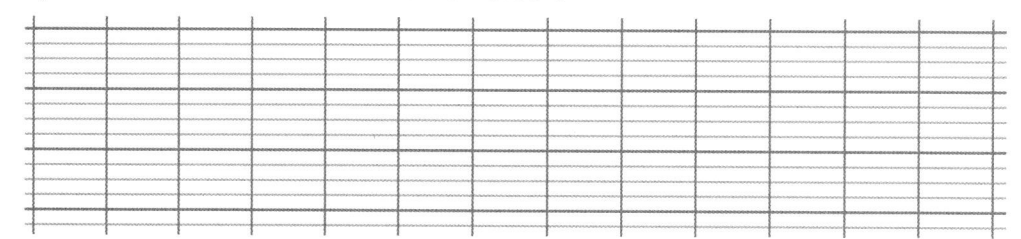

**4** Résolvez le problème suivant :

La longueur moyenne de 4 morceaux de ruban est 28,5 cm.
Trouvez leur longueur totale.

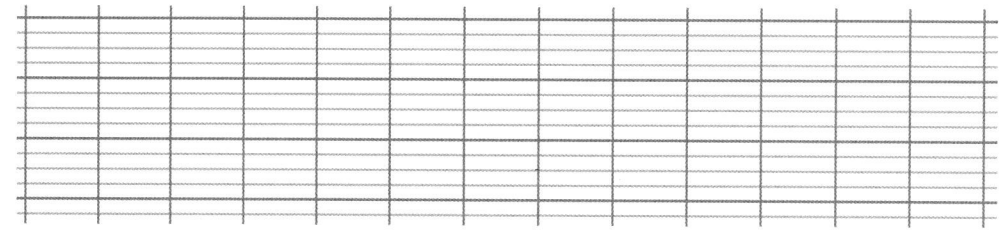

# Exercice 69

**1** Complétez.

**a** 3 m 20 cm × 4 = ☐ m ☐ cm
   ╱ ╲
  3 m  20 cm

*Multipliez les mètres, puis les centimètres.*

**b** 85 cm × 3 = ☐ cm
   = ☐ m ☐ cm

**c** 2 m 85 cm × 3 = ☐ m ☐ cm
   ╱ ╲      = ☐ m ☐ cm
  2 m  85 cm

**2** Complétez.

**a** 2 l 150 ml × 5 = ☐ l ☐ ml
   ╱ ╲      = ☐ l ☐ ml
  2 l  150 ml

**b** 400 ml × 4 = ☐ ml
   = ☐ l ☐ ml

**c** 3 l 400 ml × 4 = ☐ l ☐ ml
   ╱ ╲      = ☐ l ☐ ml
  3 l  400 ml

Les moyennes

### 3 Complétez.

**a** 4 km 250 m ÷ 2 = ☐ km ☐ m
  /   \
4 km   250 m

*Divisez les kilomètres, puis les mètres.*

**b** 1 km 200 m ÷ 3 = 1 200 m ÷ 3
              = ☐ m

**c** 4 km 200 m ÷ 3 = ☐ km ☐ m
  /   \
3 km   1 km 200 m
       (1 200 m)

### 4 Complétez.

**a** 6 h 45 min ÷ 3 = ☐ h ☐ min
  /   \
6 h   45 min

**b** 1 h 20 min ÷ 4 = 80 min ÷ 4
              = ☐ min

**c** 5 h 20 min ÷ 4 = ☐ h ☐ min
  /   \
4 h   1 h 20 min
      (80 min)

Les moyennes

# Exercice 70

**1** Résolvez le problème suivant :

Le poids total de 4 paquets de farine est de 9 kg 400 g.
Quel est leur poids moyen ?

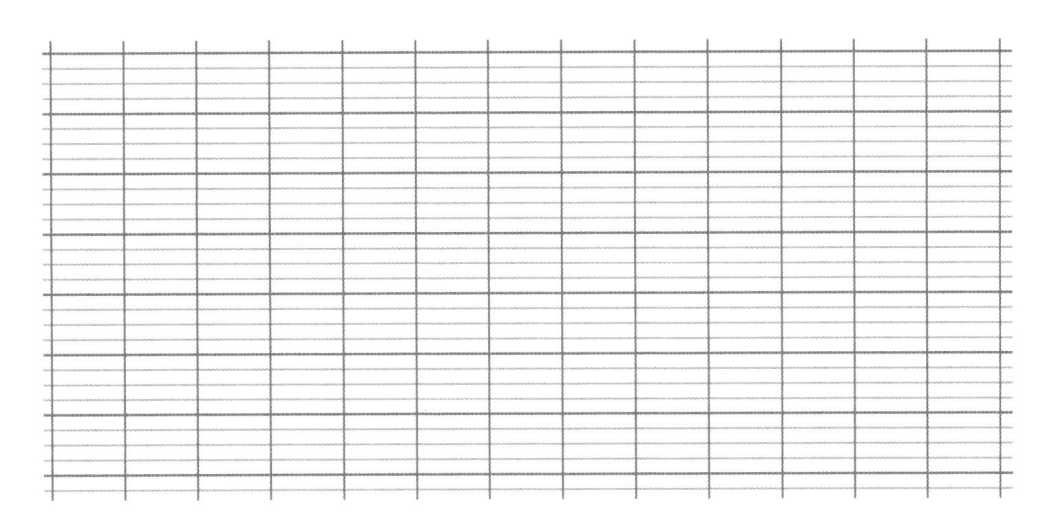

**2** Résolvez le problème suivant :

6 récipients sont posés sur le rebord de la fenêtre.
Ils contiennent chacun en moyenne 2 l 250 ml d'eau.
Quelle est la quantité d'eau totale contenue dans les 6 récipients ?

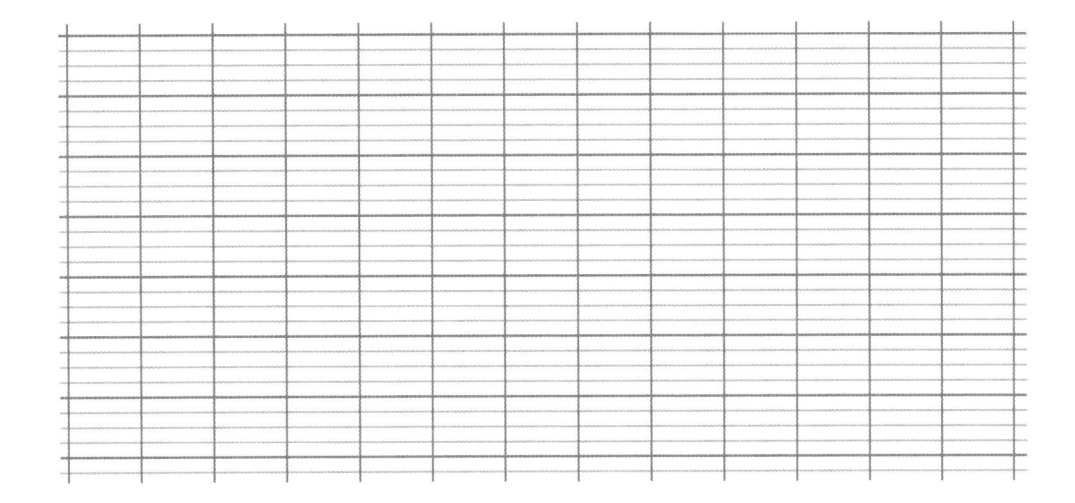

Les moyennes

# Exercice 71

**1** Résolvez le problème suivant :

Le poids moyen d'Ali, Mélanie et Samuel est de 45 kg.
Sachant qu'Ali et Mélanie pèsent à eux deux 85 kg,
trouvez le poids de Samuel.

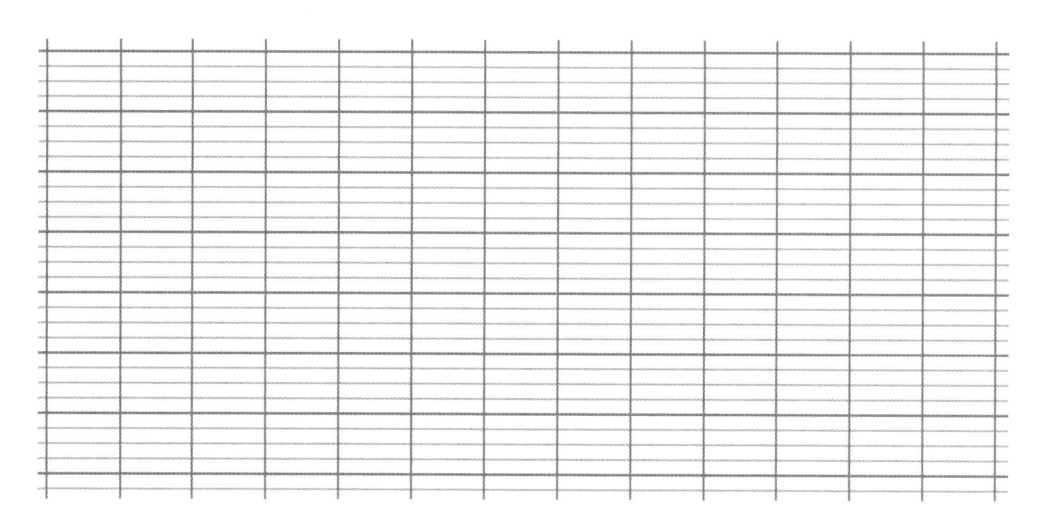

**2** Résolvez le problème suivant :

Pierre a dépensé en moyenne 4,50 € par jour de lundi à samedi.
Il a dépensé 5,20 € le dimanche.
Quelle somme a-t-il dépensée en moyenne chaque jour, de lundi à dimanche ?

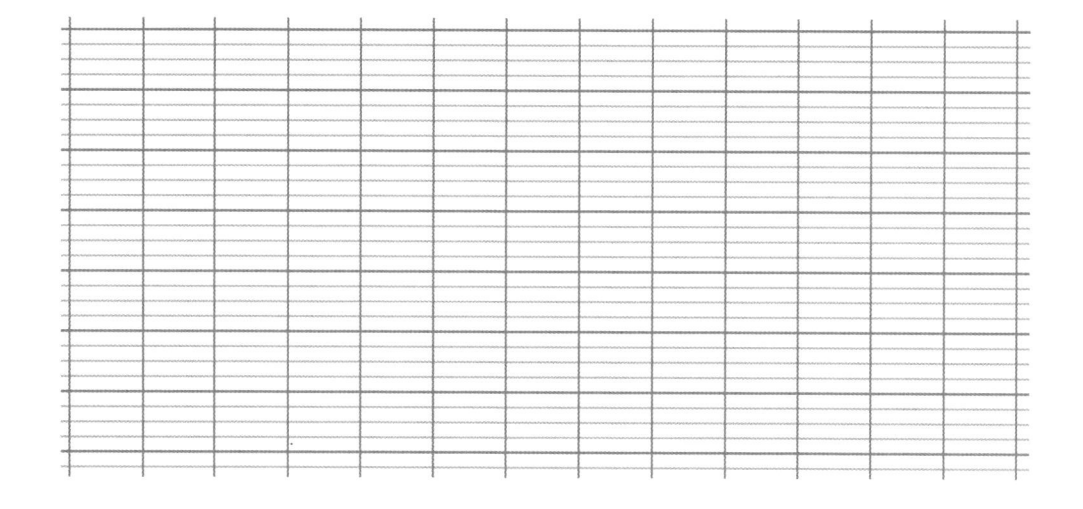

# Exercice 72

**1** Trouvez le taux correspondant à chacune des situations suivantes.

| | |
|---|---|
| **a** M. Libert paie 225 € pour louer un scooter pendant 3 semaines.<br><br>Le tarif de la location est de ⬜ € par semaine. | Taux = $\dfrac{225}{3}$<br><br>= |
| **b** M. Chautard tape 750 mots en 15 minutes.<br><br>Le rythme auquel il est capable de taper est de ⬜ mots par minute. | Taux =<br><br>= |
| **c** Une machine remplit 240 pots de confiture toutes les 20 minutes.<br><br>La machine remplit les pots au rythme de ⬜ pots par minute. | Taux =<br><br>= |
| **d** Une motocyclette a une autonomie de 102 km, avec 6 $l$ d'essence.<br><br>L'autonomie de la motocyclette est de ⬜ km par litre. | Taux =<br><br>= |

Les taux

# Exercice 73

**1** Résolvez les problèmes suivants :

**a** Une machine assemble 45 ronds de serviette à la minute.

À ce rythme, elle assemble ☐ ronds de serviette en 5 minutes.

**b** Un parquet en bois précieux est vendu 225 € le m².

À ce prix, il faut débourser ☐ € pour parqueter une pièce de 35 m².

**c** M. Viel pose 25 briques par heure.

À cette allure, il posera ☐ briques en 7 heures.

**d** La famille de M. Libert utilise 24 m³ d'eau par mois.

À ce rythme, la famille utilisera ☐ m³ d'eau en 6 mois.

# Exercice 74

**1** Résolvez le problème suivant :

Une page comprend 2 000 mots.
Combien de temps Alice mettra-t-elle à lire cette page,
sachant qu'elle lit 100 mots à la minute ?

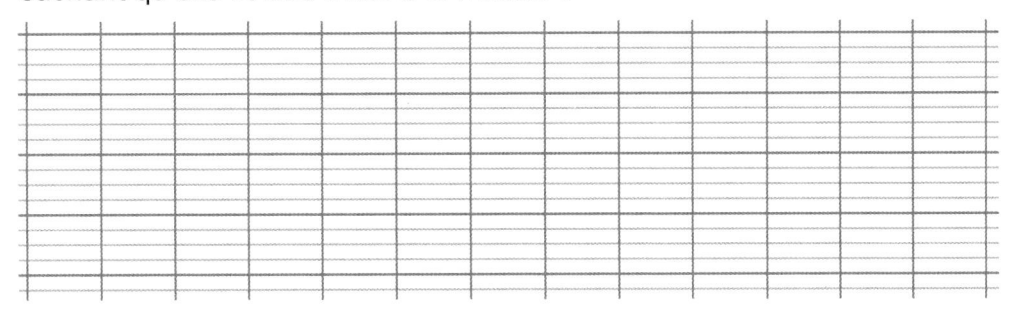

**2** Résolvez le problème suivant :

Le prix d'une chambre à l'hôtel Beauséjour est de 80 € la nuit.
À ce tarif, combien de nuits M. Neveu a-t-il passées à l'hôtel,
sachant qu'il a payé 400 € ?

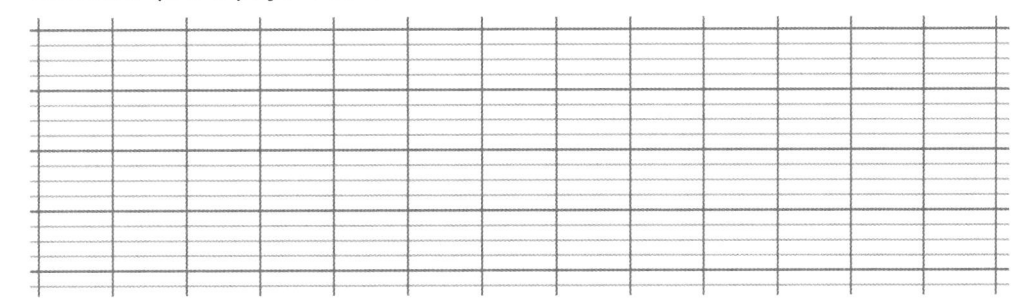

**3** Résolvez le problème suivant :

Une roue effectue 6 tours à la minute.
À ce rythme, combien de temps lui faut-il pour effectuer 45 tours
sur elle-même ?

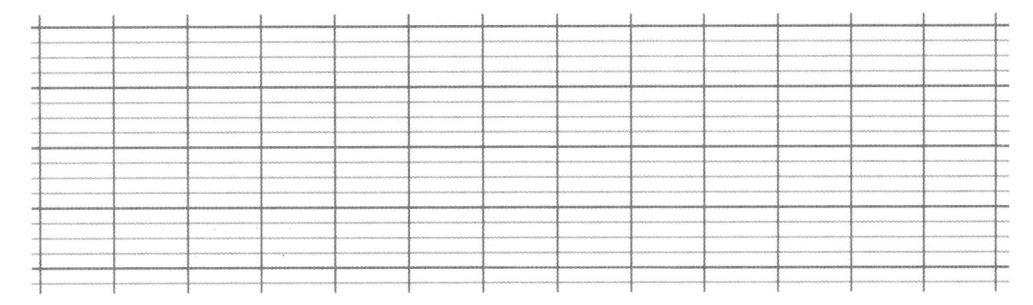

Les taux

**4** Résolvez le problème suivant :

Sophie est payée 9 € de l'heure pour faire du baby-sitting.
Samedi dernier, elle a gardé des enfants pendant 7 heures.
Combien Sophie a-t-elle gagné ?

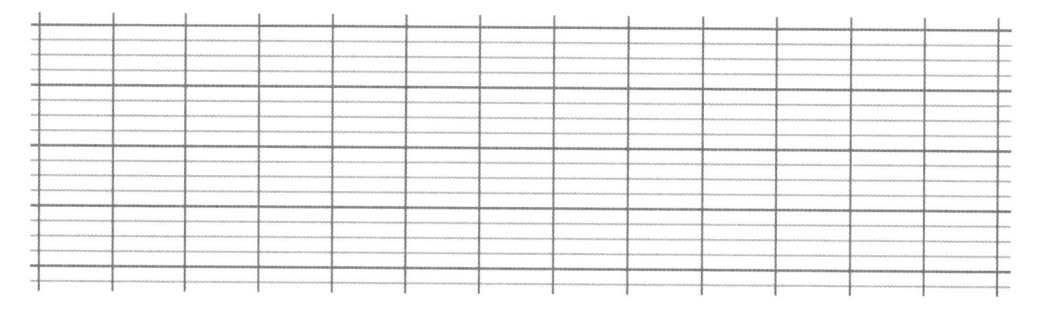

**5** Résolvez le problème suivant :

Une machine produit 200 miches de pain à la minute.
À ce rythme, combien de miches de pain produira-t-elle en 5 minutes ?

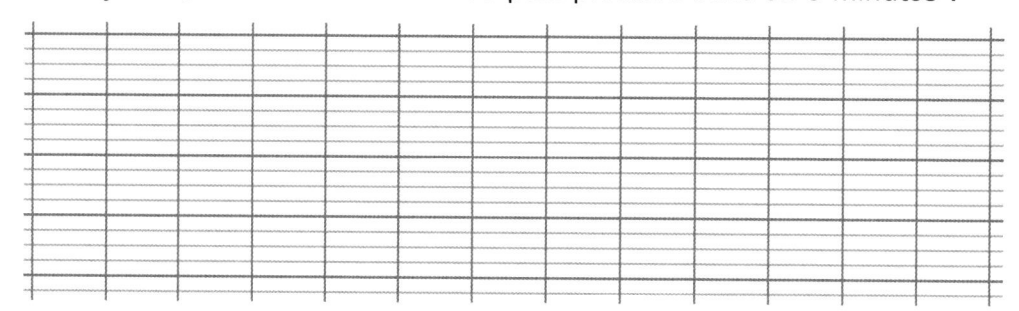

**6** Résolvez le problème suivant :

Une voiture a une autonomie de 12 km avec un litre d'essence.
Quelle quantité d'essence lui sera nécessaire pour parcourir 180 km ?

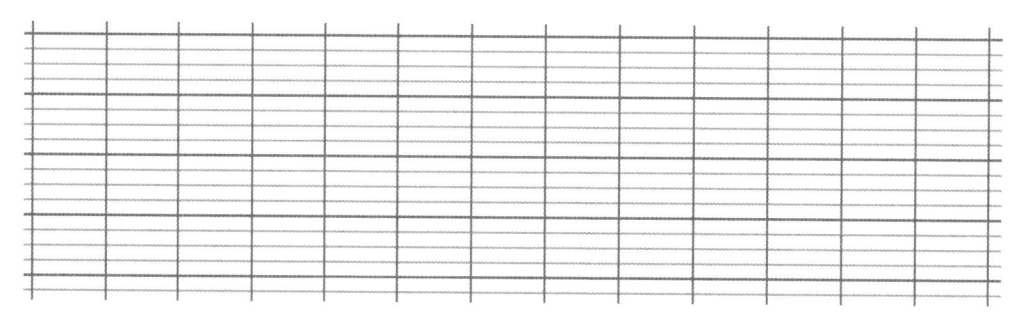

# Exercice 75

**1** Résolvez le problème suivant :

Un chauffeur de taxi gagne 300 € en 5 jours.

Il gagne en moyenne ☐ € par jour.

a. À ce taux, il gagnera ☐ € en 6 jours.

b. Il mettra ☐ jours pour gagner 1 200 €.

**2** Résolvez le problème suivant :

Une voiture peut parcourir 84 km avec 6 litres d'essence.

Elle a une autonomie de ☐ km par litre d'essence.

a. Avec 16 litres d'essence, elle peut parcourir ☐ km.

b. Elle peut parcourir 210 km avec ☐ $\ell$ d'essence.

**3** Résolvez le problème suivant :

Une entreprise demande 1 600 € pour couvrir de bitume une cour de 40 m².

Le tarif est de ☐ € le m².

a. À ce tarif, cela coûtera ☐ € pour couvrir une surface de 90 m².

b. La facture, pour couvrir une surface de ☐ m², sera de 2 000 €.

**4** Résolvez le problème suivant :

Une imprimante laser peut imprimer 600 pages toutes les 4 minutes.

Sa vitesse d'impression est de ☐ pages par minute.

a. À ce rythme, cette imprimante peut fournir ☐ pages en 15 minutes.

b. La machine mettra ☐ minutes pour imprimer 750 pages.

Les taux 157

**5** Résolvez le problème suivant :

Une montre retarde de 80 secondes tous les 2 jours.
a. De combien de secondes retardera-t-elle au bout de 3 jours ?
b. Au bout de combien de jours retardera-t-elle de 200 secondes ?

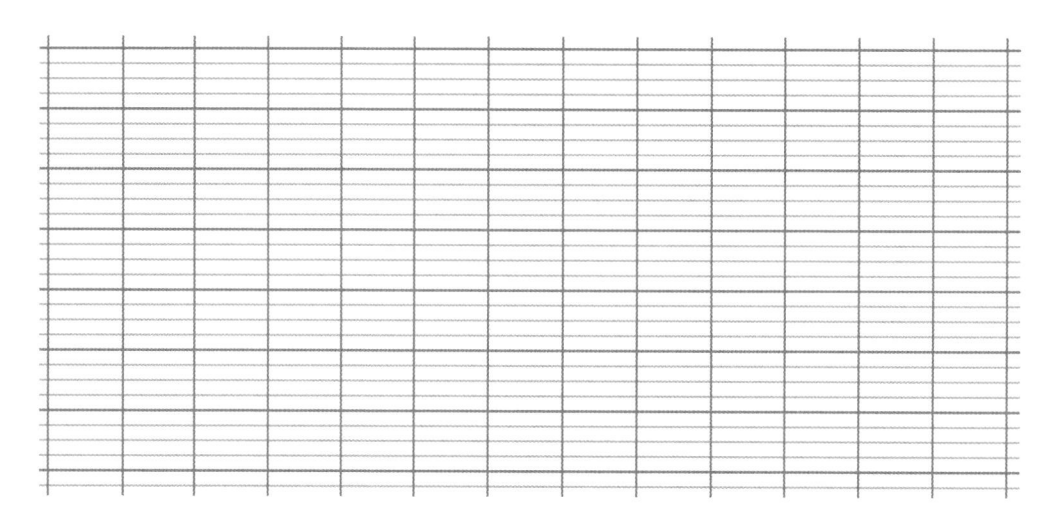

**6** Résolvez le problème suivant :

Une machine peut relier les pages de 1 500 livres toutes les 12 minutes.
a. Combien de livres la machine peut-elle relier en 5 minutes ?
b. Combien de temps faut-il à la machine pour relier 1 000 livres ?

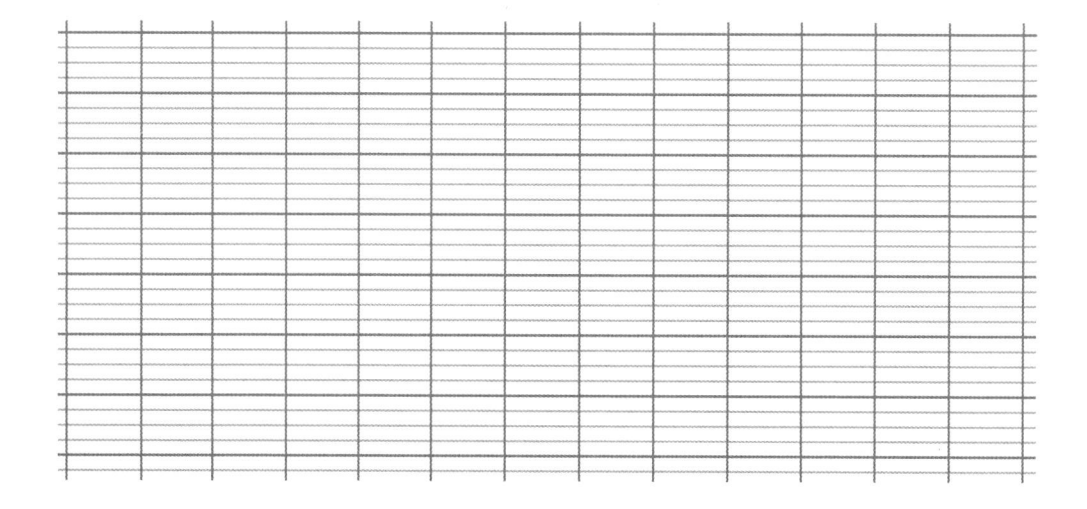

# Exercice 76

**1** Ce tableau indique le tarif de la location de bicyclette sur une île de Bretagne.

| Pour la première heure | 3 € |
|---|---|
| Pour chaque heure supplémentaire | 2 € |

**a** Raphaël loue une bicyclette pour 2 heures.
Combien doit-il payer ?

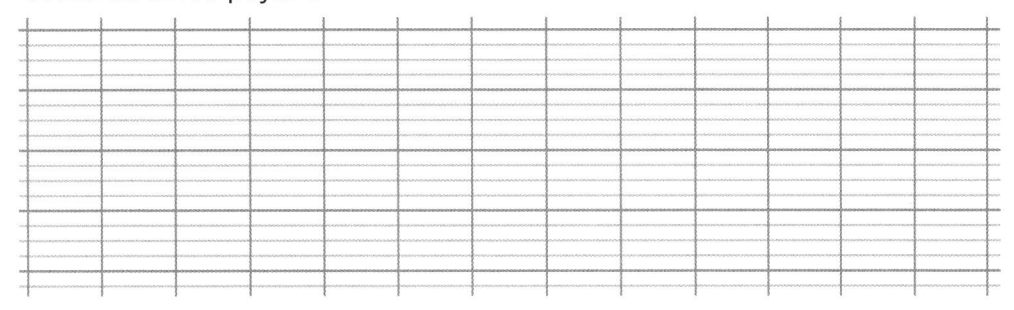

**b** Ali loue une bicyclette de 14 heures à 18 heures.
Combien doit-il payer ?

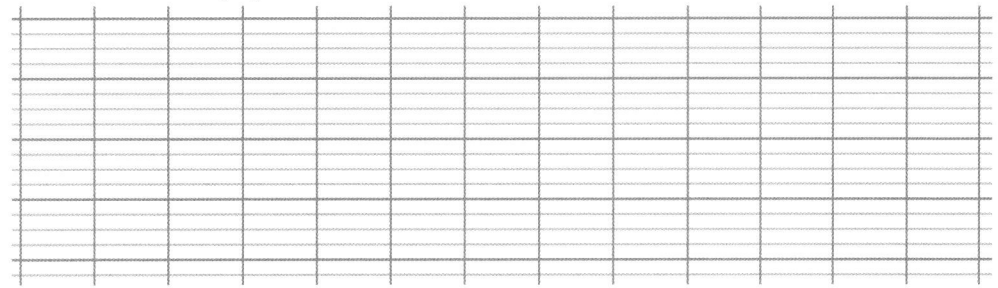

**c** 4 enfants louent 2 bicyclettes pendant 3 heures.
Sachant qu'ils paient chacun la même part,
combien chaque enfant va-t-il verser ?

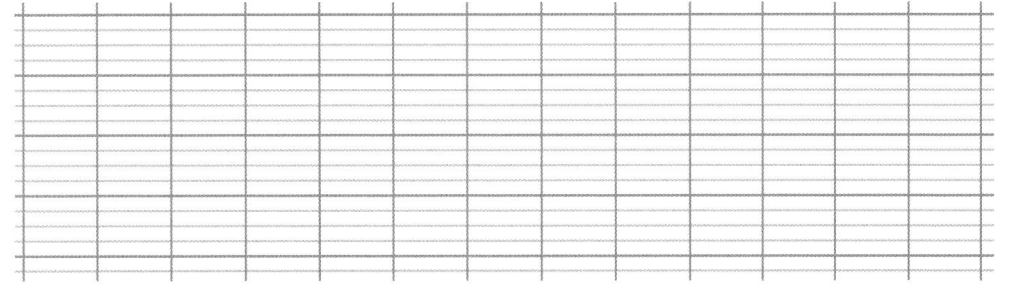

Les taux

**2** Ce tableau indique les tarifs de la consommation mensuelle d'eau dans la ville de Pauline.

| Jusqu'à 20 m³ | 0,56 € par m³ |
|---|---|
| Pour 20 m³ supplémentaires | 0,80 € par m³ |
| Pour chaque tranche supplémentaire de 40 m³ | 1,17 € par m³ |

**a** Combien les parents de Pauline paient-ils s'ils consomment 15 m³ par mois ?

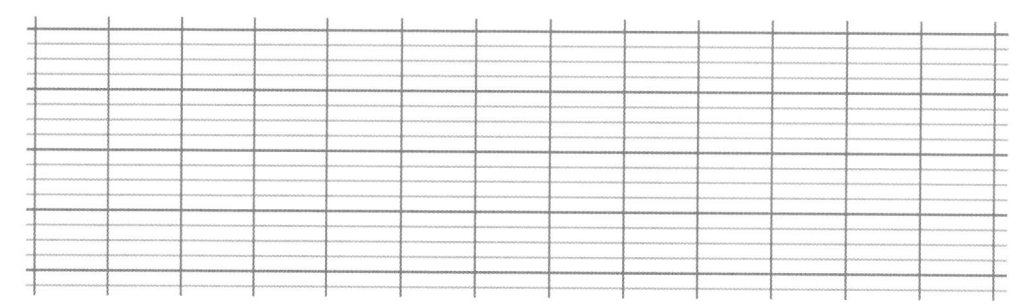

**b** Combien les parents de Pauline paient-ils s'ils consomment 30 m³ par mois ?

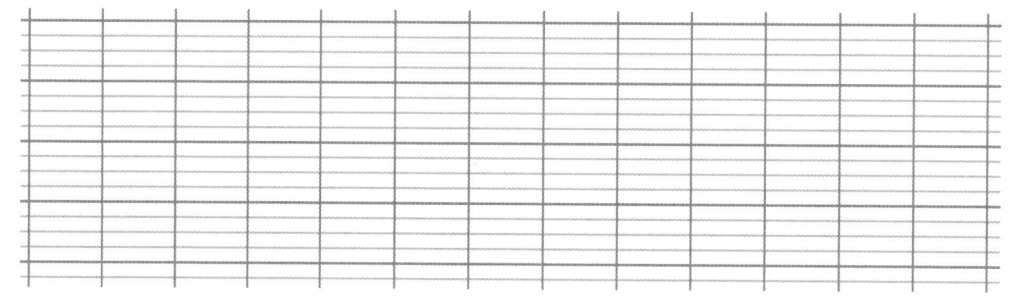

**c** Combien les parents de Pauline paient-ils s'ils consomment 45 m³ par mois ?

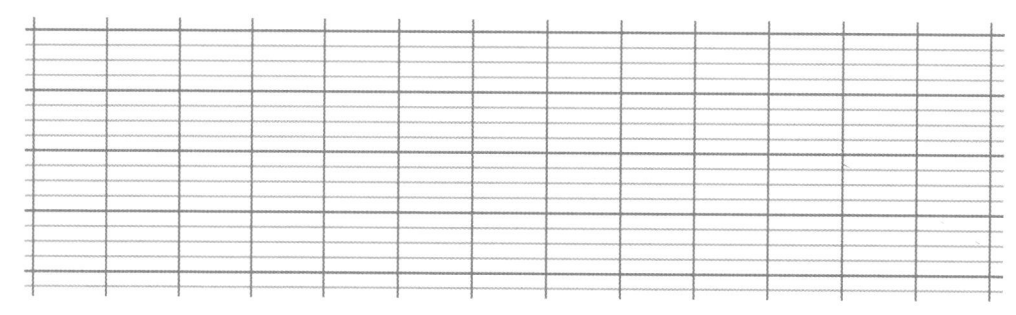

# Exercice 77

**1** Ce diagramme indique le nombre d'inscriptions dans un lycée pendant 4 années. Regardez-le attentivement et répondez aux questions suivantes.

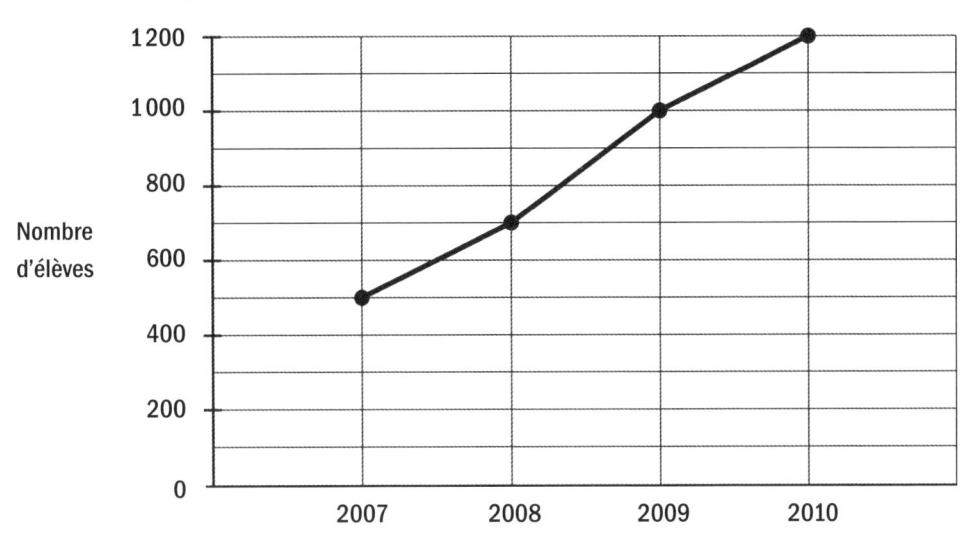

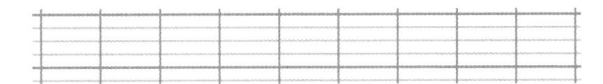

**a** Combien de nouveaux inscrits y a-t-il eus entre 2007 et 2010 ?

**b** En quelle année l'augmentation du nombre d'inscrits a-t-elle été de 300 élèves ?

**c** Quelle est la différence entre le nombre d'inscrits en 2007 et le nombre d'inscrits en 2010 ?

**d** Combien d'élèves étaient inscrits en 2009 ?

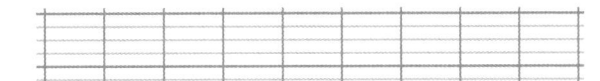

**e** Quel est le nombre moyen d'inscrits par année ?

Les graphiques 161

## 2. Ce diagramme montre les ventes journalières d'un marchand de glaces au cours d'une semaine. Regardez-le attentivement et répondez aux questions suivantes.

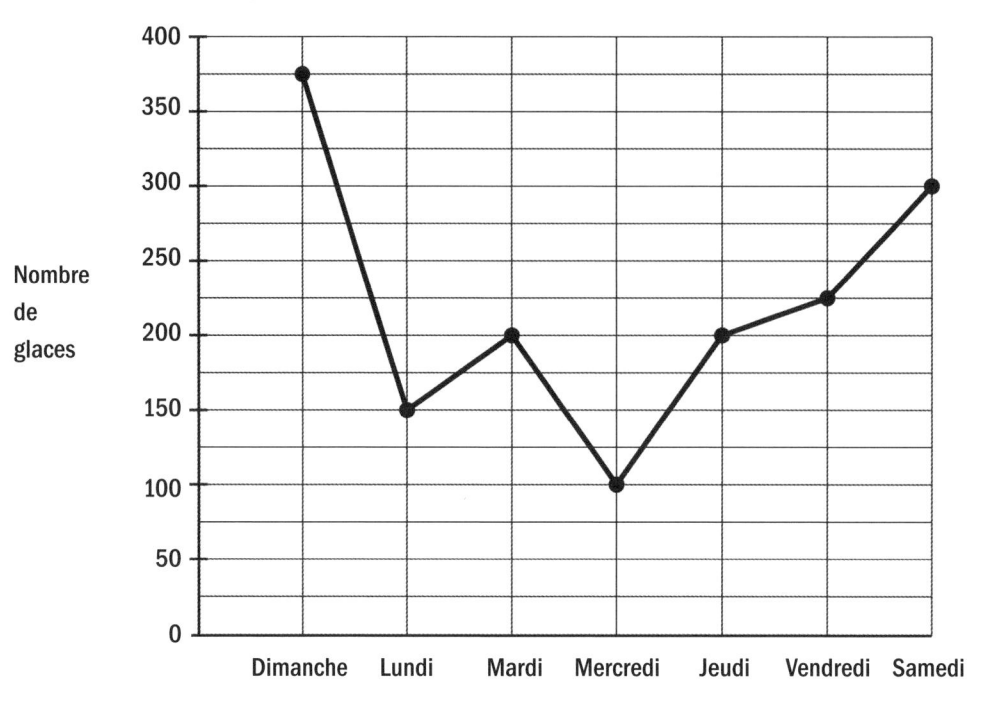

**a** Quel est le jour où les ventes ont été les plus faibles ?

**b** Combien de glaces le marchand a-t-il vendues dimanche ?

**c** Quel est le jour où le marchand a vendu 300 glaces ?

**d** Quelle a été l'augmentation des ventes entre vendredi et samedi ?

**e** Quel est le jour où le marchand a vendu 100 glaces de moins que la veille ?

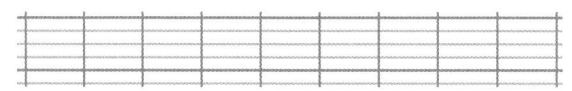

162 Les graphiques

**3** Ce diagramme indique la taille d'un brin d'herbe, que des enfants ont mesuré tous les matins à 8 heures lors des 5 jours.
Regardez-le attentivement et répondez aux questions suivantes.

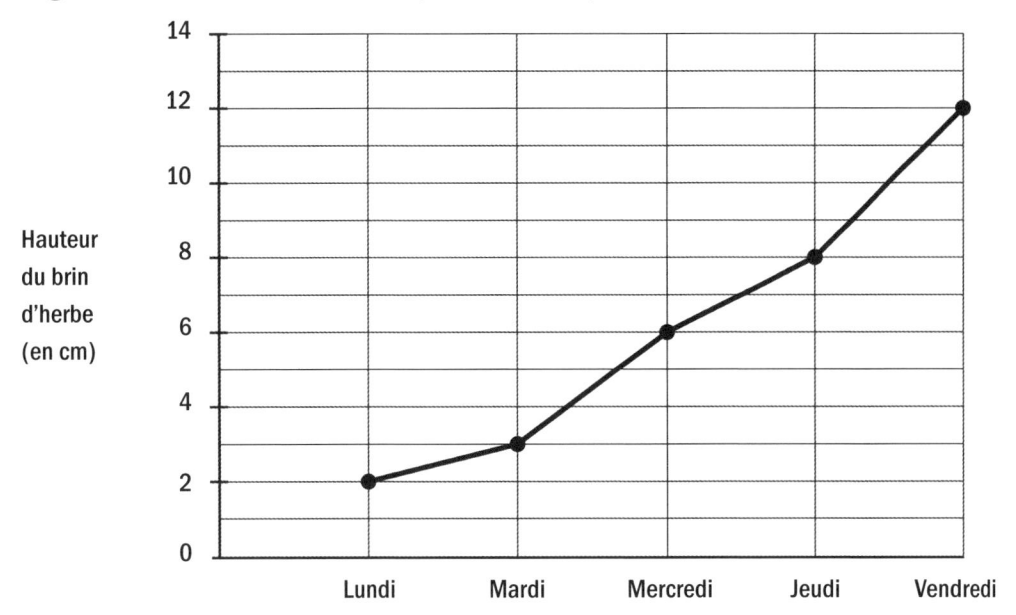

**a** Quelle taille le brin d'herbe avait-il mardi matin ?

**b** Quelle a été sa croissance de mardi à vendredi ?

**c** Quel est le jour où le brin d'herbe a grandi de 3 cm ?

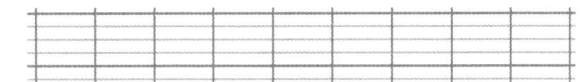

**d** Quel est le jour où le brin d'herbe a poussé le plus vite ?
Combien de centimètres a-t-il gagnés ?

**e** En combien de jours le brin d'herbe est-il passé de 2 cm à 12 cm ?

Les graphiques 163

**4** Ce diagramme indique le nombre de promeneurs dans le parc, entre 6 h et 10 h un samedi matin. Regardez-le attentivement et répondez aux questions suivantes.

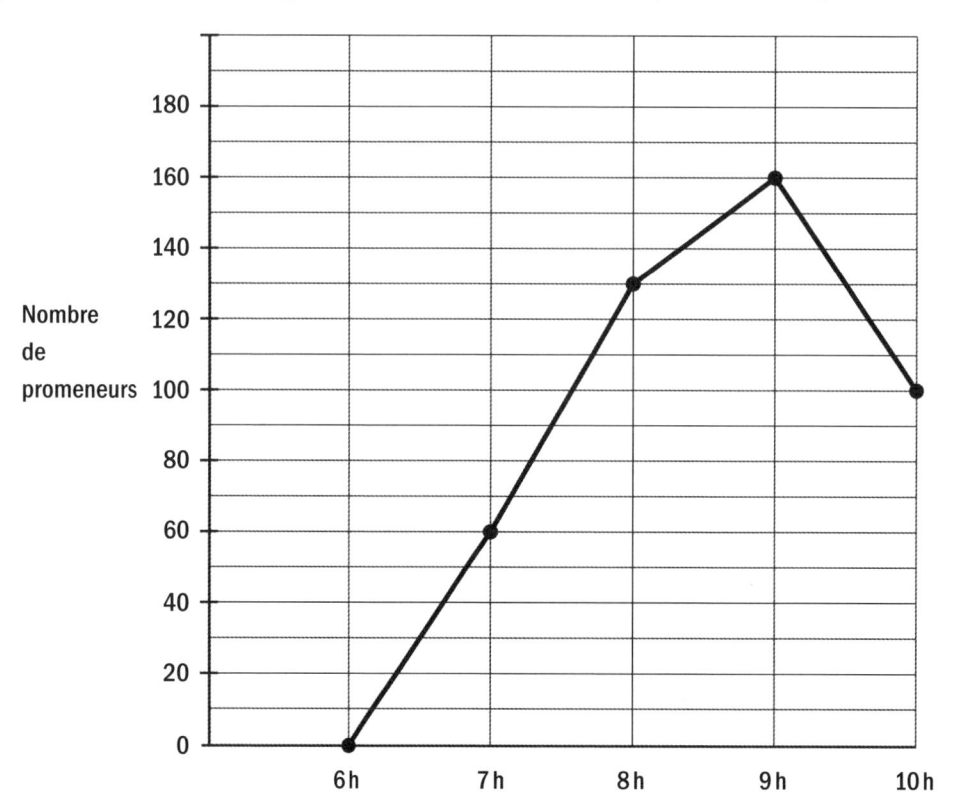

**a** À quelle heure trouvait-on 60 promeneurs dans le parc ?

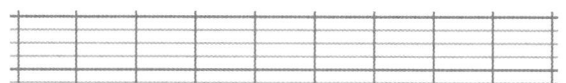

**b** Combien de promeneurs se trouvaient dans le parc à 8 heures ?

**c** Quand le nombre de promeneurs a-t-il augmenté de 30 personnes en une heure ?

**d** Entre quelle heure et quelle heure le nombre de visiteurs a-t-il le plus augmenté ?

**e** Quand le nombre de promeneurs a-t-il baissé de 60 personnes en une heure ?

164 Les graphiques

# Exercice 78

**1** Ce graphique indique le taux de change entre le rand sud-africain et l'euro, il y a quelques années.

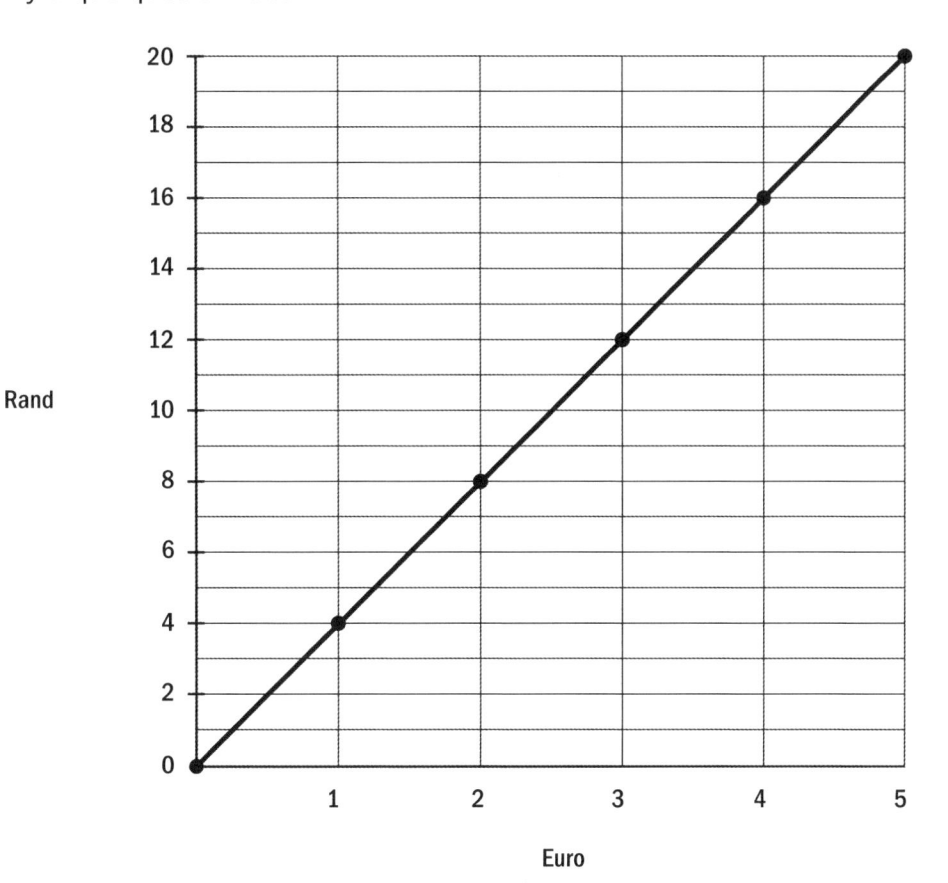

Rand / Euro

**a** Regardez attentivement le diagramme et complétez le tableau suivant.

| Euros | 1 | 2 |    | 4 |    |
|-------|---|---|----|----|----|
| Rands |   |   | 12 |    | 20 |

**b** On pouvait obtenir 10 euros en échange de ☐ rands.

**c** On pouvait obtenir 8 rands en échange de ☐ euros.

**2** Paul ouvre un robinet pendant 6 minutes pour remplir d'eau un bassin.
Ce diagramme indique le volume d'eau contenu dans le bassin,
à chaque minute qui passe.

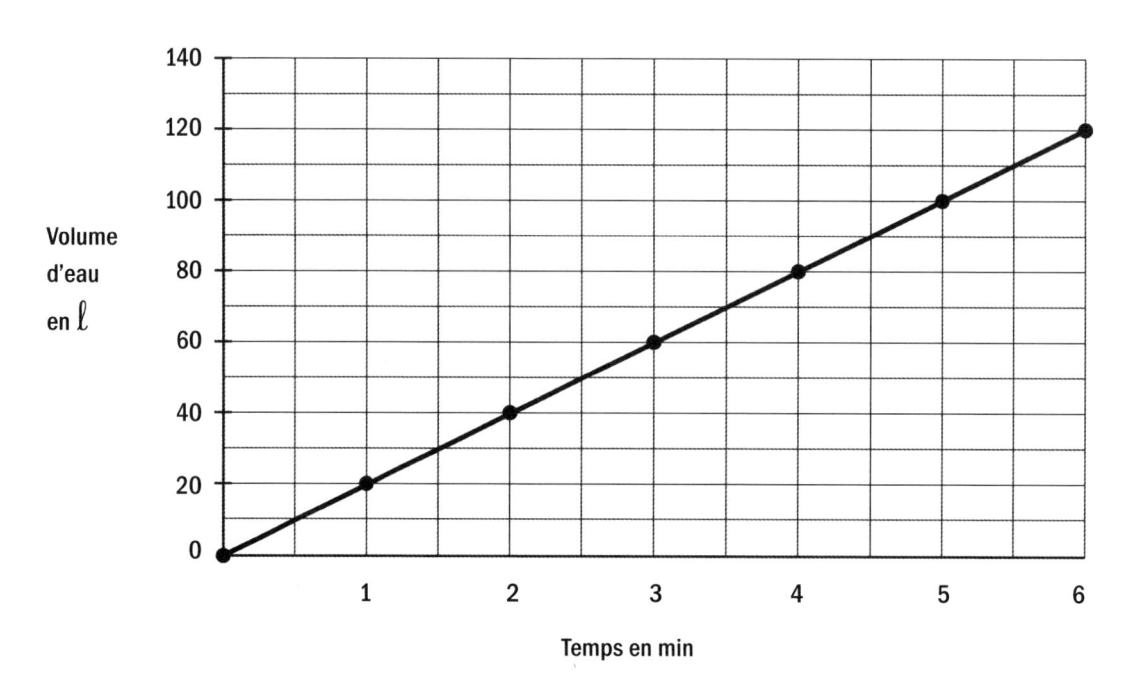

Regardez attentivement le diagramme et répondez aux questions.

**a** Combien de temps a-t-il fallu à Paul pour verser 60 $l$ d'eau dans le bassin ?

**b** Combien de temps lui a-t-il fallu pour verser 90 $l$ d'eau dans le bassin ?

**c** Quelle quantité d'eau se trouvait dans le bassin au bout de 2 minutes ?

**d** Quelle volume d'eau se trouvait dans le bassin au bout de $3\frac{1}{2}$ minutes ?

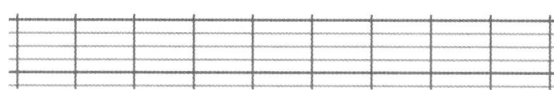

166 Les graphiques

# Exercice 79

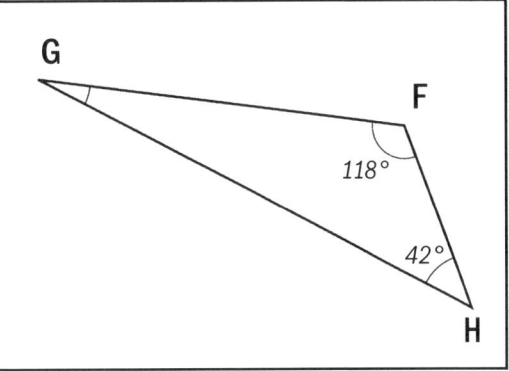

**1** Donnez la mesure des angles inconnus.

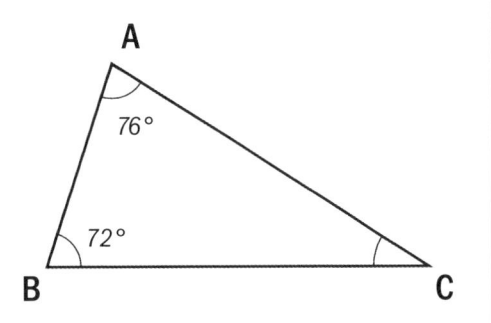

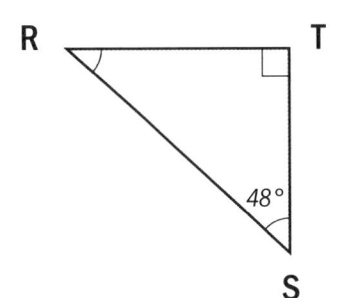

**a** Trouvez $\widehat{ACB}$.

$\widehat{ACB} = \square$

**b** Trouvez $\widehat{TRS}$.

$\widehat{TRS} = \square$

**c** Trouvez $\widehat{LMK}$.

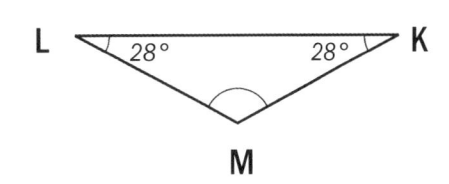

$\widehat{LMK} = \square$

**d** Trouvez $\widehat{FGH}$.

$\widehat{FGH} = \square$

Les triangles

# Exercice 80

**1** Donnez la mesure des angles inconnus. Puis entourez les triangles rectangles.

**a**

$\widehat{a} =$ ☐

**b**

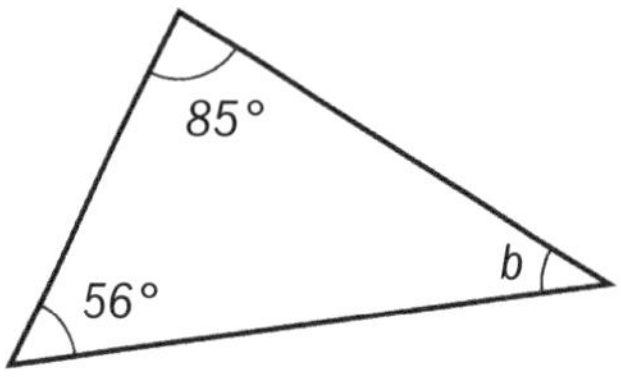

$\widehat{b} =$ ☐

**c**

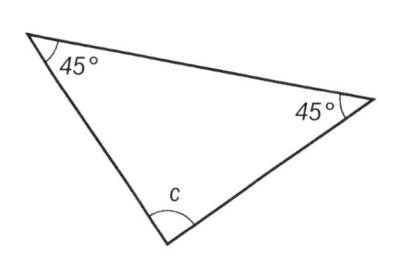

$\widehat{c} =$ ☐

**d**

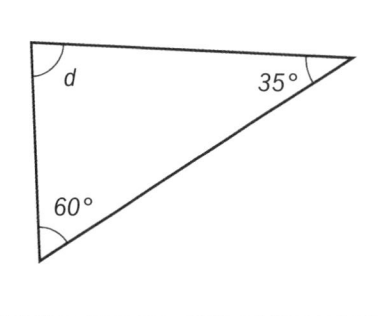

$\widehat{d} =$ ☐

# Exercice 81

**1** Donnez la mesure des angles inconnus.

**a** (DBC) est une droite.

Trouvez $\widehat{ABD}$.

$\widehat{ABD} = \boxed{\phantom{000}}$

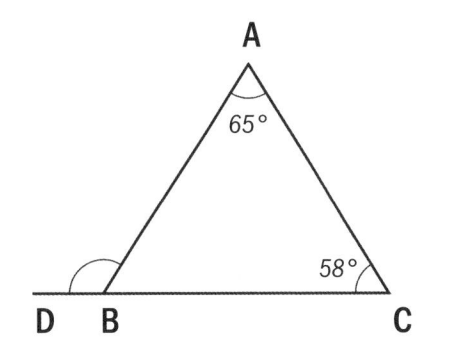

**b** (WXY) est une droite.

Trouvez $\widehat{WXZ}$.

$\widehat{WXZ} = \boxed{\phantom{000}}$

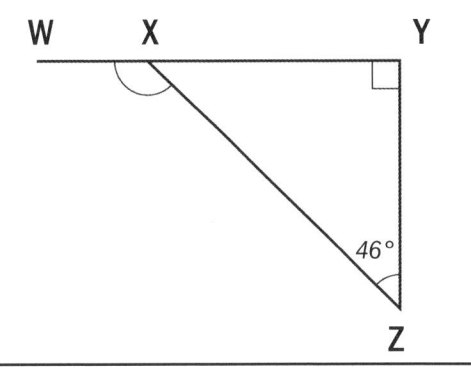

**c** (ABD) est une droite.

Trouvez $\widehat{BDC}$.

$\widehat{BDC} = \boxed{\phantom{000}}$

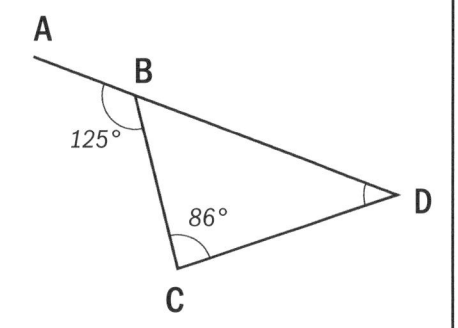

**d** (STU) est une droite.

Trouvez $\widehat{SRT}$.

$\widehat{SRT} = \boxed{\phantom{000}}$

Les triangles

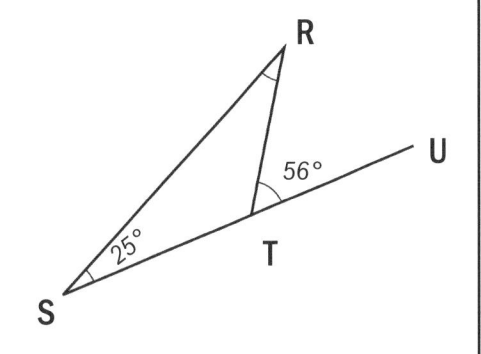

# Exercice 82

**1** Donnez la mesure des angles inconnus. Puis entourez les triangles isocèles.

**a** 64°, 73°

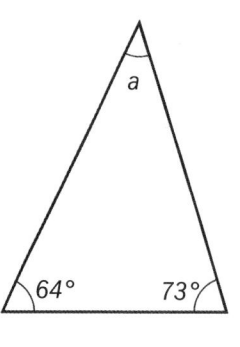

$\widehat{a} =$ ☐

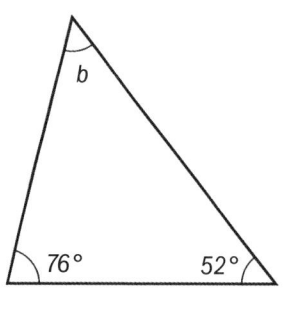

**b** 76°, 52°

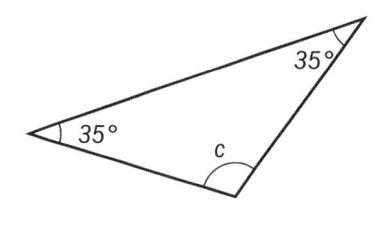

$\widehat{b} =$ ☐

**c** 35°, 35°

$\widehat{c} =$ ☐

**d** 47°, angle droit

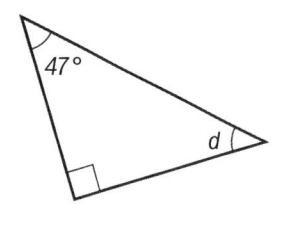

$\widehat{d} =$ ☐

170 Les triangles

# Exercice 83

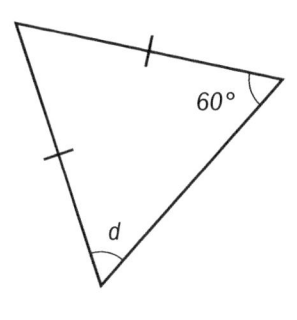

**1** Donnez la mesure des angles inconnus. Puis entourez les triangles équilatéraux.

**a**

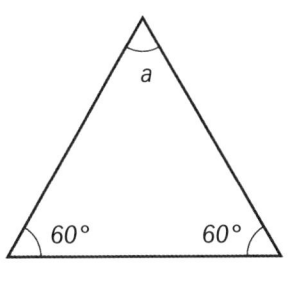

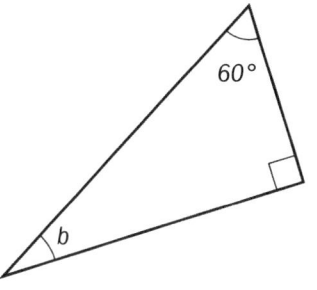

$\widehat{a}$ = 60°

**b**

$\widehat{b}$ = 30°

**c**

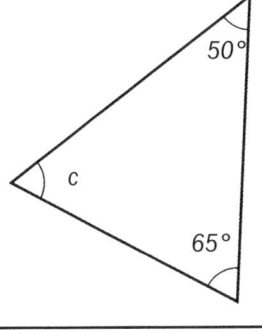

$\widehat{c}$ = 65°

**d**

$\widehat{d}$ = 60°

Les triangles 171

# Exercice 84

**1** Donnez la mesure des angles inconnus.

**a** 

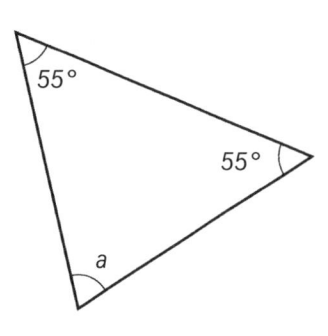

$\widehat{a}$ = 

**b**

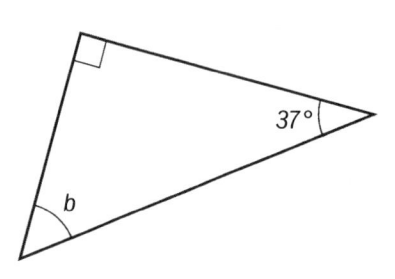

$\widehat{b}$ = 

**c** (BCD) est une droite.

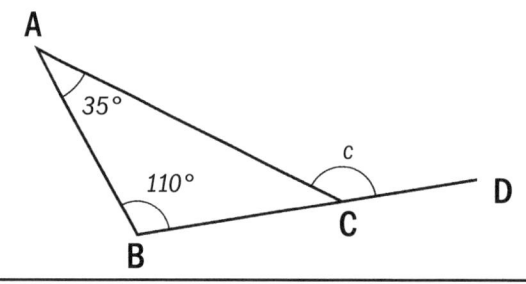

$\widehat{c}$ = 

**d**

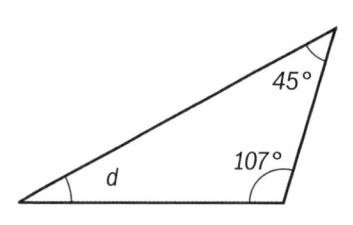

$\widehat{d}$ = 

172 Les triangles

## 2 Donnez la mesure des angles inconnus.

**a** (ACD) est une droite.

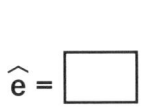

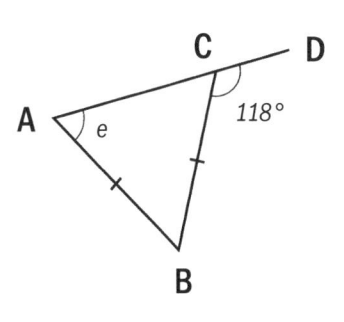

$\widehat{e}$ = ☐

**b** (ABC) est une droite.

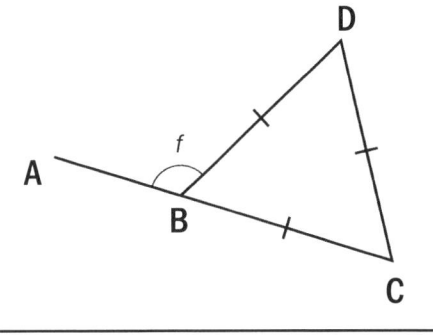

$\widehat{f}$ = ☐

**c** (DCB) est une droite.

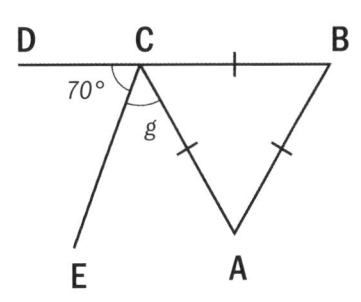

$\widehat{g}$ = ☐

**d** (BCD) est une droite.

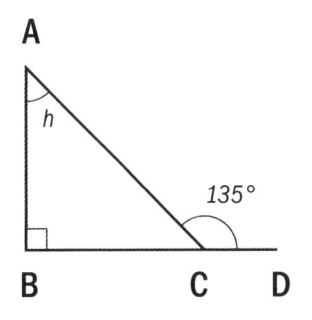

$\widehat{h}$ = ☐

# Exercice 85

**1** Tracez un triangle ABC dans lequel AB = 5 cm, $\widehat{CAB}$ = 56° et $\widehat{CBA}$ = 78°.

A ──────────── B

**2** Tracez un triangle XYZ dans lequel XY = 6 cm, YZ = 4 cm et $\widehat{XYZ}$ = 90°.

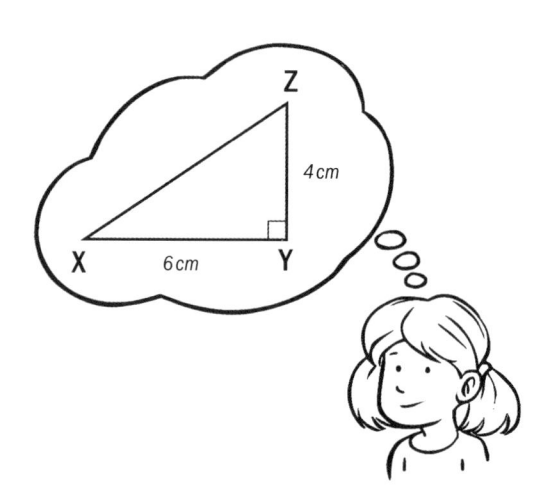

174  Les triangles

# Exercice 86

**1** Donnez la mesure des angles inconnus dans les parallélogrammes suivants.

**a**

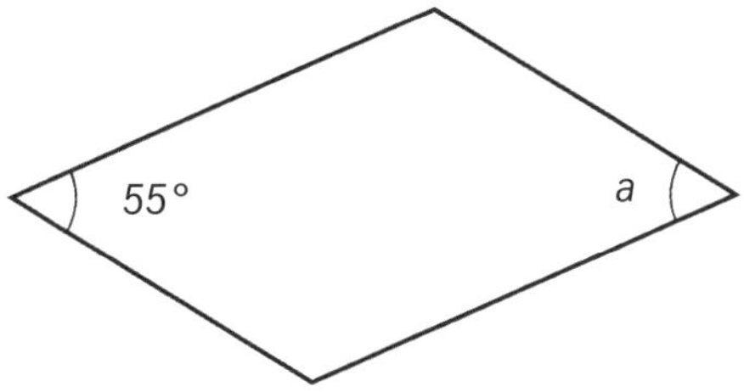

55° ... a

$\widehat{a}$ = ☐

**b**

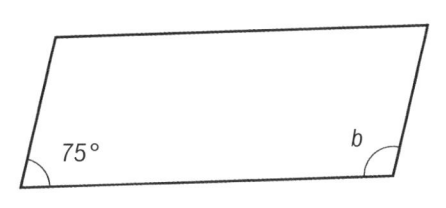

75° ... b

$\widehat{b}$ = ☐

**c**

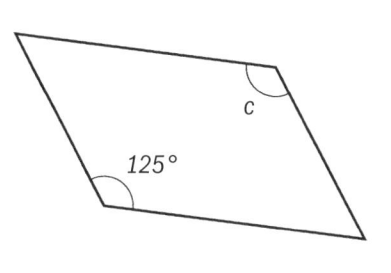

125° ... c

$\widehat{c}$ = ☐

**d**

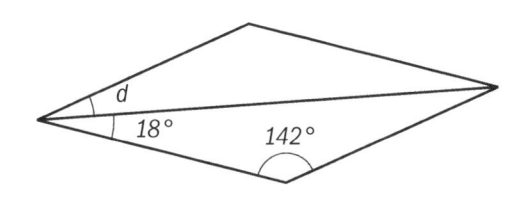

d, 18°, 142°

$\widehat{d}$ = ☐

Les figures à 4 côtés

**2** Donnez la mesure des angles inconnus dans les parallélogrammes suivants.

**a**

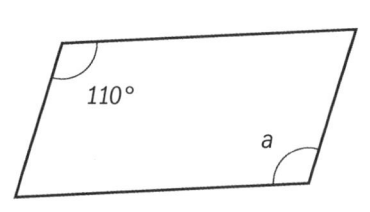

110°
a

$\widehat{a}$ = ☐

**b**

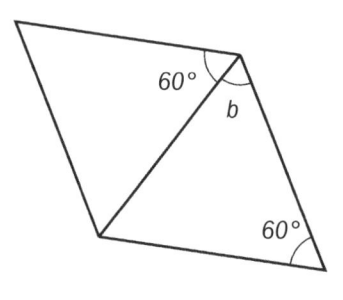

60°
b
60°

$\widehat{b}$ = ☐

**c**

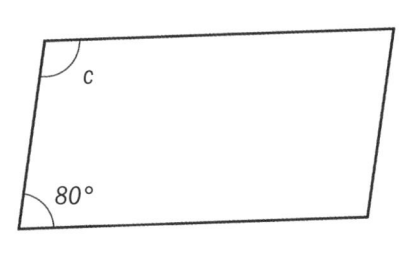

c
80°

$\widehat{c}$ = ☐

**d**

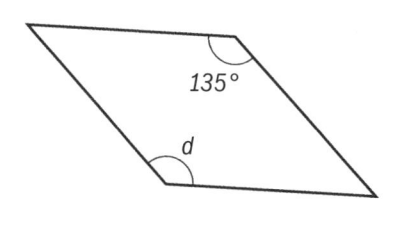

135°
d

$\widehat{d}$ = ☐

# Exercice 87

**1** Donnez la mesure des angles inconnus dans les losanges suivants.

**a**

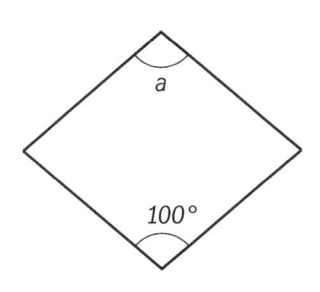

$\widehat{a}$ = 

**b**

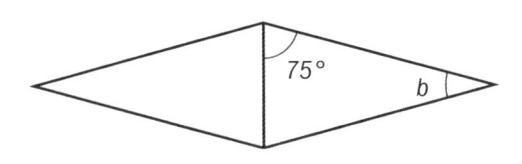

$\widehat{b}$ = 

**c**

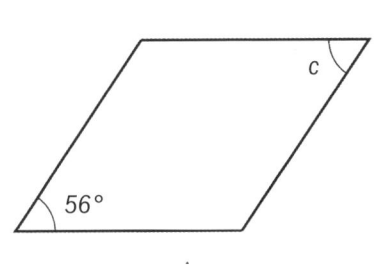

$\widehat{c}$ = 

**d**

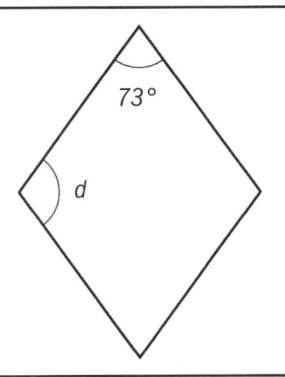

$\widehat{d}$ = 

Les figures à 4 côtés

**2** Donnez la mesure des angles inconnus dans les losanges suivants.

**a**

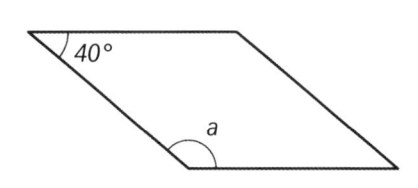

40°

a

$\widehat{a}$ = ☐

**b**

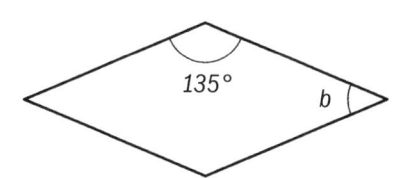

135°

b

$\widehat{b}$ = ☐

**c**

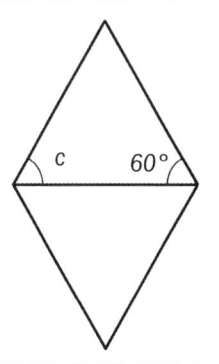

c    60°

$\widehat{c}$ = ☐

**d**

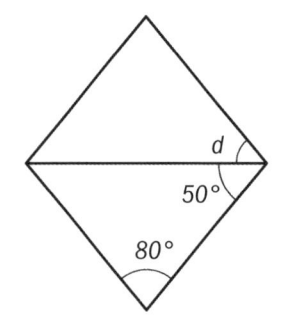

d
50°
80°

$\widehat{d}$ = ☐

178 Les figures à 4 côtés

# Exercice 88

**1** Donnez la mesure des angles inconnus dans les trapèzes suivants.

**a**

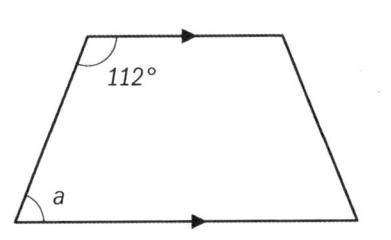

$\widehat{a}$ = ☐

**b**

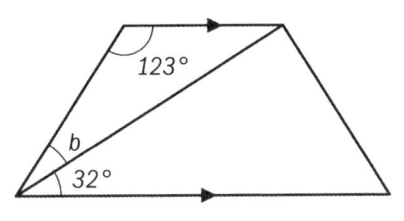

$\widehat{b}$ = ☐

**c**

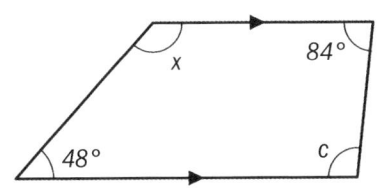

$\widehat{c}$ = ☐

$\widehat{x}$ = ☐

**d**

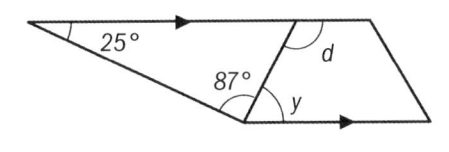

$\widehat{d}$ = ☐

$\widehat{y}$ = ☐

Les figures à 4 côtés

**2** Donnez la mesure des angles inconnus, dans les trapèzes suivants.

**a**

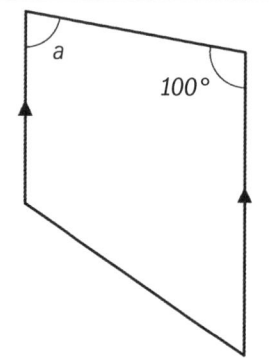

$\widehat{a} =$ ☐

**b**

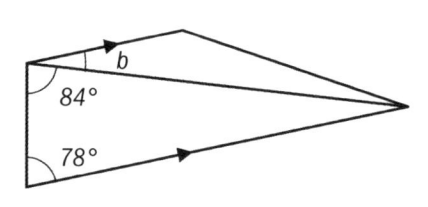

$\widehat{b} =$ ☐

**c**

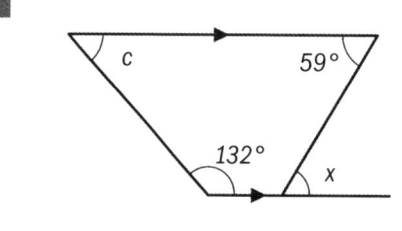

$\widehat{c} =$ ☐

$\widehat{x} =$ ☐

**d**

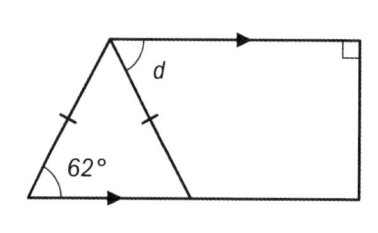

$\widehat{d} =$ ☐

180 Les figures à 4 côtés

# Exercice 89

**1** Tracez un parallélogramme ABCD dans lequel AB = 8 cm, BC = 5 cm et $\widehat{ABC}$ = 120°.

A ——————————————— B

**2** Tracez un parallélogramme PQRS dans lequel PQ = 7 cm, PS = 6 cm et $\widehat{SPQ}$ = 45°.

Les figures à 4 côtés

**1** Tracez un losange ABCD dans lequel AB = 6 cm et $\widehat{DAB}$ = 50°.

A ———————————— B

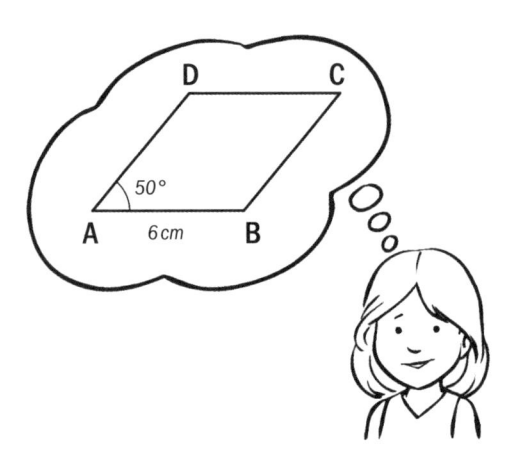

**2** Tracez un losange PQRS dans lequel PQ = 5 cm et $\widehat{SPQ}$ = 120°.

# Exercice 90

**1** Coloriez, comme dans le schéma (a), la forme servant de base à chacun des pavages suivants.

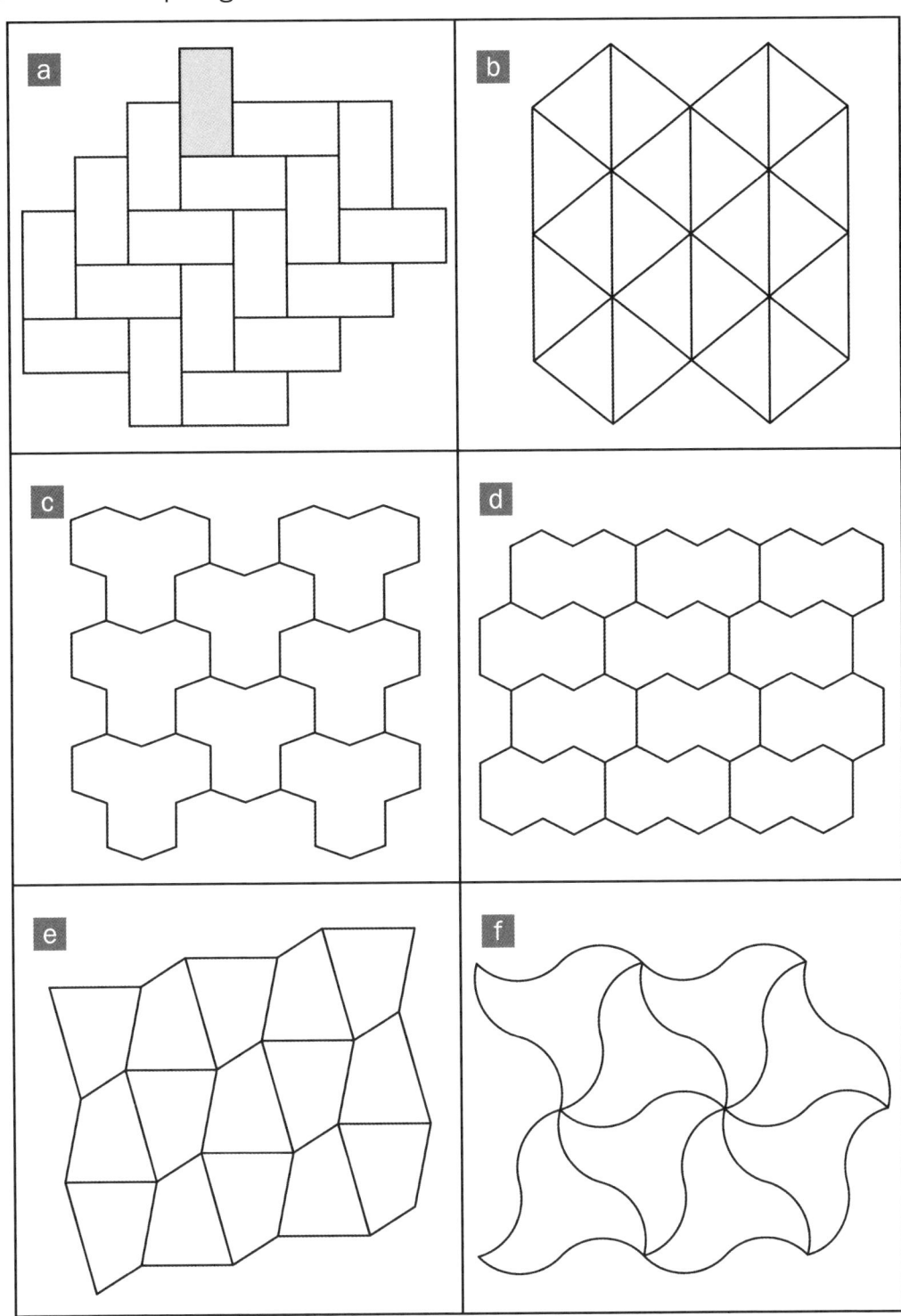

Les pavages 183

**2** Poursuivez le pavage, sur la demi-page dont vous disposez.

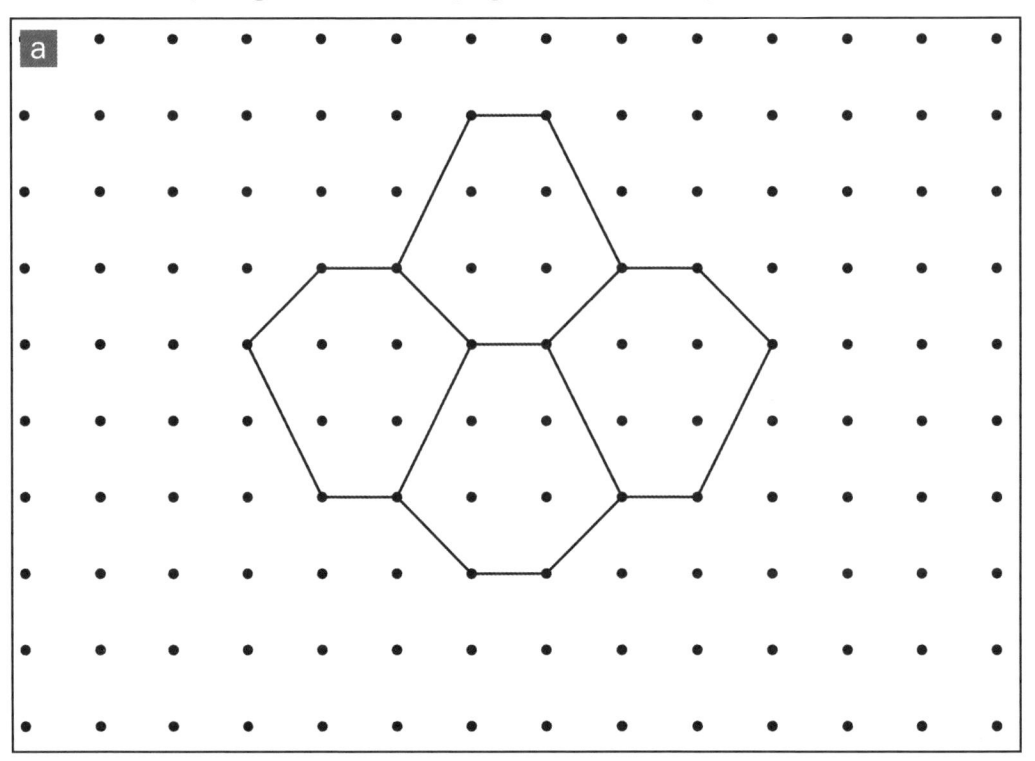

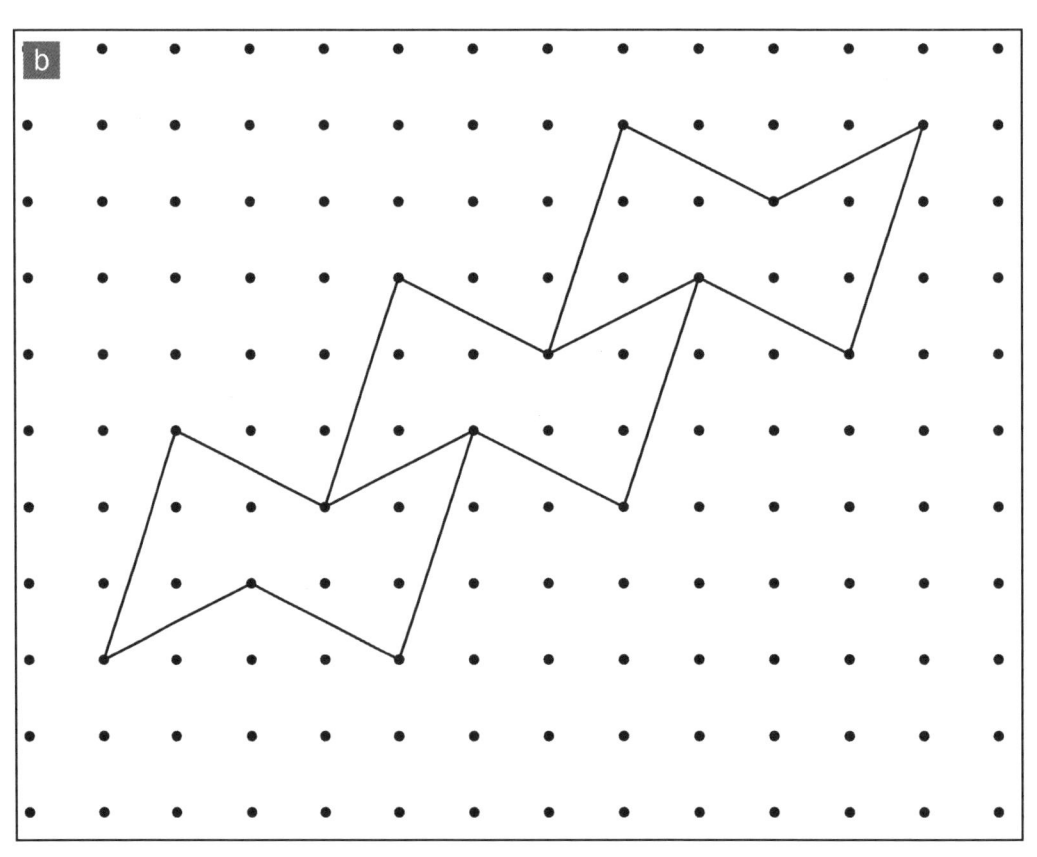

a

b

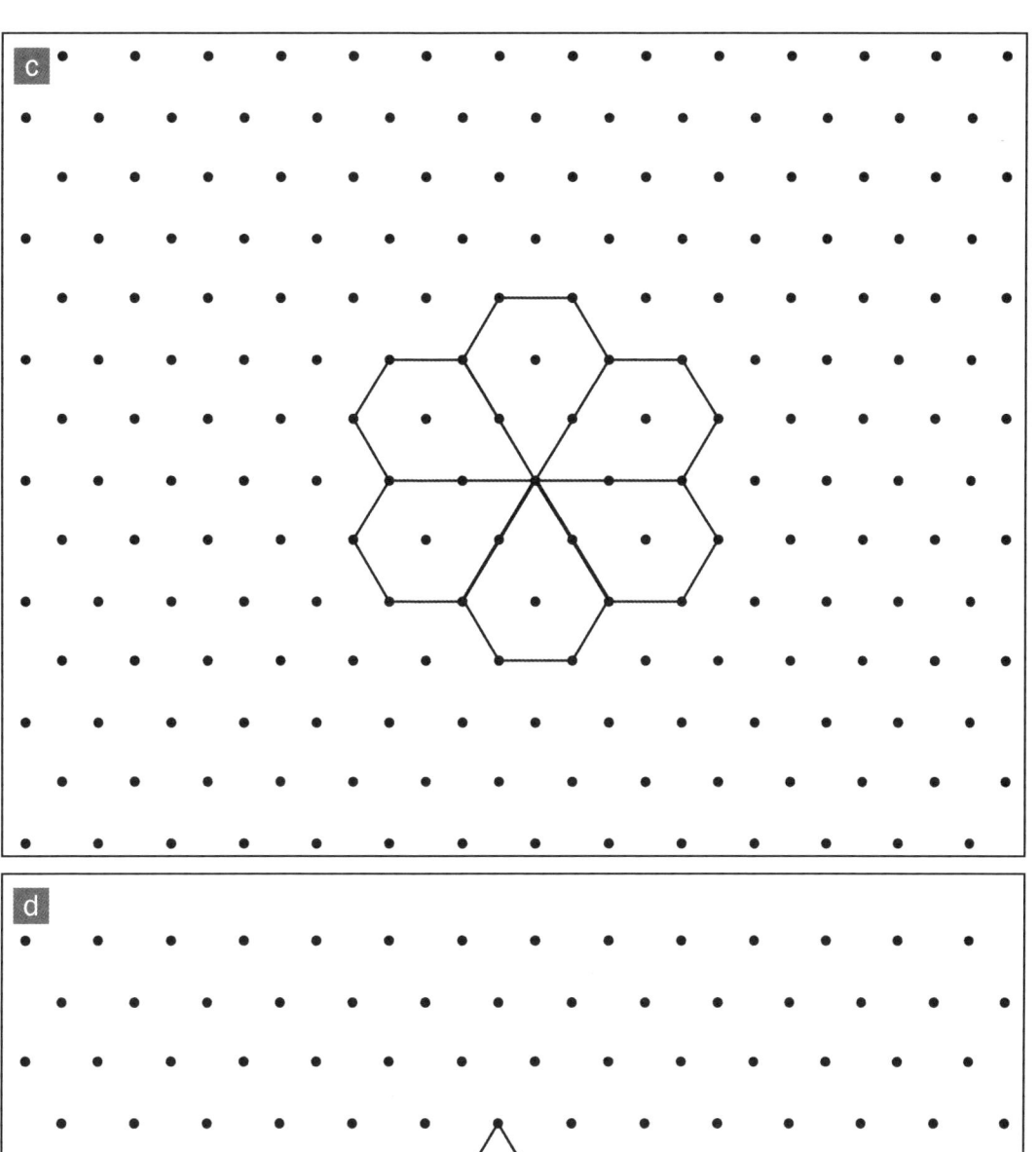

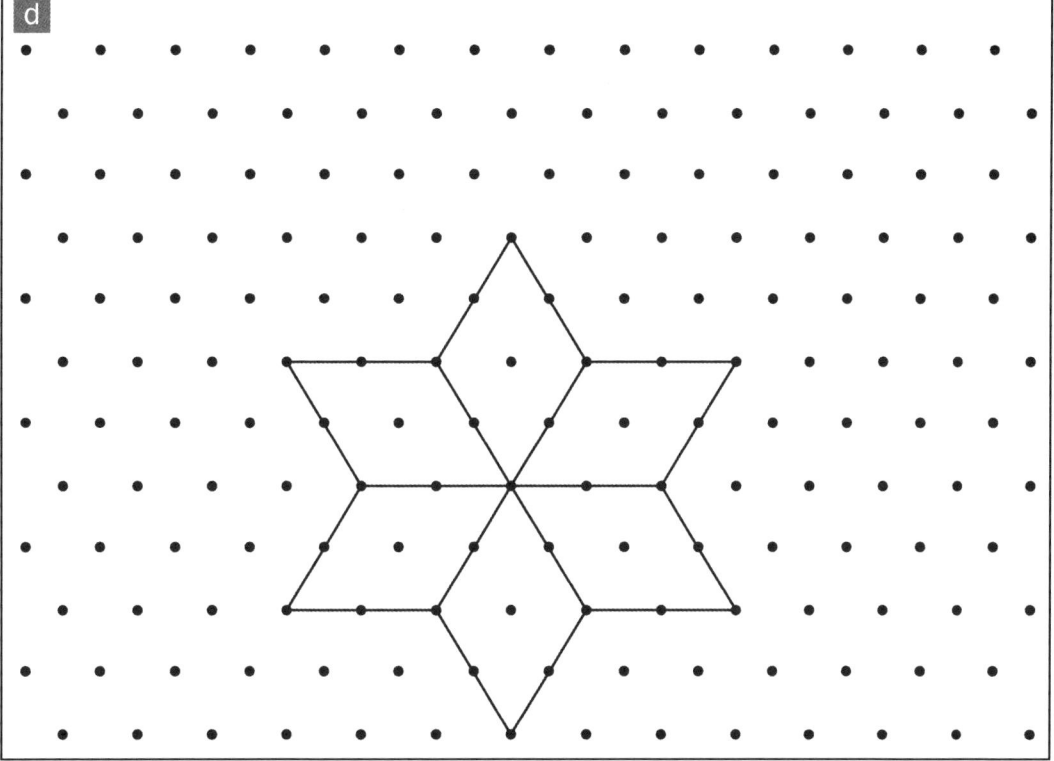

c

d

Les pavages

# Exercice 91

**1** Les figures suivantes peuvent-elles servir de figure de base à un pavage ?
Répondez par **oui** ou par **non**.

a

b

186 Les pavages

Les pavages 187

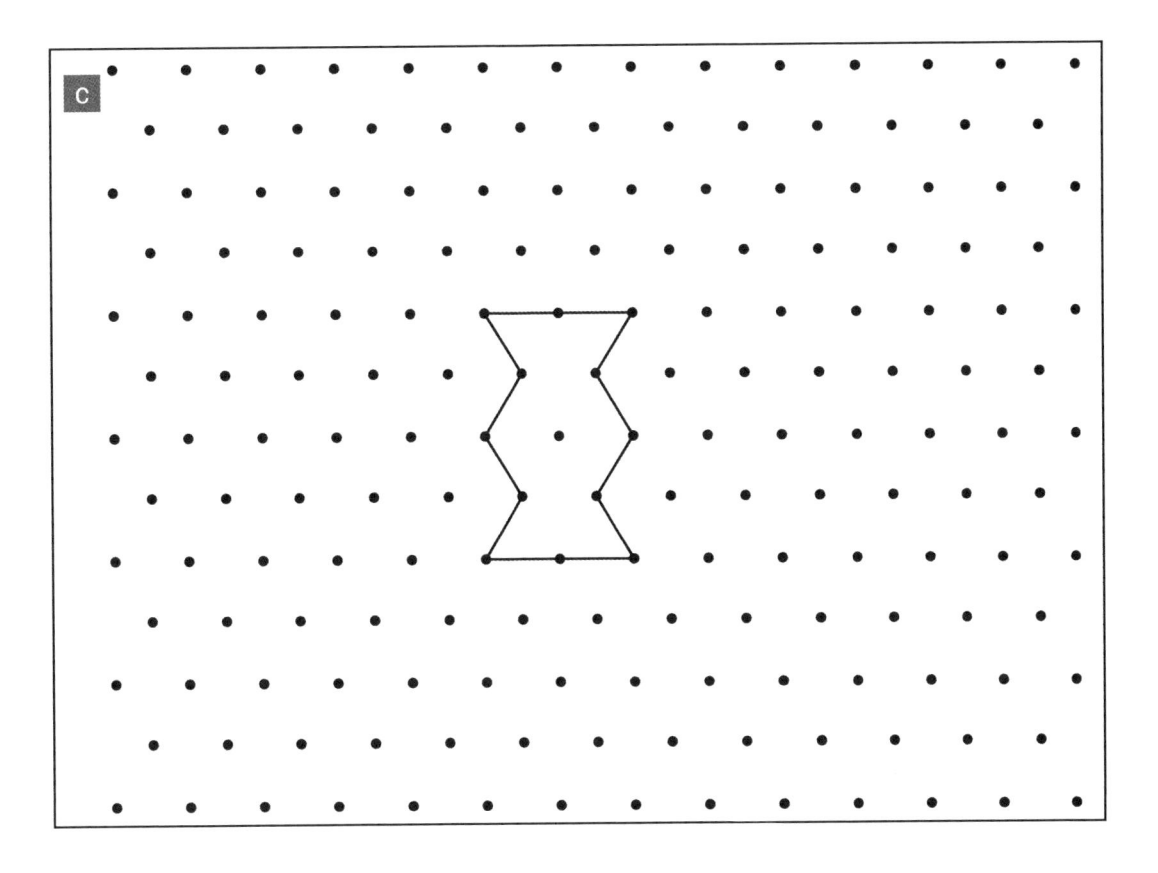

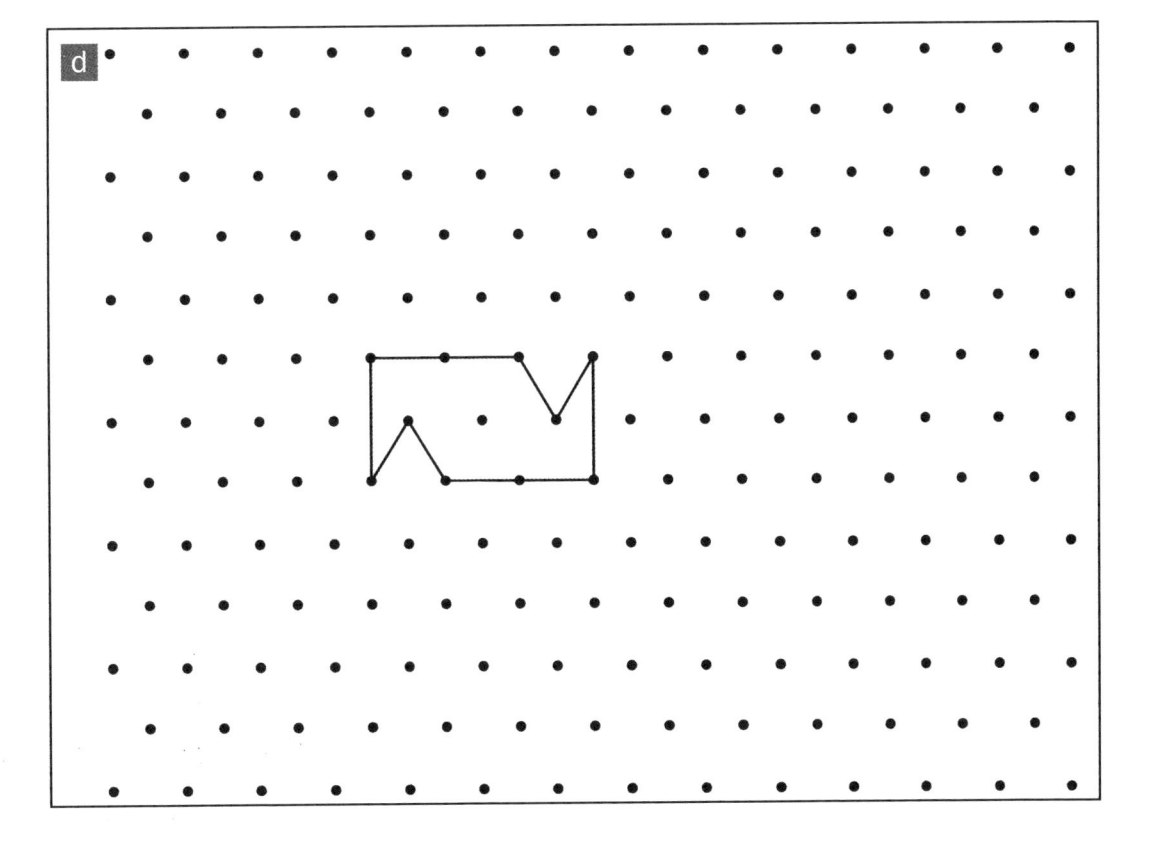

# Exercice 92

**1** Poursuivez le pavage, sur la demi-page dont vous disposez.

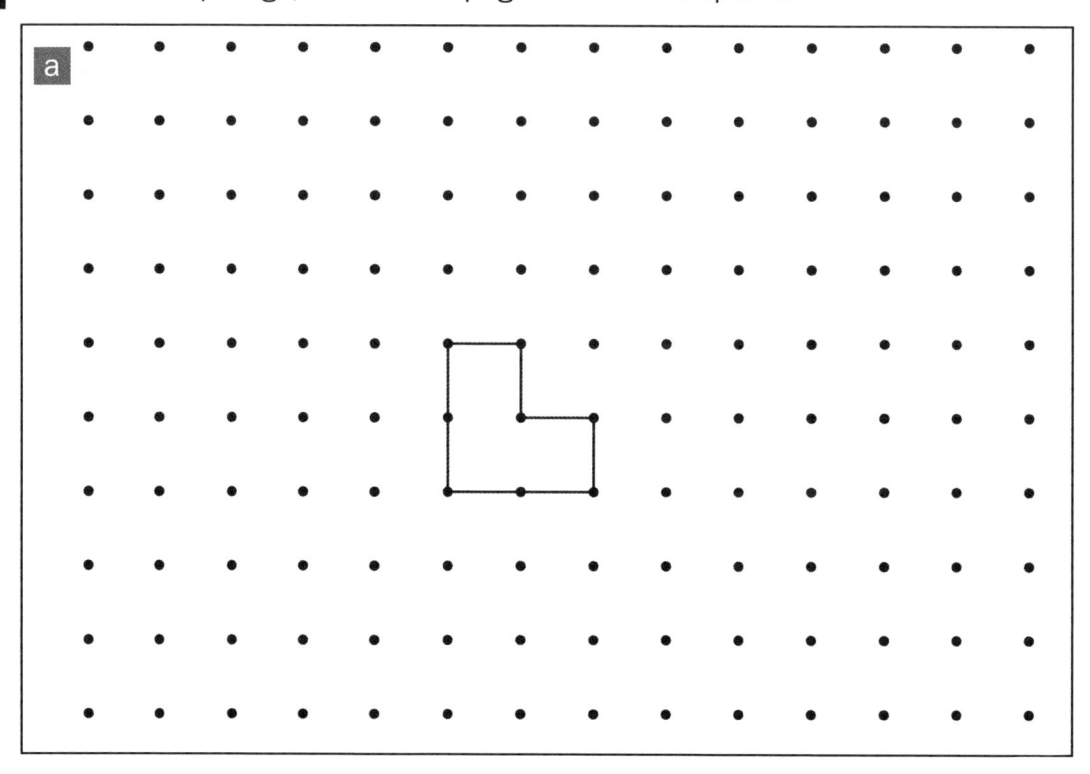

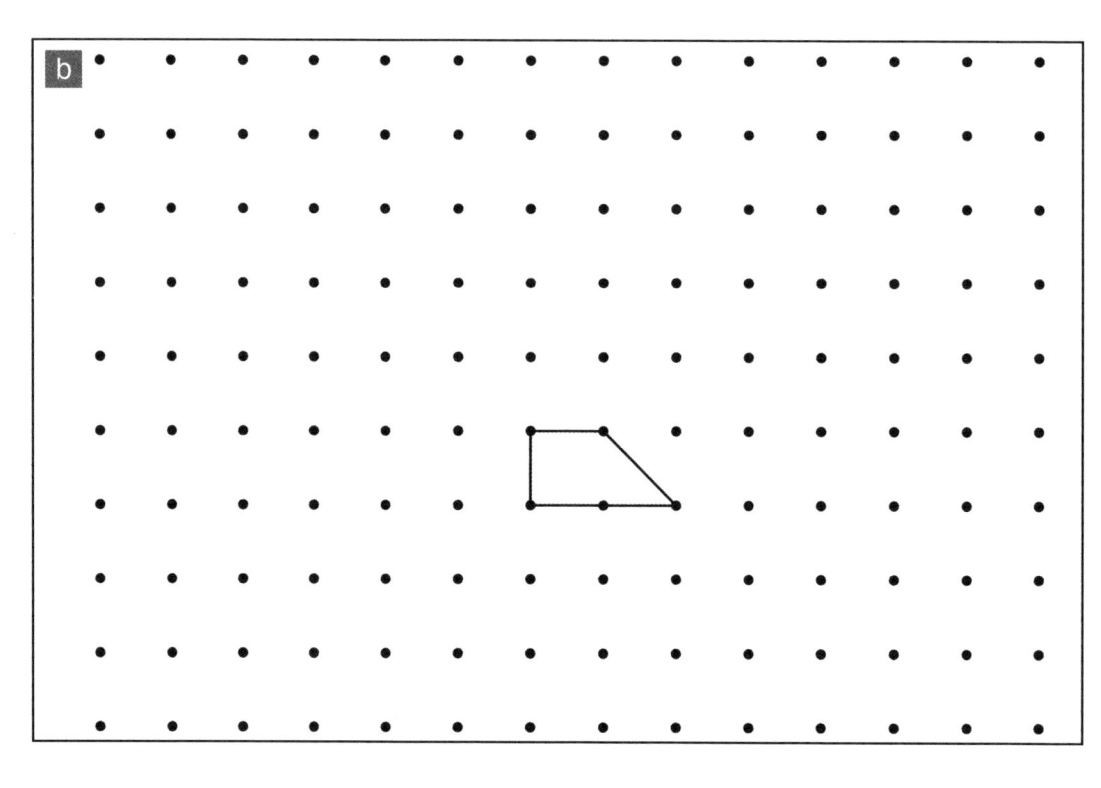

a

b

188   Les pavages

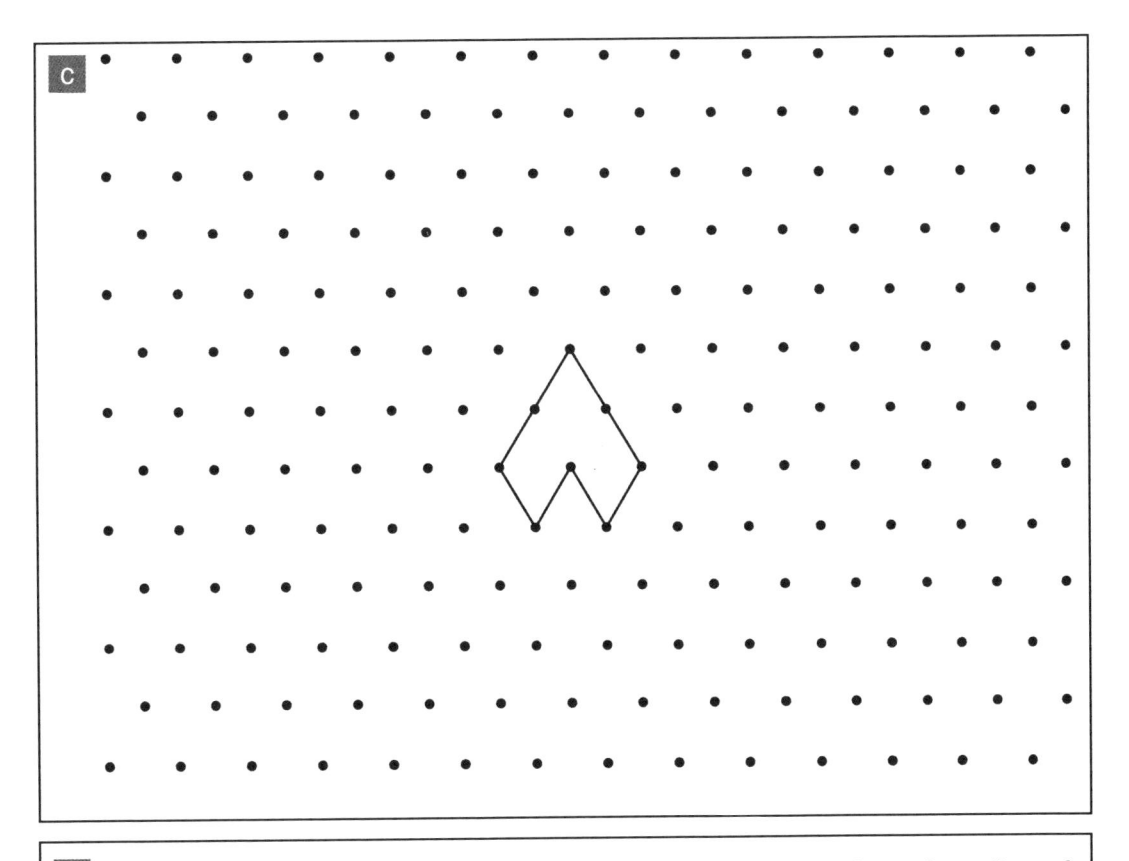

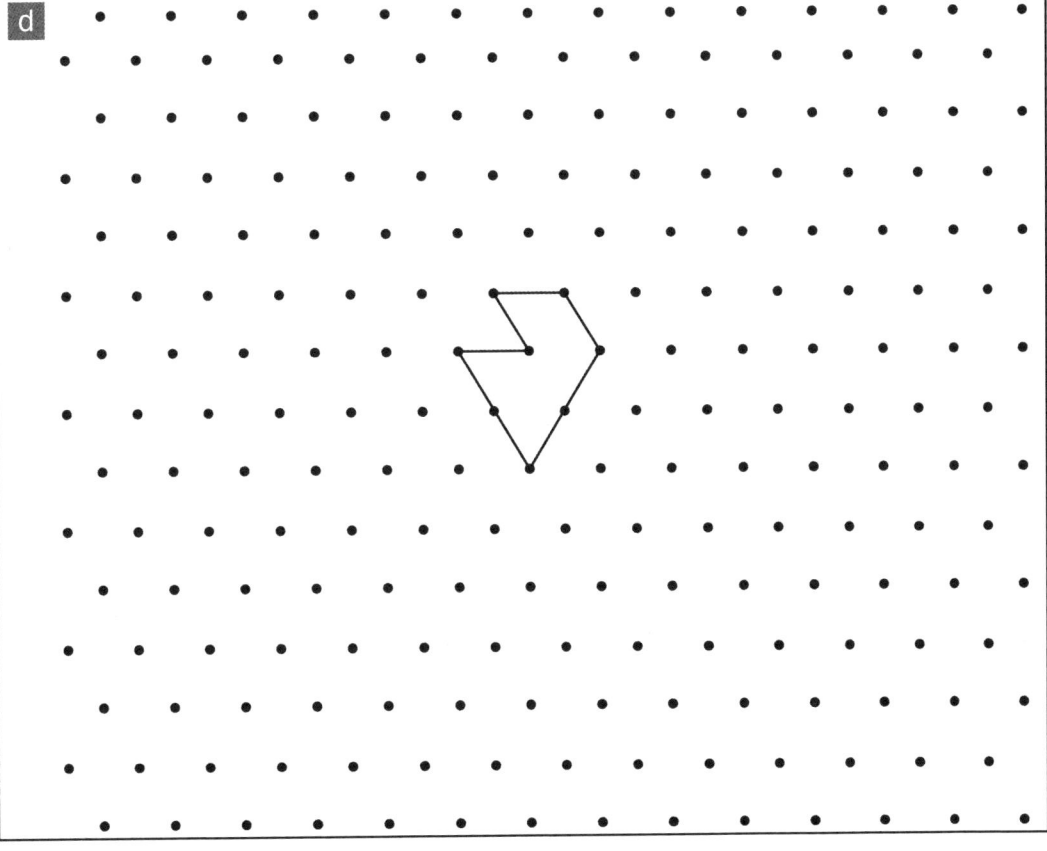

c

d

Les pavages 189

# Exercice 93

**1** En utilisant la figure donnée, proposez deux pavages différents.

**a** Pavage 1

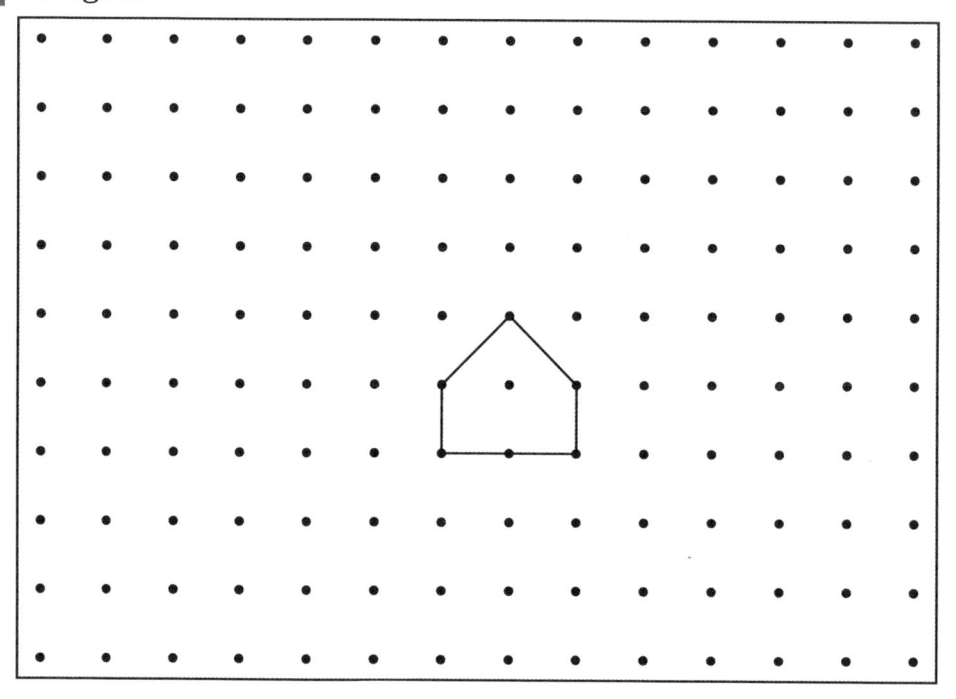

**b** Pavage 2

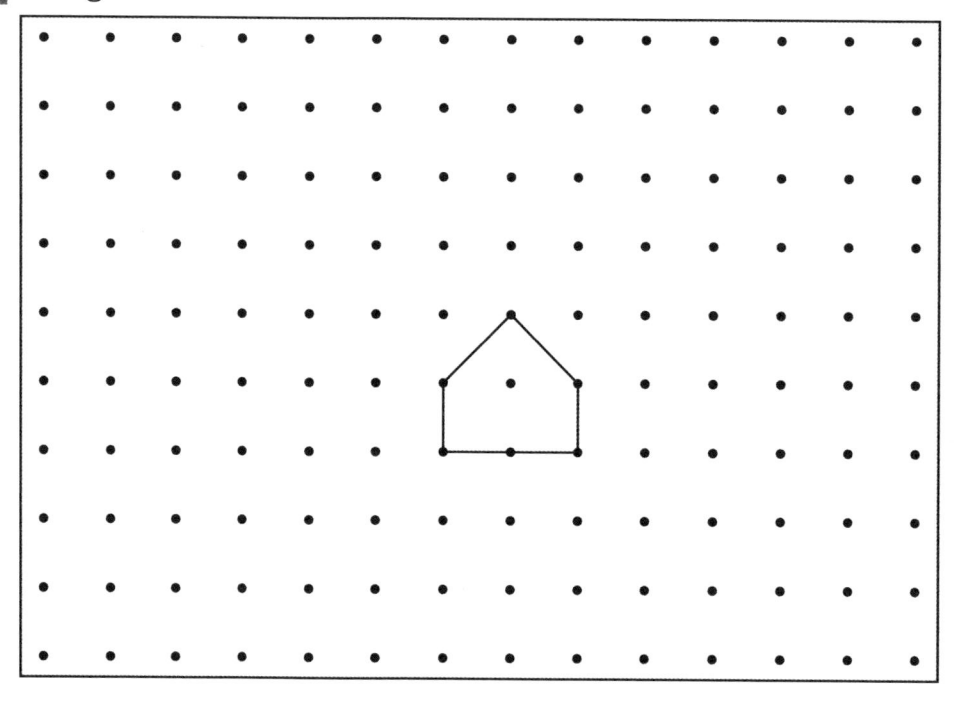

190 Les pavages

**2** En utilisant la figure donnée, proposez deux pavages différents.

**a** Pavage 1

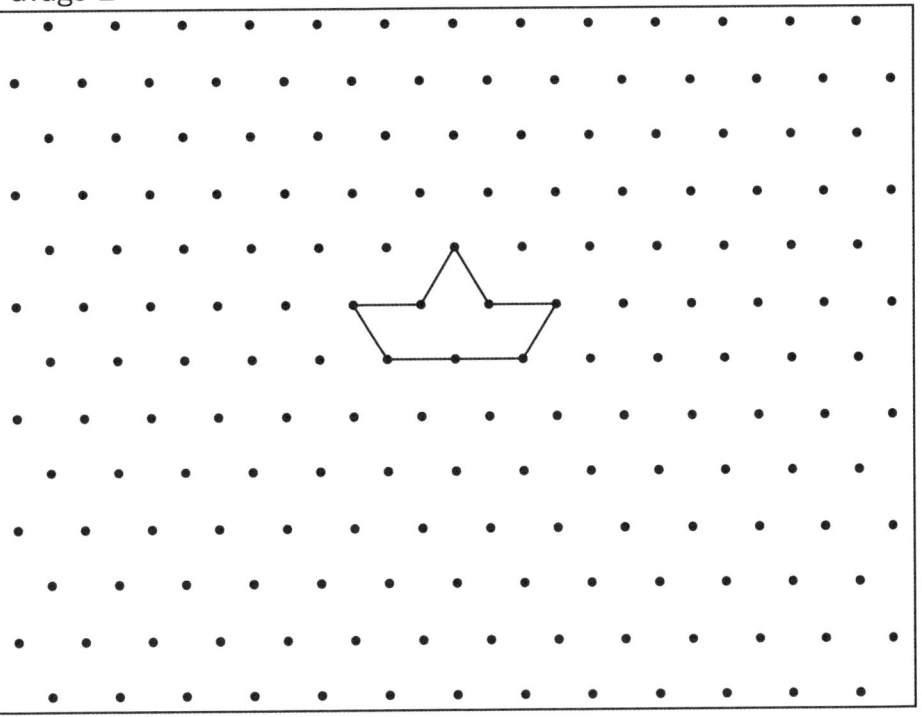

**b** Pavage 2

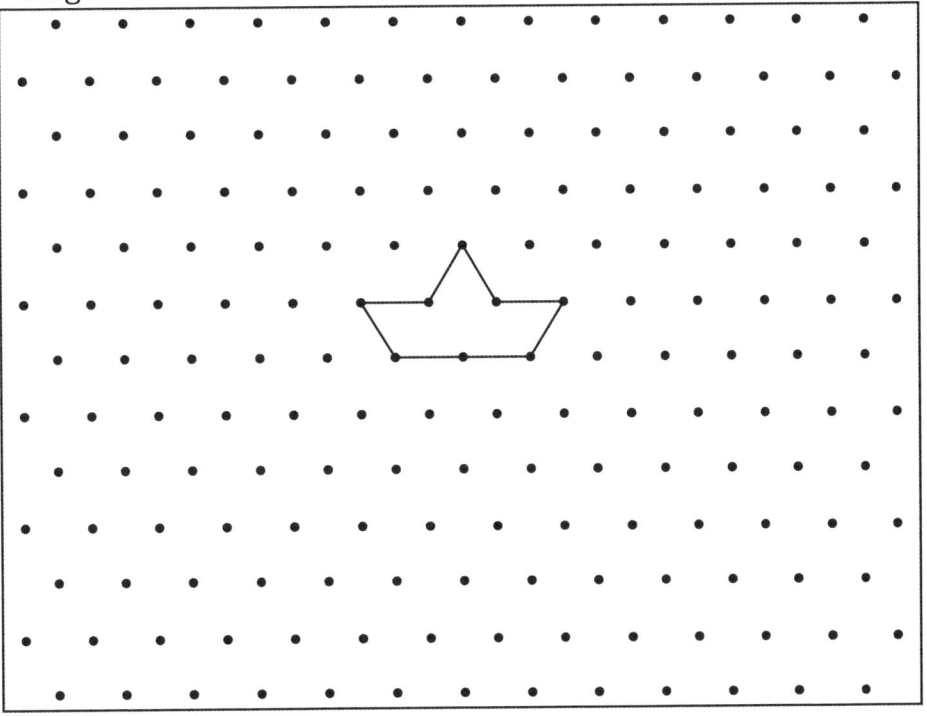

# Révision 4

**1** Complétez le tableau suivant.

| Nombre décimal | 0,5 | 0,8 |  |  | 0,48 |
|---|---|---|---|---|---|
| Fraction | $\frac{1}{2}$ |  | $\frac{3}{4}$ |  |  |
| Pourcentage | 50 % |  |  | 35 % |  |

**2** Dans la classe de Zoé, il y a 20 enfants dont 7 portent des lunettes.

a Quel pourcentage des enfants de la classe de Zoé portent des lunettes ?

b Quel pourcentage des enfants de la classe de Zoé ne portent pas de lunettes ?

**3** Quel pourcentage de 2 € est représenté par 80 c ?

**4** Calculez.

a 10 % de 250 €

b 75 % de 1 400 €

**5** Résolvez les problèmes suivants :

a Henri a 240 €. Il en donne 35 % à une bonne œuvre. Combien d'argent lui reste-t-il ?

b Le coût de fabrication d'un fauteuil est de 160 €. Le marchand le vend avec un bénéfice de 15 %. Quel est le prix de vente du fauteuil ?

**6** Répondez aux questions suivantes :

**a** Gonzague a 12 €. Il dépense 25 % de son argent pour s'acheter un goûter et 20 % pour un ticket de car.
Combien d'argent lui reste-t-il ?

**b** Marie reçoit 50 € de la part de sa grand-mère.
Elle en dépense 20 % pour s'acheter un livre et 15 % du reste pour s'acheter deux magazines.
1. Combien coûte le livre de Marie ?

2. Combien coûtent ses deux magazines ?

**c** Oscar tape 416 mots en 8 minutes.
Sa vitesse de frappe est de ☐ mots à la minute.

**d** Ali économise 300 € tous les deux mois. À ce rythme, combien d'argent aura-t-il économisé en un semestre ?

**e** Raphaël et ses amis louent une bicyclette pour 5 € de l'heure.
Combien d'heures ont-il gardé la bicyclette, sachant qu'ils ont payé 35 € à la fin de la journée ?

---

**7** Voici les tarifs de location d'un court de tennis :

| De lundi à vendredi | 3,50 € de l'heure |
|---|---|
| Samedi et dimanche | 5 € de l'heure |

**a** David a joué pendant 3 heures le mercredi.
Combien a-t-il payé ?

**b** Jim a joué mardi et samedi. Il a payé 22 € en tout.
Sachant qu'il a joué 2 heures le mardi, combien d'heures a-t-il joué au tennis samedi ?

**8** Donnez la mesure de l'angle marqué dans chacun des schémas suivants.

**a** (ACD) est une droite.

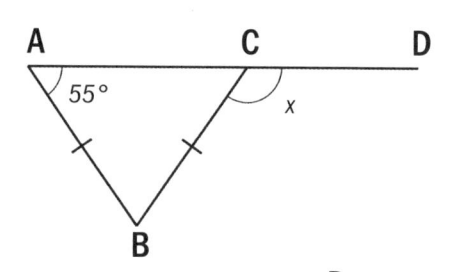

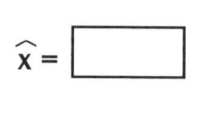

$\widehat{x} =$ ☐

**b** (ABC) est une droite.

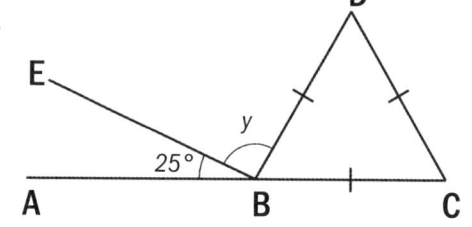

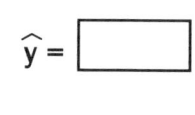

$\widehat{y} =$ ☐

**c** (ABC) est une droite.

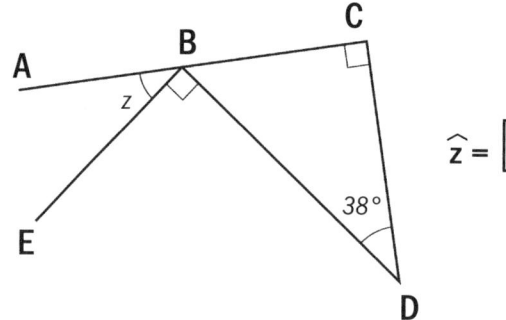

$\widehat{z} =$ ☐

**9** Sur ce schéma, ABCD est un parallélogramme, (BCE) est une droite et $\widehat{BAD} = 108°$. Trouvez $\widehat{DCE}$.

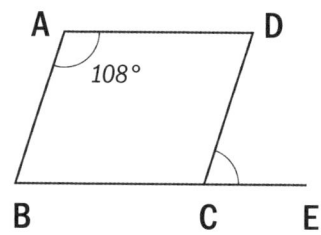

$\widehat{DCE} =$ ☐

**10** Sur ce schéma, PQRS est un parallélogramme, (RT)⊥(PS) et $\widehat{PQR} = 55°$. Trouvez $\widehat{TRS}$.

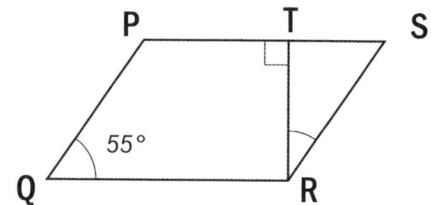

$\widehat{TRS} =$ ☐

**11** Résolvez le problème suivant :

Le coût total de 4 kg de crevettes et de 3 kg de lieu noir est de 76,50 €. Sachant qu'un kilo de crevettes coûte 12,75 €, trouvez le prix d'un kilo de lieu noir.

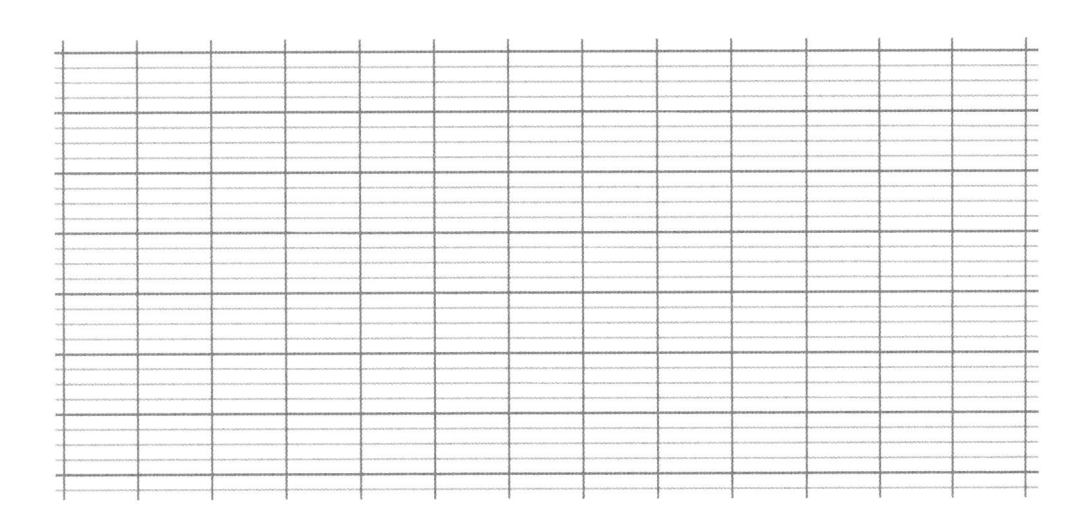

**12** Résolvez le problème suivant :

Un marchand de fruits exotiques reçoit une livraison de 60 ananas. Il en vend les $\frac{4}{5}$ à 3 € pièce. Il brade le reste à 3 pour 1 €.
Combien le marchand gagne-t-il en tout ?

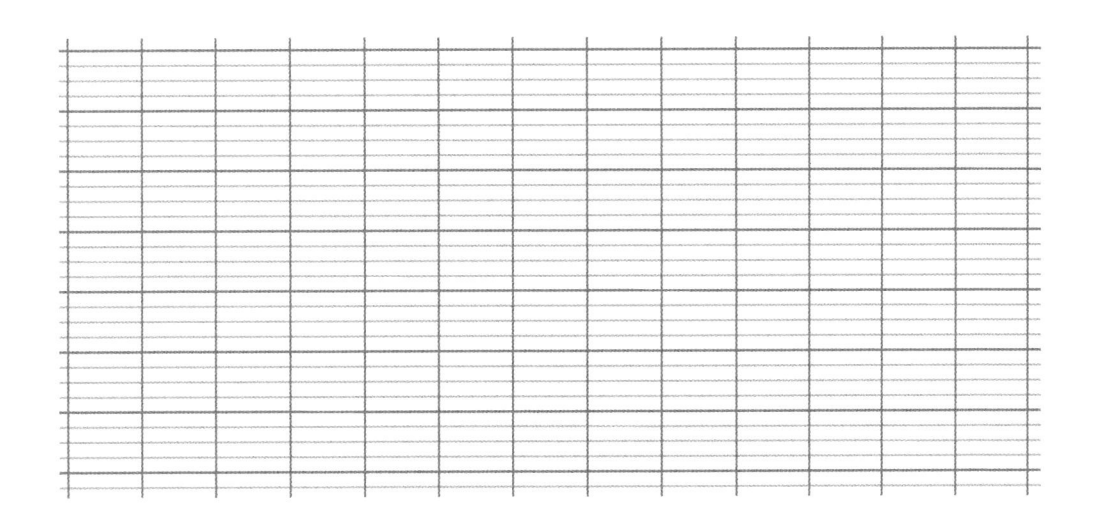

**13** Résolvez le problème suivant.

Le rapport entre le nombre de timbres dans la collection de Lina et le nombre de timbres dans celle de Sophie était de 1 : 2 la semaine dernière. Mais Lina a acheté 24 timbres cette semaine, et le rapport est devenu de 2 : 1. Combien de timbres Lina avait-elle la semaine dernière ?

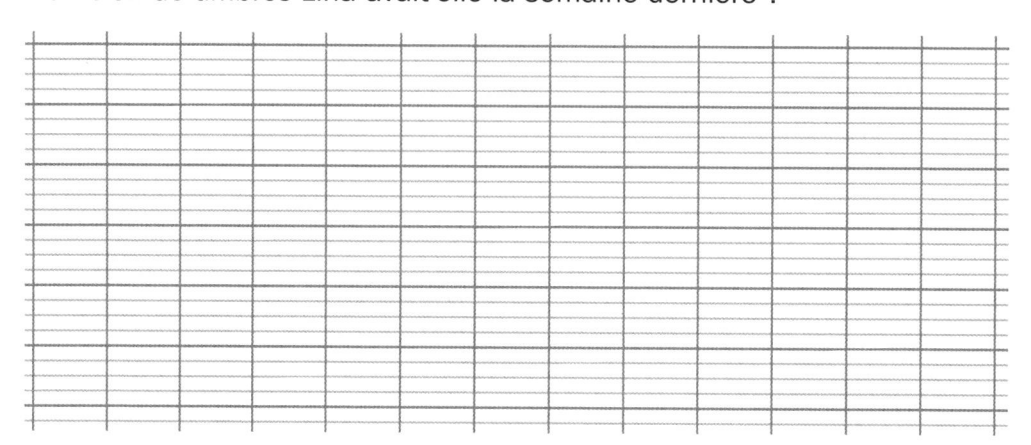

---

**14** Poursuivez le pavage, sur la demi-page dont vous disposez.

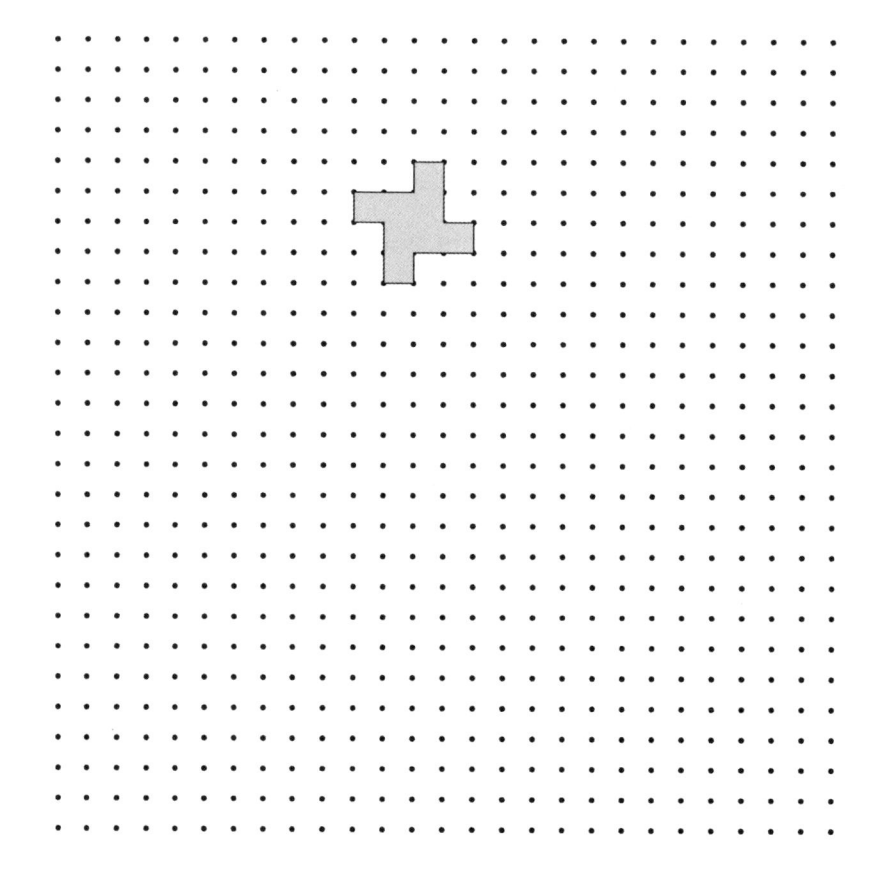

# Exercice 94

**1** Quelle est la longueur d'une arête de ce cube ?

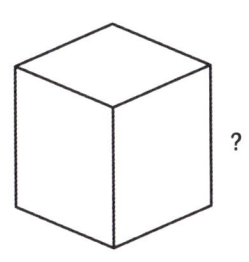

Volume = 64 cm³

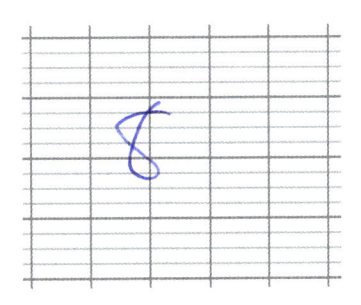

8

---

**2** Trouvez la longueur de l'arête inconnue, pour chacun de ces pavés droits.

**a**

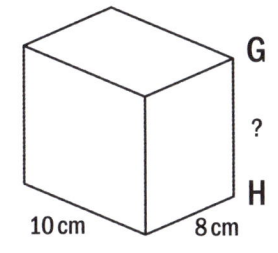

G, H, 10 cm, 8 cm, ?
Volume = 480 cm³

$$GH = \frac{480}{10 \times 8}$$

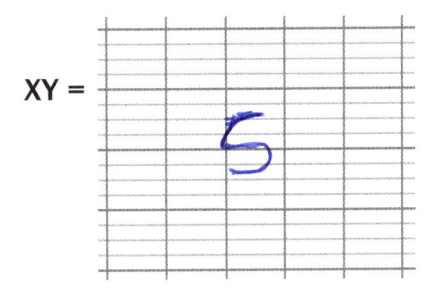

= 10

**b**

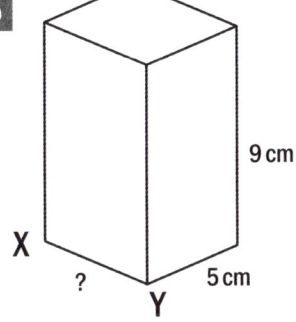

9 cm, X, ?, Y, 5 cm
Volume = 315 cm³

XY = 5

**c**

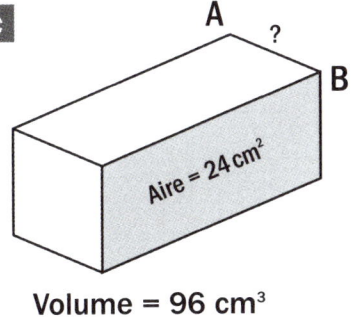

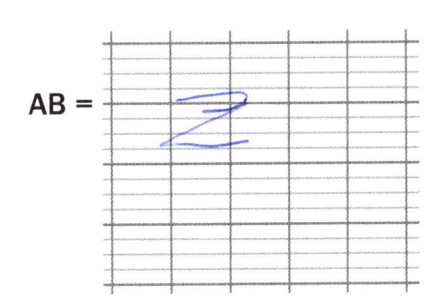

A, ?, B
Aire = 24 cm²
Volume = 96 cm³

AB = 2

Les volumes 197

**3** Résolvez le problème suivant :

Le fond de ce bac mesure 20 cm par 15 cm.
Il contient 900 cm³ d'eau.
Quel est le niveau d'eau dans le bac ?

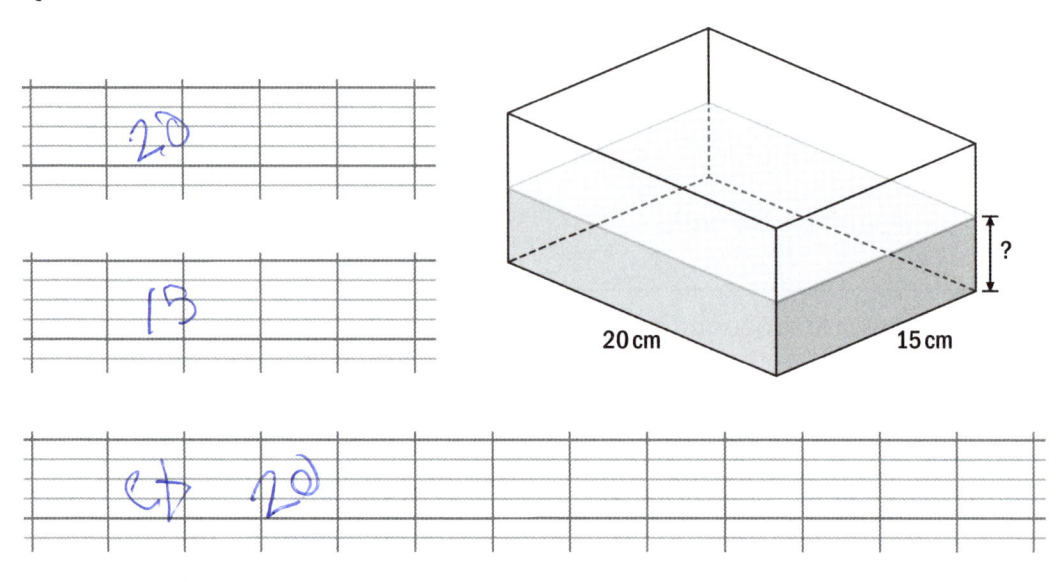

20
15
(? 20)

**4** Résolvez le problème suivant :

Une citerne présente une base rectangulaire de 6 m².
La citerne contient 15 m³ d'eau.
Quel est le niveau d'eau dans la citerne ?

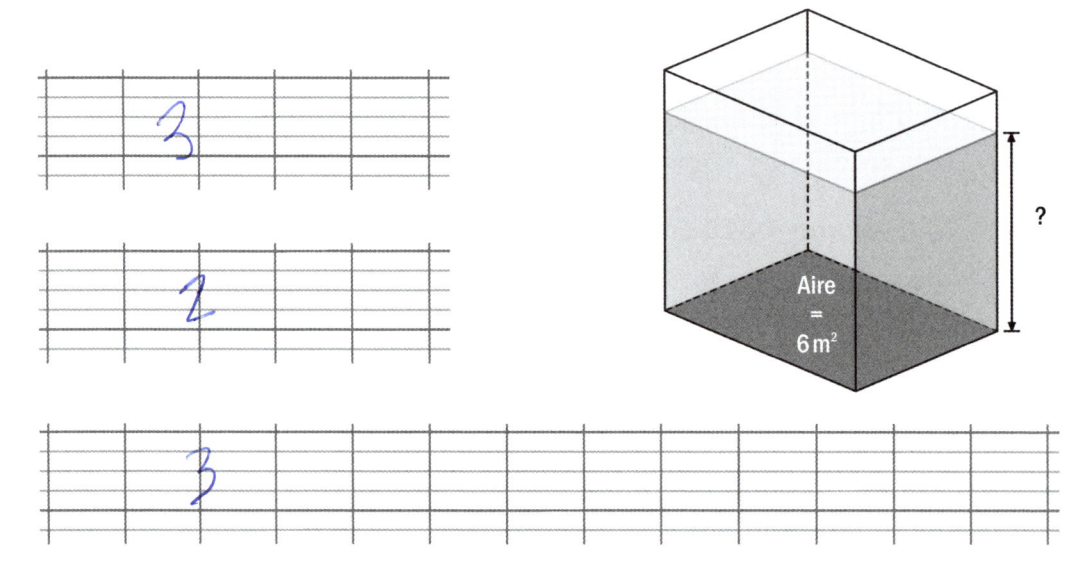

3
2
3

# Exercice 95

**1** Résolvez le problème suivant :

Un bac rectangulaire, mesurant 12 cm par 10 cm et par 11 cm, est rempli d'eau à ras bord. Paul prélève 240 cm³ d'eau de ce bac.
À quelle hauteur se situe le niveau d'eau ?

**2** Résolvez le problème suivant :

Un bac rectangulaire de 40 cm de long et de 25 cm de large est rempli d'eau jusqu'à une hauteur de 15 cm. Fatou prélève 2 $\ell$ d'eau du bac.
À quelle hauteur se situe le niveau d'eau ?
(Rappelons que 1 $\ell$ = 1 000 cm³.)

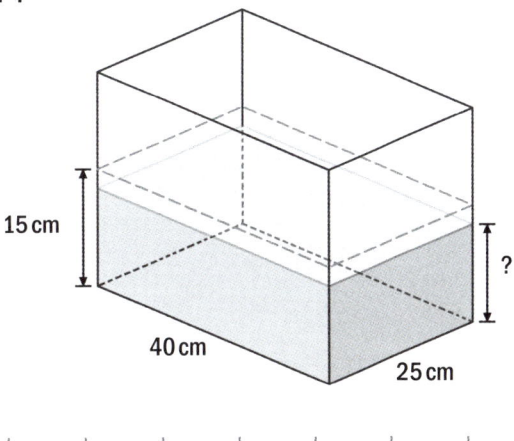

Les volumes

# Exercice 96

**1** Résolvez le problème suivant :

Un bac rectangulaire de 20 cm de long et de 15 cm de large est rempli d'eau jusqu'à une certaine hauteur. Zoé plonge une boule de plomb dans le bac et le niveau d'eau augmente de 3 cm.
Quel est le volume de la boule de plomb ?

**2** Résolvez le problème suivant :

Un bac rectangulaire de 20 cm de long et de 10 cm de large contient de l'eau et une pierre.
Paul retire la pierre du bac, et le niveau d'eau passe de 12 cm à 10 cm.
Quel est le volume de la pierre ?

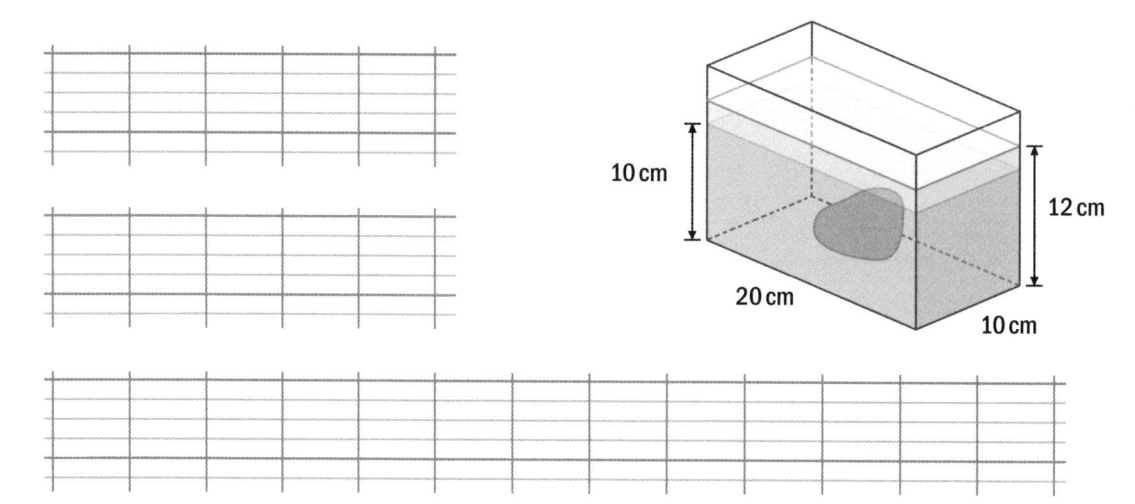

200  Les volumes

# Révision 5

**1** Calculez.

a) 120 − 20 ÷ 5 = ☐

b) 6 × 2 + 8 ÷ 2 × 4 = ☐

c) 7,12 × 10 = ☐

d) 5,6 ÷ 100 = ☐

**2** Calculez.

Donnez le résultat de $\dfrac{2}{100} + \dfrac{6}{10} + 5 + \dfrac{9}{1\,000}$ sous la forme d'un nombre décimal. ☐

**3** Complétez.

Dans le nombre 50,163, le chiffre 6 représente 6 × ☐

Le chiffre 5 représente 5 × ☐

**4** Répondez aux questions suivantes :

a) Lequel des nombres suivants donne **4** lorsqu'on l'arrondit au nombre entier le plus proche ?

3,75 ; 3,07 ; 4,52 ; 4,99. ☐

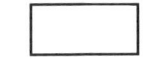

b) Lequel de ces nombres a **4** pour facteur ?

18 ; 34 ; 38 ; 64. ☐

c) Donnez le résultat de **196 ÷ 12** avec un chiffre après la virgule. ☐

d) Exprimez $2\dfrac{4}{9}$ sous la forme d'un nombre décimal à deux chiffres après la virgule. ☐

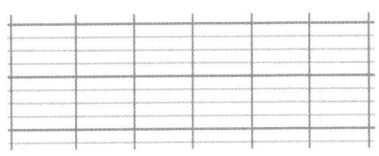

e) Rangez ces fractions dans l'ordre croissant.

$\dfrac{3}{4}$ ; $\dfrac{3}{5}$ ; $\dfrac{5}{7}$

c) Combien de minutes y a-t-il dans $2\dfrac{1}{3}$ heures ? ☐

**5** Répondez aux questions suivantes :

**a** Une bouteille contient 1,2 litre de jus de fruit.
Exprimez la quantité de jus en millilitres.

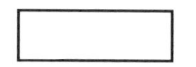

**b** Dans la chorale de Philippe, on trouve 30 filles et 10 garçons.
Quel pourcentage des jeunes chanteurs sont des garçons ?

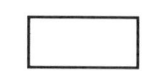

**c** Exprimez 7 % sous la forme d'un nombre décimal.

**d** Exprimez 36 % sous la forme de la fraction la plus simple.

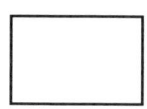

**e** Pour être membre du club photo de Louise, il fallait verser une cotisation de 5 € l'année dernière. Cette année, la cotisation a augmenté de 20 %.
Quel est son montant ?

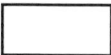

**6** Sur ce schéma, ABC et BCD sont des triangles rectangles, $\widehat{ACD} = 35°$ et $\widehat{DBC} = 40°$. Quelle est la mesure de $\widehat{BAC}$ ?

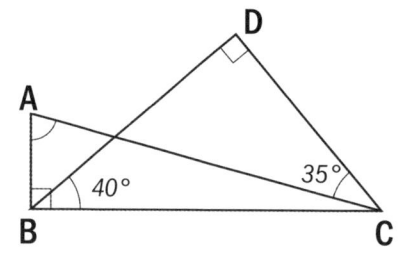

$\widehat{BAC} = $ 

**7** Sur ce schéma, PQRS est un trapèze, TR = TS et $\widehat{RST} = 74°$.
Quelle est la mesure de $\widehat{QRT}$ ?

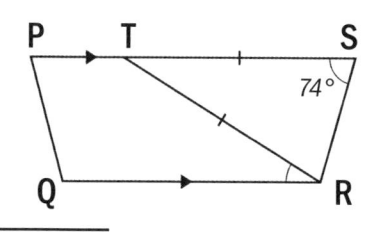

$\widehat{QRT} = $ 

**8** Ce schéma montre un solide composé de cubes de 2 cm de côté.
Quel est son volume ?

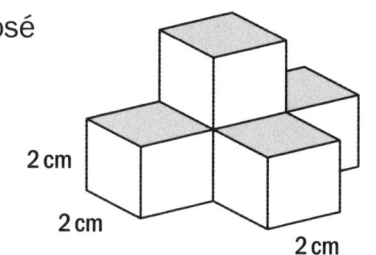

**9** Répondez aux questions suivantes :

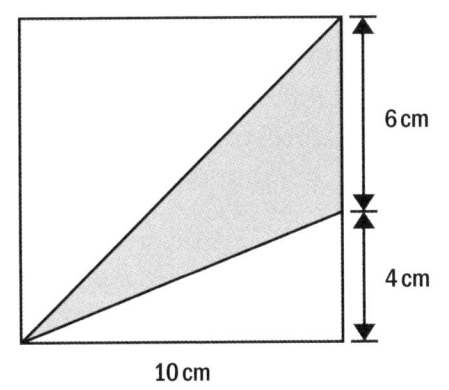

**a** Quelle est l'aire de la partie grisée ?

**b** Quel est le rapport entre l'aire de la partie grisée et celle de la partie non grisée ? Donnez la réponse sous sa forme la plus simple.

**10** Philippe ouvre un robinet pour remplir d'eau un bassin.
Ce diagramme indique la quantité d'eau dans le bassin à intervalles réguliers.
Regardez bien le diagramme et répondez aux questions suivantes :

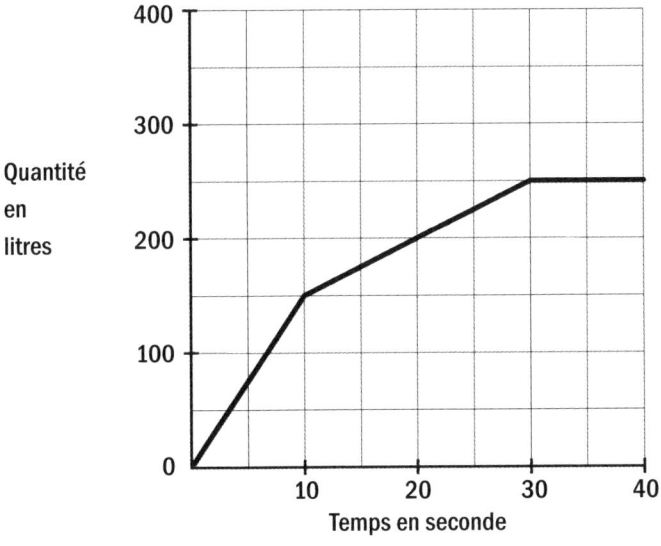

**a** Quelle quantité d'eau le bassin contient-il au bout de 10 secondes ?

**b** Quelle est la contenance du bassin ?

Révision 5 203

**11** Résolvez le problème suivant :

David et Pierre ont respectivement 90 € et 200 €.
Leur grand-mère donne à chacun d'eux une même somme d'argent.
Pierre se retrouve alors avec deux fois plus d'argent que David.
Quelle somme d'argent leur grand-mère a-t-elle donnée à chaque garçon ?

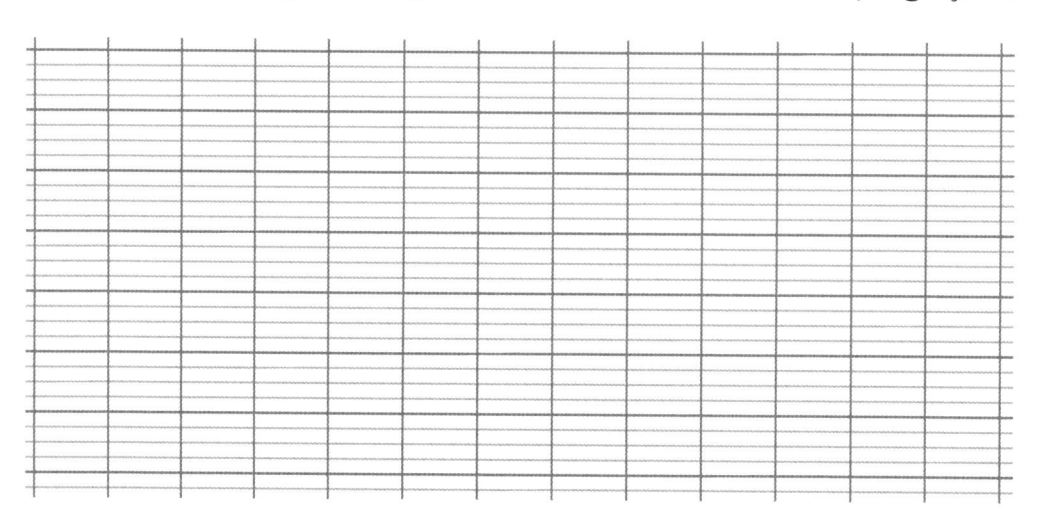

**12** Résolvez le problème suivant :

Au cours de ses vacances, Caroline dépense les $\frac{3}{5}$ de son argent la première semaine, et $\frac{1}{3}$ de ce qui lui reste la deuxième semaine.
Elle a dépensé en tout 110 €.
Combien d'argent reste-t-il à Caroline ?

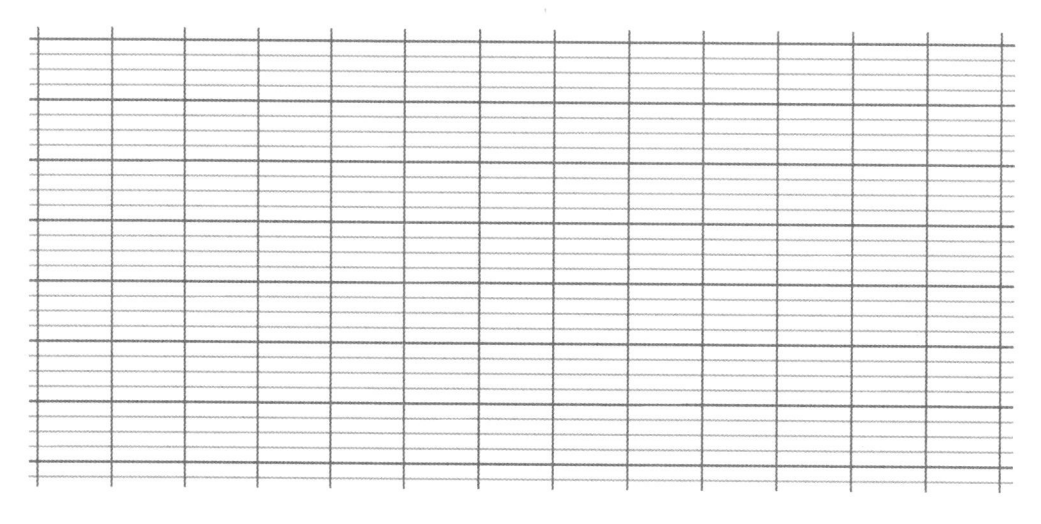

*Dépôt légal : août 2015 – N° éditeur : 2018_1426*
*Achevé d'imprimer en juin 2019 en France par Présence Graphique - Monts*

PEFC 10-31-2677

$$\frac{4}{5} + \frac{3}{10} = \frac{11}{10}$$